Chaim Nachman Bialik

Wildwuchs

Chaim Nachman Bialik

Wildwuchs

**Erzählungen
aus Wolhynien**

Mit einem Nachwort von
Ayelet Gundar-Goshen

Aus dem Hebräischen von
Ruth Achlama

C.H.Beck

Die beschämte Trompete 7

Hinter dem Zaun 55

Wildwuchs 143

In der Stadt des Tötens 243

Nachwort 253
Von Ayelet Gundar-Goshen

Nachbemerkung der Übersetzerin 275
Von Ruth Achlama

Chaim Nachman Bialik 279
Von Lea Gzella

Glossar 289
Von Lea Gzella

Die beschämte Trompete

1

Die folgenden Dinge hörte ich von einem Gast an Pessach, einem jüdischen Reservesoldaten um die vierzig, der jenes Jahr zum Kriegsdienst eingezogen worden war und am ersten Pessachabend mit mir am Sedertisch saß. Hier gebe ich seine Worte originalgetreu, ohne jede Ausschmückung, wieder:

Dies ist das zweite Mal in meinem Leben, dass ich den Seder an einem fremden Tisch feiere, begann der Soldat. Beim ersten Mal war ich noch ein kleiner Junge von neun Jahren, es ist also zweiunddreißig Jahre her, doch damals saß die ganze Familie mit mir in einem fremden Haus: Vater und Mutter, Brüder und Schwestern, sogar unser Diener Stiope. Wie das?, werdet ihr fragen. Das kam folgendermaßen:

Mein Vater war mit seiner Familie in ein kleines Dorf nahe einer Kleinstadt gezogen, und das einen Tag – nur einen einzigen Tag – nachdem Juden die Ansiedlung im Dorf untersagt worden war. Wäre er einen Tag früher übersiedelt, wäre all das Folgende nicht passiert. Aber er verspätete sich um einen Tag – und damit war sein

Schicksal besiegelt. Nicht, dass er ein notorischer oder vorsätzlicher Gesetzesbrecher gewesen wäre, er hatte bloß einen Posten in einem der nahen Wälder erhalten, und wenn es ums tägliche Auskommen geht, achtet man nicht auf Verbote und deren leidvolle Konsequenzen. Die Polizisten jenes Bezirks gaben sich anfangs zwar streng, waren eigentlich aber auch heilfroh. Schließlich ist ein Jude, der illegal am Ort wohnt, einträglicher für sie als zehn legale, denn ersterer ist ein Baum, der Früchte trägt, letzterer jedoch lediglich einer zur Zierde. Tatsächlich dauerte es nur wenige Tage, bis beide Seiten – das heißt Vater, der Gesetzesbrecher, und die Polizisten als Gesetzeshüter – normale Beziehungen angeknüpft hatten: Er und seine Familie wohnten im Dorf, und die Beamten erhielten – je nach Rang – allmonatlich ihren festen Betrag, obendrein natürlich gelegentliche Spenden wie Festtagszuschläge und kleine Anleihen, die nicht zurückzuzahlen waren, sowie allerlei Aufmerksamkeiten und Naturalien, sei es zu nichtjüdischen Feiertagen oder zu den Geburtstagen des Polizeiobersten, seiner Frau und aller seiner Kinder. Diese Menschen verschmähen, wie ihr wisst, keine Gabe: zwei gemästete Gänse, ein Fässchen Wein, eine Flasche Branntwein, hundert Eier, einen Zuckerhut in seiner blauen Tüte, ein Pfund Tee, ein Säckchen Tabak, eine Packung Weichkäse, Hamantaschen – alles nehmen sie. Und wie korrekt sie sind! Der Polizeioberste beispielsweise verlangte nie, sondern er bat nur. «Jossi», sagte er zu Vater und legte ihm die

Hand schwer auf die Schulter, «geh bitte und hol mir Feuerholz aus deinem Wald; der Winter steht ja vor der Tür.» Oder: «Vergiss nicht, mir tausend Schindeln zu schicken, mein Freund! Du siehst ja: Mein Dach muss ausgebessert werden.»

Der schielende Urjadnik wiederum hatte eine andere Methode: War ihm etwas ins schiefe Auge gefallen, lobte er es. «Ita», sagte er etwa zu meiner Mutter, indem er nach einer fetten Henne schielte, die auf unserem Hof im Abfall pickte, «wo hast du denn diese erstklassige Henne gefunden?» Und seid versichert, dass die schöne Henne nach diesem Lob alsbald gefesselt im Heu auf dem blauen Wagen des Amtsrichters lag. Eben dieser Mann pflegte auch just an Schabbat und Feiertagen unser Haus aufzusuchen, und das gerade zur Essenszeit. Kaum hatten sich die Hausgenossen zu Tisch gesetzt, tauchte draußen vor dem Fenster wie von selbst der Apfelschimmel mit dem blauen Wagen des Urjadniks auf, samt diesem im Wagen. Was tun? Man heißt den Gast höflich willkommen und bittet ihn zu Tisch. Die Festgesänge werden aufgeschoben, das Buch, in das Vater zwischen den Gängen geschaut hat, wird zugeklappt, der Mann mit der Alkoholfahne entweiht das Festmahl mit leerem Geschwätz und zuweilen auch hämischen Bemerkungen, die du als gute Witze aufnehmen und mit anerkennendem Lachen quittieren musst, obwohl du am ganzen Leib bebst und es dir in den Fingern juckt, den Kerl am Nacken zu packen und vor die Tür zu setzen.

Zumeist kamen die Hausgenossen aber mit ihm zurecht und fürchteten ihn nicht mehr. Manchmal, wenn er sich eine ganze Flasche Branntwein durch die Kehle gejagt hatte und ordentlich angesäuselt war, summte er sogar unsere Schabbatlieder mit, wenn auch auf seine Weise, mit schiefem Mund und lallenden Lippen, wobei er mit Schleieraugen der Hausfrau zuzwinkerte und mit der Hand unsere Magd Parascha betatschte, eine mollige Schickse mit Pickelgesicht. Nur unser Hauslehrer, der eigens aus dem Städtchen geholt worden war, konnte sich partout nicht an ihn gewöhnen, ebenso wenig wie an unseren Kettenhund auf dem Hof. Beide waren ihm immer wieder fremd und jagten ihm einen mächtigen Schrecken ein, obwohl Vater auch für ihn die Kopfsteuer entrichtete.

So verbrachten wir fünf Jahre im Dorf. In dieser Zeit zimmerte mein Vater dort ein kleines Haus aus dem Holz seines Waldes. Zum Einzug lud er alle Bauern des Dorfes ein und deckte ihnen einen eigenen Tisch. Hinter dem Haus zog sich ein großer Gemüsegarten den Hang hinab, von Mutter eingesät. In dem einen Stall standen drei Milchkühe und im anderen zwei Pferde. Auf dem Hof pickten Hühner und schnatterten Gänse mit ihren Küken. In einem Tümpel vor dem Hof schwammen Enten, und auf einer nahen Weide sah man ein Kalb und ein Fohlen. Alles wie bei den übrigen Dorfbewohnern. Das Einkommen war knapp, das Leben dürftig, aber insgesamt ruhig und friedlich.

Werktags wohnte Vater im Wald, nur zu Schabbat und an Feiertagen kehrte er mit seinem Pferdewagen heim und verbrachte ein, zwei Tage bei Frau und Kindern. Die Kinder erwarteten ihn ungeduldig und frohen Herzens am Weg. Sobald fern am Waldrand das Klingeln der beiden Pferde ertönte, flatterten sie wie Vögel los und rannten dem Wagen jubelnd und jauchzend entgegen: «Tate, Tate!» Und schon stiegen alle auf und purzelten in den Wagen zu Tate. Einer setzte sich auf seine Knie, ein zweiter hängte sich an seinen Hals, und ein dritter stöberte in seinen Taschen, um zu sehen, welches Geschenk Tate mitgebracht hatte. Sogar Stiope, unser Kutscher, ein stattlicher, breitschultriger Mann und Waldhüter, machte mit. Er entblößte seine starken weißen Zähne zu einem fröhlichen Schmunzeln, schwang zur Freude der Kinder mit aller Kraft seine Peitsche, und die Pferde zogen den Wagen wie im Sturm nach Hause.

Ich habe euch noch nicht erzählt, dass im selben Dorf, seit einigen Jahren und mit Erlaubnis, ein Jude namens Selig wohnte: Sein Haus stand auf der Kuppe eines Hügels am Ortsende und unseres – an dessen Fuß. Und diese beiden jüdischen Häuser, die etwas abseits der anderen Häuser des Dorfes standen und sich in Höhe und Form ihrer Dächer und Fenster von ihnen unterschieden, sahen aus wie ein separater kleiner Ortsteil. Bald schon bildete sich auf dem Hügel, von oben bis unten, ein schmaler Trampelpfad im Gras, wie ein weißer Scheitel im Haar, der die beiden Höfe fortan fest verband. Ein

Lehrer für die Kinder beider Häuser und gleiches Recht für ihre Bewohner. Beide Hausfrauen wussten, was im Topf der anderen kochte, und schickten einander Pröbchen von den Gerichten auf ihren Herden und den Backwaren in ihren Öfen. Jede lieh der anderen einen Kochtopf, eine Ofenzange oder ein Sieb. Gemeinsam hüteten sie ein Beet mit Grünzeug, einen Korb Eier und zwei Hühner. In Winternächten oder an langen Sommertagen besuchten sie einander im Haus oder auf der Veranda, um zu plaudern, gemeinsam Hülsenfrüchte zu schälen, Marmelade zu kochen, Geflügel zu rupfen oder Strümpfe zu stricken.

Es sollte nicht lange dauern, bis die nachbarschaftlichen Beziehungen zwischen beiden Familien enger wurden. Die Nachbarn standen im Begriff, sich zu verschwägern. Vater hatte Söhne und Töchter, und der Älteste, Schmuel, war schon zwanzig Jahre alt und vom Militärdienst freigestellt. Selig hingegen hatte Töchter und Söhne, und seine älteste Tochter, Selda, war herangereift. Man handelte den Heiratsvertrag aus und setzte das Hochzeitsdatum fest. Doch die Freistellung des Bräutigams wurde zurückgenommen und er zum Militärdienst einberufen. Zum Leidwesen beider Familien war die Hochzeit damit bis auf Weiteres aufgeschoben, das heißt bis zur Ableistung der Wehrdienstjahre.

Eines bedauerte Vater sehr: dass es keine zehn männlichen, religiös mündigen Juden im Dorf gab, um einen vollgültigen Gottesdienst zu feiern. Ein Schabbat oder

Festtag ohne Gemeinschaftsgebet sei nur halb so erhebend, pflegte er zu sagen. Alle männlichen Wesen im Dorf, die altersmäßig zum Minjan gezählt werden konnten, machten nur sieben Personen aus – vier in unserem Haus: Vater, meine beiden großen Brüder und der Lehrer, und drei bei den Seligs. Und als mein großer Bruder einrückte, waren es nur noch sechs. Deshalb freute es Vater sehr, wenn ihm der Heilige-gelobt-sei-er Schabbatgäste bescherte, seien es jüdische Holzhändler, die den Wald aufsuchten, andere Waldpächter oder Männer, die als fliegende Händler, Glaser oder Ähnliches die Runde durch die Dörfer drehten. Dann benachrichtigte Vater am Vortag Pessach-Itzi, den Milchbauern, einen einfachen, kinderlosen Juden, der mit seiner unfruchtbaren Frau und den Milchkühen allein auf seinem Einzelhof in einem der umliegenden Täler lebte, nahe genug beim Dorf, um die Strecke, die am Schabbat zurückgelegt werden darf, nicht zu überschreiten. Am Schabbatmorgen machte er sich in aller Frühe auf den Weg zu unserem Haus, um den zehnten Mann zu stellen, ging zwischen Gärten und Freiflächen, trug seinen weißen Gebetsmantel unter dem Schabbatkaftan. Nicht, dass er es sonst so genau nahm mit dem Gebot, am Schabbat nichts in Händen zu tragen – die meisten Dorfbewohner halten sich ja nicht so streng an die Gebote –, aber wenn man schon zum gemeinsamen Schabbatgebet geht, sollte man es richtig tun. Notfalls zählte man einen Jungen unter dreizehn Jahren mit einem Chumasch in Händen zu den zehn. Als sich immer häufiger ein Minjan zusammenfand, holte Vater auch eine Thorarolle aus der Kleinstadt ins Haus. Verborgen hinter einem Thoravorhang in ihrem kleinen Schrein, räumte er ihr eine eigene Ecke im Schulzimmer ein, wo sie uns Kleinen damals mit ihrer bescheidenen Heiligkeit einen geheimnisvollen Schauder einflößte. Wenn unser Lehrer den jeweiligen Thoraabschnitt in der traditionellen Weise rezitierte und die kleine dörfliche Gemeinde, in Gebetsmäntel gehüllt und mit Brillen und Chumaschim ausgestattet, teilnahm, erhielt der Schabbatmorgen eine besondere heimelige Heiligkeit, die, so meine ich, sogar die Kupfergefäße spürten, die in ihrer Reinheit gegenüber auf der Kommode funkelten und uns mit ihrem Glanz ein weiches, schabbattägliches Lächeln schenkten. Im Nebenzimmer, hinter der Wand, stand unterdessen meine Mutter in ihrem sauberen Schabbatkleid und mit seidenem Kopftuch, ihr dickes Gebetbuch in Händen, die Lippen murmelnd und die Augen voll Freudentränen, die in etwa besagten: «Zwar wohnen wir im Dorf, abgehängt unter Gojim, aber der Ewige ist ein barmherziger und gnädiger Gott, der sein Volk nicht im Stich lässt, er hat uns in seiner Barmherzigkeit den Schabbat geschenkt und seine heilige und reine Thora in mein Haus eingeführt.» Für einen solchen Schabbat, an dem ein kompletter Minjan die Thoralesung ermöglichte, bereitete meine Mutter am Vortag extra einen Auflauf zu, bewirtete die Teilnehmer mit Branntwein zum Kiddusch und mit Honigkuchen und ließ sie von allen Schabbat-

Köstlichkeiten versuchen. Die Juden tranken nach ihrer Art in kleinen Schlucken und beglückwünschten Vater und Mutter: «Lechaim, Jossi, möge der Ewige seinem Volk Israel Trost und Erlösung bescheren, und Lechaim, Ita, wolle Gott, dass dein Sohn bald zu dir zurückkehrt.» Und Mutter erwiderte seufzend: «Amen, möge es der Wille des Ewigen sein.»

Manchmal kamen auch ein paar Freunde in unserem Haus zusammen. An einem langen winterlichen Samstagabend, wenn man ein Kalb oder Gänse schächten und ihr Fett auslassen wollte, kam der Schächter der nahen Kleinstadt, ein kluger Jude und guter Gesprächspartner, stets sauber gekleidet und breit gegürtet, mit seinem Mantel und seiner Werkzeugtasche und brachte einen Hauch kleinstädtisches Judentum und ein wenig Hochstimmung mit ins Haus. Zu dieser Abendveranstaltung fanden sich alle Teilnehmer des Minjan gleich nach dem Trennsegen am Ende des Schabbats bei uns ein: der künftige Schwiegervater Selig mit Frau und Kindern, der Milchbauer Pessach-Itzi mit seiner unfruchtbaren Frau und zwei oder drei Förster, die Vater am Vortag des Schabbats eingeladen hatte. Sie setzten sich um den kochenden Samowar an den Tisch, tranken heißen Tee und gerieten ins Schwitzen. Vater und Selig spielten «Ziegen und Wolf», und der Melamed stand hinter ihnen, wippte mit dem Oberkörper wie beim Talmudstudium und erteilte beiden Seiten Ratschläge. Die Förster – zumeist Spaßmacher und lustige Gesellen – unterhielten die

Frauen. Pessach-Itzi, der Milchmann, nahm die Pfeife nicht aus dem Mund, qualmte das Haus mit dem Rauch billigen Tabaks voll, und mein ältester Bruder, der musizieren konnte, spielte auf seiner Geige chassidische oder walachische Weisen.

Doch man hatte schließlich einen Schächter ins Haus geholt. «Herzlich willkommen! Eine gute Woche!» Und alle räumten ihm den Platz am Kopf des Tisches ein. Nachdem er hastig zwei, drei Gläser Tee zum Aufwärmen getrunken hatte, begab er sich mit geschürzten Rockschößen und aufgekrempelten Ärmeln, das blanke Messer in der Hand – äußerlich wie ein Räuber –, ins «Schlachthaus», das heißt in den Stall, um dort sein Werk an dem Kalb und den gefesselten Gänsen zu verrichten. Die Hofhunde hörten das Schnattern der gefesselten Gänse und das Brüllen des gebundenen Kalbs und liefen vor dem Stall zusammen, erwarteten mit wütendem, ungeduldigem Knurren ihren Anteil am Schlachtabfall, der auf dem Müll landete. Nachdem das Schächten und die Beschau erledigt waren, kehrte der Schächter ins Haus zurück, nahm seinen Platz am Kopf des Tisches wieder ein und sah genauso aus wie zuvor, ein ansehnlicher Schächter und Beschauer mit breitem Gürtel und flotter Zunge. «Ziegen und Wolf» wurde beiseitegelegt, und alle Gesichter wandten sich dem Schächter zu. Reb Gadi – so hieß er – saß da mit seiner sauberen samtenen Kippa über der breiten, weißglänzenden Stirn und erzählte seine Geschichten. Eine vom Propheten Elija, möge er in guter Erinnerung bleiben!; und eine über den Baal Schem Tov, gesegneten Angedenkens; und noch eine über den Großvater aus Schpola, möge sein Angedenken uns schützen!; und eine weitere über die sechsunddreißig Gerechten, derentwegen die Welt besteht ... Alle verstummten und spitzten die Ohren, der «Rabbi» saß da mit geschlossenen Augen, den schütteren Bart in der Hand, wippte wie beim Talmudstudium und lauschte andächtig, ließ alle Augenblicke ein gottesfürchtiges Seufzen vernehmen. Pessach-Itzi hüllte sich in eine Wolke von Pfeifenqualm, der Hut schiefgerutscht. Die Förster, sonst so leichten Sinns, senkten plötzlich die Köpfe, und eine der frommen Frauen schob eilig eine kecke Haarsträhne zurück unters Kopftuch. Sogar der Samowar summte nun leiser. Still! Die Rede des Schächters, wohltönend, maßvoll, gemächlich fließend, träufelte Tropfen für Tropfen an Süße und drang ins Herz wie Balsam und Lebenselixier. Die Welt ist also noch nicht verloren, der Hüter Israels schläft und schlummert nicht ...

Danach kam das Melawe-Malka-Mahl, das die Königin Schabbat hinausgeleitet. Es begann mit Schnaps und Fruchtsaft, begleitet von Gänsegrieben, Hühnermägen und den gehackten Lebern der frisch geschächteten Gänse, gefolgt von der Mitte – wieder Getränke und dampfend heißer Borschtsch mit gefüllten Teigtaschen – und zum Abschluss nochmal Getränke und Liedersingen und das Geigenspiel meines großen Bruders und begeistertes Tanzen bis zum Morgengrauen. Milchbauer

Pessach-Itzi, dieser sonst rund ums Jahr schweigsame Mann, ging in einer solchen Nacht zuweilen aus sich heraus und steigerte sich in höchste Ekstase. Er sang und tanzte wie wild, tanzte sich schier die Seele aus dem Leib, warf schließlich den Kaftan ab. Sein Gesicht einer lodernden Fackel gleich, die Augen geschlossen, die Arme barmherzig ausgebreitet, tanzte er unter lautem Rufen: «Heiliges Volk Israel, ich bin doch das Sühneopfer für euren kleinen Fingernagel!» Oder heulend: «Barmherzige Juden, lasst mich zur Heiligung des großen Namens in Flammen aufgehen. Erbarmt euch meiner, bindet mich wie einst unseren Urvater Isaak und führt mich auf den Scheiterhaufen. Oh, oh, mein Herz verbrennt vor Liebe zu Israel...!» So tanzte und schrie und weinte er, bis er wie tot auf die Pritsche sank, und früh am nächsten Morgen, wieder ausgenüchtert, stahl er sich davon, heim zu seinen Kühen, seiner Milchwirtschaft und seiner Pfeife, und verstummte erneut für lange Zeit.

Die meisten Feiertage verbrachten wir in ruhiger und bescheidener Festtagsfreude, überlagert von leiser Wehmut. An solchen Tagen wurde den Dorfjuden besonders bewusst, dass sie – notgedrungen – abgeschieden von der jüdischen Gemeinde lebten, und das Herz füllte sich mit Sehnen. Ein Feiertag sollte bekanntlich zu einer Hälfte für uns und zur anderen für den Ewigen sein. Unsere Hälfte wurde auch ordentlich begangen: Essen, Trinken, Schlafen, Muße. Aber Gottes Hälfte ließ zu wünschen übrig. Da war kein Bethaus, keine Gemeinde, kein gar nichts. Manchmal gab es nicht mal einen Minjan, weil der Lehrer für diese Tage nach Hause fuhr und sich kein anderer Gast fand, denn welcher Mann, und sei es der Ärmste der Armen, würde an Feiertagen sein Haus verlassen? Und kam doch mit Ach und Krach ein Minjan zusammen – welche Freude brachte es schon, wegen unserer vielen Sünden am Thorafreudenfest mit nur einer Thorarolle durchs Bethaus zu kreisen oder am Laubhüttenfest einen einzigen Lulav zu schwenken. Auch mit dem schönen Brauch der Festtagsbesuche war es nicht weit her. Die künftig verschwägerten Seligs und Pessach-Itzi mit Frau besuchten mein Vaterhaus, die Pessach-Itzis und wir das Haus der Seligs, wir und die Seligs das Haus von Pessach-Itzi – und damit hatte sich die Sache. Während des Besuchs saß jeder im Haus seines Nachbarn, knackte Haselnüsse und Kürbiskerne, erzählte veraltete Neuigkeiten, trommelte mit den Fingern auf den Tisch und gähnte, dass es in den Schläfen schmerzte.

Seit der Einberufung meines ältesten Bruders war Mutters stiller Leidensbecher um einen Tropfen voller geworden, was sich besonders an Schabbat und Feiertagen zeigte. Das Haus war leerer, die Geige meines Bruders hing stumm und verlassen an der Wand, und der leere Stuhl des Ältesten in der Reihe der Kinder erschien Mutter wie eine Zahnlücke oder ein Fingerstumpf. Wann immer sie am Tisch das Essen austeilte, blickte sie sehnlich auf den freien Platz und unterdrückte einen Seufzer, um den Schabbat oder Feiertag nicht zu entheiligen.

Mit den Bauern im Dorf kam Vater gut aus. Seit er zugezogen war, um den Wald abzuholzen, gab es eine weitere Einkommensquelle am Ort. Einige Bauern arbeiteten im Wald, andere pendelten in die nächste Kleinstadt, um Feuer- oder Bauholz zu verkaufen, und wieder andere fuhren Holz zur nächsten Eisenbahnstation. Bauhölzer wurden den Bauern preisgünstig und auf Raten angeboten, und die schiefen Katen und Lehmhäuser machten nach und nach festen Gebäuden Platz. Ein neues Wohnhaus, eine Scheune, ein Kuhstall oder Schafspferch entstanden. Zwei oder drei Strohdächer wurden durch Ziegel ersetzt und viele Löcher in den Zäunen ausgebessert. Natürlich kam es vor, dass ein Bauer Bauhölzer «mitgehen ließ» – in einem Dorf am Waldrand konnte es kaum anders sein –, aber meist schöpfte Vater seine rechtlichen Möglichkeiten gegen den Dieb nicht mit ganzer Strenge aus, und manchmal übersah er es auch einfach. Schließlich wohnte er in ihrer Mitte, noch dazu verbotenerweise, und Juden tut Frieden gut. Die Bauern des Dorfes schätzten ihn deswegen hoch, kamen manchmal sogar mit ihren kleinen Zwisten und Rechtsstreiten zu ihm. Vater wusste den richtigen Ton bei ihnen anzuschlagen, auf ihre Weise mit ihnen zu sprechen: Er beschwichtigte den einen, ermahnte den zweiten und rügte den dritten – und alle Seiten zogen zufrieden wieder ab. Mit den Honoratioren unter ihnen tauschte Vater sogar Geschenke zum Purimfest: Wir schickten ihnen Hamantaschen und Brötchen, sie revanchierten sich mit einem lebendigen Huhn, Eiern, einem Säckchen Mohn. Einer von ihnen, Wassili, ein gewitzter, gescheiter Bauer und alter Freund von Vater, schickte sogar seinen kleinen Sohn in den Cheder unseres Lehrers, damit er dort mit den anderen Kindern schreiben lernte. In dem Dorf mit seinen vierzig Bauernhäusern gab es sonst keine Schule, ebenso wenig wie ein Gebetshaus und einen Priester, und aus Petka – so hieß der kleine Goj – wurde beinah ein Jude, denn er lernte viele Gebete, den halben Kiddusch und die meisten Geschichten aus dem Chumasch auswendig hersagen, nach dem, was er von seinen jüdischen Schulkameraden hörte oder nebenher aufschnappte. Bald schon schrieb er Russisch in hebräischen Buchstaben, allerdings von links nach rechts.

Am Silvesterabend kamen die Dorfkinder und sangen ihre Lieder vor unseren Fenstern, und unsere alte Kinderfrau Jewdocha brachte ihnen weißes Schabbatbrot, mit Hülsenfrüchten gefüllte Teigtaschen und kleine Münzen hinaus. Im Frühling ging mein ältester Bruder Schmuel ins nächste Gehölz und hängte dort eine Schaukel zwischen zwei Bäumen auf, die alle Kinder des Dorfes, nichtjüdische wie jüdische, gern benutzten. Im Winter baute er ihnen Schlitten, auf denen sie von Seligs Hügel herunterrodelten. An Sommerabenden versammelten sich manchmal alle Dorfkinder, Jungen wie Mädchen, um unser Haus, während mein Bruder Schmuel drinnen am Fenster seine Geige spielte und sie draußen hopsten und tanzten. Nebenbei bemerkt: Die alte Kinderfrau Jewdocha hatte in unserem Haus drei Jungen großgezogen und hing von ganzem Herzen an ihnen und an meinem Vaterhaus. Sie kümmerte sich treu um die Kinder: Gab ihnen zu essen und zu trinken, brachte sie ins Bett und weckte sie auf, achtete wie eine Jüdin darauf, dass sie ihr Leibchen mit den Schaufäden anzogen, eine Kopfbedeckung aufsetzten, das Morgengebet sprachen, Thora und Gottesfurcht lernten, und passte aufmerksam auf, dass sie fleischiges und milchiges Geschirr nicht durcheinanderbrachten. Wenn eines von ihnen krank wurde, brachte sie insgeheim ein Fläschchen Weihwasser mit und besprengte sie zur Heilung damit.

Alles schien gut zu laufen. Eine kleine jüdische Familie wohnte in Frieden in einem der kleinen Dörfer – was sollte schlecht daran sein? Doch dann griff der Satan ein, und im Nu verwandelte sich alles in ein Tohuwabohu.

2

Der Satan kam im sechsten Jahr unseres Dorflebens. In der Bezirksstadt fand eine Wachablösung statt: Ein Statthalter trat ab oder starb, ein anderer stieg an seiner Stelle auf – und im ganzen Bezirk ging es plötzlich streng nach Gesetz, gab es immer neue Verbote und Vertreibungen. Die schlimmen Gerüchte, die täglich aus den umliegenden Dörfern eintrafen, trugen Angst und Schrecken in die vereinzelten jüdischen Häuser. Das Leben hing am seidenen Faden, Neid und Missgunst nahmen zu. Jeder war auf seinen eigenen Broterwerb bedacht und misstraute seinem Nachbarn. Vater kehrte zuweilen mit wütender Miene vorzeitig aus dem Wald zurück, tuschelte lange mit Mutter und dem künftigen Schwiegervater und brach überstürzt in die Kreis- oder Bezirksstadt auf, um dort «die Bestimmungen» abzumildern. Allein schon der Gedanke, das Dorf verlassen zu müssen, ließ einem das Blut in den Adern gerinnen. Unsere Familie war doch bereits dort verwurzelt, und gerade hatte Vater den Bau eines Teerofens in Angriff genommen, in den er den Großteil seines bescheidenen Vermögens investiert hatte. Doch seine Bemühungen bei «den richtigen Stellen» schienen nicht besonders erfolgreich zu verlaufen, denn er kehrte immer aufgebrachter von seinen Fahrten zurück. Die Beamten an «den richtigen Stellen» ließen plötzlich wieder äußerste Strenge walten. Der «Steuerbetrag» schnellte enorm in die Höhe, aber völlige Sicherheit gab es trotzdem nicht.

Der Urjadnik suchte uns nun auch häufiger auf, als sei er auf der Hut, erschien jedoch bei Nacht, wie ein Dieb, und sein rechtes Auge, das jetzt noch schiefer wirkte, blickte auf einmal fremd und kalt, fast zornig. Das Weiße war größer geworden, als würde er uns gar nicht erkennen. Die Dorfbauern reagierten auch anders, wurden regelrecht unverschämt. Und schlimmer noch: Es verging keine Nacht mehr ohne Holzdiebstähle im Wald. Manche Bauern versuchten ihre Taten nicht mal zu verbergen, in der Annahme, dass Vater jetzt gut daran tat, es schweigend hinzunehmen. Ein Bauer, Saschke der Wolf, ein dorfbekannter Ganove, und seine beiden Söhne wurden vom Waldhüter, unserem Knecht Stiope, dabei erwischt, wie sie gestohlenes Holz auf ihren Karren luden – worauf sie Stiope einfach zusammenschlugen und das Holz nach Hause fuhren. Das konnte Vater natürlich nicht mehr mit Schweigen übergehen, und er zeigte die Täter an, womit er sich viele Feinde seitens der Ganovenfamilie im Dorf machte. Ein Verwandter des Diebs, der der Dorfschreiber und ein berüchtigter Säufer war, verfasste fortan allwöchentlich Hassberichte über Vater nach dem bekannten Schema: «Es wird bekanntgegeben, dass der Jude X, Sohn des Y, der verbotenerweise, entschieden gesetzeswidrig, im Dorf ansässig ist, mit seinen Taten den Geist unserer Gemeinde verdirbt und dem Staat schadet», und der diebische Bauer nahm das Hassschreiben an sich und brachte es an «die richtigen Stellen». «Die richtigen Stellen» bestellten Vater umgehend zur Vernehmung ein, und von solchen Terminen kehrte er leichenblass heim. Als er einmal – woher auch immer – zurückkam, wurde sein Zweispänner nur noch von einem Pferd gezogen. Das andere, schönere Pferd war als «Sühnegeld» beim Inhaber einer der «richtigen Stellen» verblieben, und das andere, für das Vater so schnell keinen Partner gefunden hatte, war wie gemaßregelt allein mit seinem Besitzer heimgezockelt, wobei die Deichsel, die an der Wagenmitte angebracht war, ungewohnt schief hing. Vater stand die Schamesröte ins Gesicht geschrieben, als hätte man ihm den halben Bart abrasiert und den halben Kaftan abgeschnitten, und Kutscher Stiope war den Tränen nahe vor Kummer. Als er das einzige Pferd ausschirrte und in den Stall führte, überschüttete er es mit Flüchen, schlug ihm zähneknirschend mit der Faust aufs Maul und ließ seine ganze Wut an ihm aus. Das Fehlende wurde allerdings bald ersetzt: Vater tauschte das nunmehr einzige Pferd, das ebenfalls gut war, gegen zwei schlechte, was Stiope Schmach und Trauer einbrachte, aber Ruhe und Sicherheit kehrten nicht wieder ein. Ohne zu wissen, was der nächste Tag bringen würde, gab Vater das Projekt mit dem Teerofen auf und ließ die Bautätigkeit mittendrin einstellen. Vater sagte oft, die unfertigen Mauern im Wald, die nun Schweinen und Kälbern zur Unterkunft dienten, erschienen ihm jede Nacht weinend im Traum ...

Die gesetzlichen Schritte gegen die Juden der umliegenden Dörfer wurden unterdessen immer schärfer. Erst gab es noch eine Vorwarnung vor einer Vertreibung, später vertrieb man unangekündigt. Da half kein Sühnegeld mehr. Stattliche Häuser, die in jahrelanger Arbeit erbaut worden waren, wurden auf jähe Anweisung hin in kürzester Zeit verwüstet. Auf den Sandpisten, die aus den Dörfern in die Kleinstädte führten, schlichen jeden Tag Bauernkarren, beladen mit der Habe Vertriebener. Und am nächsten Tag fuhren dieselben Bauern zurück in ihre Dörfer und lachten über die Untergangsstimmung der verbliebenen Juden, die den Arm des Gesetzes noch nicht zu spüren bekommen hatten. Nackte Angst befiel mein Vaterhaus, und die Herzen ahnten nichts Gutes.

Einmal, an einem Feiertag der Gojim, als Vater zu Hause war, platzte Stiope verstört herein und erzählte, die Bauern des Dorfs säßen gerade im Wirtshaus zusammen, die meisten besoffen, und bereiteten irgendein Papier gegen Vater vor. Angeführt würden die Hetzer von Saschke dem Wolf, dem diebischen Bauern, und seinem Verwandten, dem Dorfschreiber, und die Stimmen seiner Verteidiger schaltete man mit Branntweinflaschen aus, die die Hetzer «der Allgemeinheit» spendierten. Den Gerüchten zufolge beinhaltete das Papier ein Gesuch «der Allgemeinheit» an «die richtige Stelle», den Jid Jossi aus dem Dorf zu vertreiben, erstens, weil er dort verbotenerweise wohne, und zweitens, weil er «schade». Es gab Grund zu der Annahme, dass auch ein Jude die Hand im Spiel hatte: Etwa um diese Zeit hatte ein Jude ein Waldstück an der Grenze zu Vaters Wald erworben. Die beiden standen also seither in Konkurrenz, die manchmal, wie üblich, auch in Handgreiflichkeiten ausartete.

Vater ging unverzüglich selbst ins Wirtshaus. In seinem Beisein, dachte er, würden sie es nicht wagen. Und so war es. Vaters unverhofftes Erscheinen in der Kneipe brachte die Hetzer in Verlegenheit. Zwei oder drei machten sich davon, und die Übrigen blickten zu Boden. Einer streckte erschrocken die Hand nach dem verlassenen

«Papier» aus, als wolle er es schnell verdecken, doch ein anderer Bauer, ein gottesfürchtiger Alter von denen, die Vater ehrten, kam ihm zuvor, ergriff es und bekreuzigte sich, ehe er es in Stücke riss und zu Vater sagte: «Danke Gott, Jossi, du bist von Ungemach errettet und wir vor einer Sünde. Lass Branntwein für alle ausschenken.» Vater tat es, und augenblicklich schwenkte das Herz der Leute um, und die Stimmung änderte sich. Der Anstand gewann wieder die Oberhand, und die Gruppe seiner Verteidiger obsiegte. Einige der Reumütigen waren nach zwei, drei Gläschen derart umgepolt, dass sie Stein und Bein schworen, sie seien Hunde und Söhne von Hunden bis ins zehnte Glied. Und einer heulte wie ein Biber, als er Vater um Verzeihung bat, warf sich zu Boden und rief: «Trample auf mich, Jossi, tritt zu.» Wieder ein anderer schlug sich ans Herz und schrie, er werde Jossi bis zu seinem letzten Blutstropfen verteidigen, und den «Wolf» werde er umbringen, ihn totsicher erschlagen ... Auf dem Heimweg hörte Vater Geschrei aus dem Wirtshaus. Vor lauter «Reue» waren die Hetzer und ihre Gegner offenbar aneinandergeraten, und ein Bauer riss dem anderen wieder mal die Haare aus.

Das Papier war fürs Erste zerrissen, aber die Gefahr nicht gänzlich abgewendet. Die Dorfbevölkerung war in zwei zerstrittene Lager gespalten. Die Streitereien und Handgreiflichkeiten nahmen kein Ende, und die beiderseitigen Hetzschriften gelangten an «die richtigen Stellen». Der Statthalter bestellte mal die eine, mal die andere Seite ein, stampfte bei beiden mit den Füßen und brüllte wie ein Löwe: «Nach Sibirien! In Eisenketten!»

An einem Chanukkatag schließlich ließ der Statthalter Vater kommen. Vater legte zwei fette Gänse in den Schlitten, als Chanukkageschenk für die Frau des Beamten, und beeilte sich, dem Ruf Folge zu leisten. Die Hausherrin nahm die Gabe erfreut entgegen, und ihr Mann führte Vater umgehend in einen hinteren Raum und sagte ihm: «Ich bitte dich, Jossi, ich kann dich nicht länger decken. Du hast Feinde, die gegen dich arbeiten. Und im Bezirk werden die Gesetze immer strenger durchgesetzt. Verschärfungen, Warnungen. Ein Jude im Dorf – um Himmels willen, der sollte sich dort keineswegs aufhalten und sehen lassen. Sie setzen das jetzt penibel um.»

«Ist das denn die Möglichkeit?», fragte Vater verwundert, «noch dazu wegen eines einzigen Tages?»

«Wegen eines Tages...»

«Was soll ich denn machen?», fragte Vater, «gibt es vielleicht doch einen Dreh?»

Der Beamte breitete die Arme aus und schürzte die Lippen, als wollte er sagen: «Tu, was du kannst. Ich bin mit meinen Kräften am Ende.»

Vater fuhr nicht nach Hause, sondern eilte mit dem Schlitten in die Kreisstadt und von dort in die Bezirksstadt. So sauste er umher, bis er Tage später erschöpft und deprimiert und mit fast leeren Händen heimkehrte. Er hatte zwar allerlei Ratgeber gefunden, aber ihre Empfehlungen widersprachen sich, stachen einander aus. Es gab auch Mittelsmänner, die ihm viel zusicherten, aber wenig einhielten. Einer, der angeblich über «Kontakte» bei «den richtigen Stellen» verfügte, übernahm es zwar – gegen ordentliche Entlohnung natürlich –, mit diesen Kontakten zu reden, um Vater zu «legalisieren», das heißt, seine Ankunft im Dorf einen Tag vorzudatieren, also vor Erlass der Order, aber viele meinten, man dürfe seinen Worten kaum Glauben schenken, denn er sei als Betrüger bekannt. Trotzdem zahlte Vater ihm einen Vorschuss: Wer weiß? Vielleicht ...

Mit diesem Vielleicht melkte der Mittelsmann Vater drei Monate lang, ohne dass die Sache über das Vielleicht-Stadium hinausreifte. Jede Woche tauchten neue Kontakte auf, die es zu beschwichtigen galt, und Vaters Hand ermüdete vor lauter Beschwichtigung. Eines Tages informierte ihn der Mittelsmann, dass sich die Order nicht aufheben ließe; sie liege bereits unterschrieben und besiegelt an dem und dem Ort. Was ginge dann noch? Aufschieben, aber das würde so und so viel kosten. Also zahlte Vater so und so viel für den Aufschub. Doch es sollte nicht lange dauern, bis es erneut hieß, dass das Papier, trotz aller Aufschübe, nun doch weitergezogen sei und ein erneuter Aufschub erwirkt werden müsse. So ging alles von vorne los: Der Mittelsmann war auf der Hut und schob mit beiden Händen auf, aber das Papier schlich weiter, Stück für Stück und dem Auge verborgen, wie ein Dieb im Untergrund, langsam, aber stetig, und jedes Ruhen und Rasten kostete Vater Geld und vor allem Ehrverlust und beispiellose Seelenqualen: vergebliches Klinkenputzen auf allerlei Ämtern, Abweisung mit dem Vermerk, morgen wiederzukommen, Bestechung, Flehen um Erbarmen, Täuschung, Kuschen vor hartherzigen alten Säufern oder anmaßenden jungen Schnöseln in den Amtsstuben, Geheimtreffen in dreckigen Wirtsstuben, widerliches Gezerre... Von diesen Gängen kam Vater stets ausgelaugt nach Hause und blieb zwei bis drei Tage im Bett liegen... Wenn er danach wieder aufstand, zog er sich in sein Zimmer zurück und wanderte dort stundenlang auf und ab. Und einmal, in der Abenddämmerung, fand ich ihn in der Ecke vor dem kleinen Thoraschrein stehen und leise weinen...

Viele weiße Haare auf dem Kopf und neue Furchen an der Stirn brachten ihm diese Tage ein.

Als Vater einsah, dass die Erlösung nicht auf natürliche Weise eintreffen werde, hoffte er auf himmlische Gnaden. Er bemühte sich weiter, denn es steht ja geschrieben: «Auch wird dich segnen der Ewige, dein Gott, in allem, was du tust», aber an eine vollständige Rettung glaubte er nicht mehr. Er betete im Stillen, dass das Unheil jedenfalls nicht zu bald hereinbrechen möge. Und vorerst – wer weiß, vielleicht... Vielleicht würde mittlerweile ein Wunder geschehen, beispielsweise irgendein Manifest, oder ein Krieg oder ein ähnlicher Schlag für den Staat, der Jossi mit Wohnsitz in Kosjowka vergessen machte.

Mittlerweile war der Frühlingsmonat Nissan angebrochen, und von meinem großen Bruder, Schmuel, der als Trompeter im Militärorchester diente, traf unversehens ein Brief mit zwei guten Nachrichten ein: Erstens hatte man ihm, Schmuel, wegen seiner hervorragenden Begabung als Musiker ein Abzeichen verliehen, und zweitens hatte man ihm zwei Wochen Urlaub bewilligt, sodass er zum Sederabend nach Hause käme, samt seiner Trompete. Vater las den Brief allen Hausgenossen vor, und alle freuten sich sehr. Die Kinder tanzten – «Schmuel kommt und bringt die Trompete mit!» Über das Gesicht meiner Mutter huschte ein Lichtstrahl, und in ihren Augen glitzerten Tränen.

«He, Frau, warum weinst du denn?», sagte Vater und wischte sich mit dem Finger selbst eine heimliche Träne weg. «Das ist doch ein gutes Zeichen. Jetzt wirst du sehen, dass der Ewige uns errettet...»

«Möge es eintreffen, Herr der Welt, gib es für die Kinder», erwiderte Mutter und unterdrückte die Tränen mit aller Kraft, um Vater nicht zu grämen.

Doch leider wurde Vaters und Mutters Stoßgebet nicht erhört. Das Unheil traf nur zu bald ein, zu einer Zeit, als wir überhaupt nicht darauf vorbereitet waren: Am Pessachabend.

3

Der Gast legte eine kurze Pause ein und erzählte dann weiter:

Jener Freitag, der erste Sederabend, der damals auf einen Schabbat fiel, ist mir in allen Einzelheiten in Erinnerung. Von morgens an strahlte die Sonne ununterbrochen, und die Häuser der beiden künftig verschwägerten Familien, das am Fuß des Hügels und das auf seiner Kuppe, lachten einander in ihrem neu erstrahlten Weiß an, präsentierten stolz den feiertäglich blau gestrichenen Streifen, der unterhalb der Fenster rings ums Haus verlief. Und hinter dem Haus hörte man die Arbeiterinnen singen, die diesen Morgen zuerst in den Garten gegangen waren, wo sie den Boden hackten und alle Stunde ein neues feuchtschwarzes Beet anlegten. Seligs Hügel hatte nach dem nächtlichen Regen einen feinen grünen Flaum aus seidenweichen Hälmchen angelegt. Und der Weg von oben nach unten leuchtete plötzlich gelb zwischen der grünen Seide, denn das ganze Band war mit feuchtem goldenem Sand bestreut. Kein Mensch hatte gesehen, wer den Sand ausgestreut hatte, aber alle wussten Bescheid: Die Braut hatte es heimlich getan, morgens in aller Frühe, für den Bräutigam, der an diesem Tag heimkommen sollte. Beinah tat es mir leid um den goldenen Streifen, ich wollte ihn kaum zertrampeln, ehe seine, des Bräutigams Füße, ihn betraten. Auf beiden Höfen herrschte emsiges Getriebe: Töpfe und Pfannen wurden rituell in kochendes Wasser getaucht, geschrubbt, poliert, abgespült – und das Geklapper war weithin zu hören. Bänke und Tische waren zu einer Tortur mit heißem Wasser und Bimsstein verurteilt und litten unter der mageren, sehnigen Hand der verhutzelten alten Jewdocha, dieser mit jüdischen Bräuchen vertrauten Goja, die die Koscher-Regeln strenger einhielt als eine Israelitin, und unter der derben, feisten Hand der pockennarbigen Schickse Parascha. Die beiden künftigen Schwiegermütter schufteten auch selbst hart an diesem Tag und trieben andere zur Arbeit an, taten es heldenhaft, geradezu hingebungsvoll, als wetteiferten sie in ihrem emsigen Fleiß. Es war schließlich keine Kleinigkeit: Heute würde Schmuel, der Bräutigam, heimkommen, und das nach zwei Jahren Wehrdienstzeit.

Ihr müsst wissen, dass die beiden künftigen Schwiegermütter nach Eintreffen des Briefs von meinem Bruder in Streit geraten waren. Meine Mutter behauptete, Schmuel sei ihr Gast, denn die Eltern rangierten vor den Schwiegereltern. Und die Schwiegermutter kreischte: «Nein, nicht doch! Schmuel ist ein Bräutigam, und wer hat je einen Bräutigam gesehen, der keinen einzigen Pessachabend im Haus seiner Schwiegereltern verbracht hat?» Darauf mischten die Männer sich ein und entschieden: Es wird aufgeteilt. Der erste Sederabend bei den Eltern, der zweite bei den Schwiegern.

Ein ähnlicher Streit war an diesem Tag auch zwischen den Kindern der beiden Häuser ausgebrochen: Jedes wollte mit Stiope im Pferdewagen zur nächsten Bahnstation fahren, um den Gast abzuholen, der diesen Nachmittag mit der Eisenbahn eintreffen sollte. Schlussendlich fiel mir diese Ehre zu, und ich wartete ungeduldig auf die Abfahrt des Wagens, der wohl schon eine Stunde lang fix und fertig angeschirrt vor dem Hoftor stand, sich jedoch nicht vom Fleck bewegte. Er wartete auf Stiope, der noch im Hof auf seinem Schreinerbock saß und zu Pessach mit dem Beil weiße Stäbe zu neuen Griffen für Harken und Zangen schnitzte und spitzte. Mit aller Kraft wollte ich Stiope helfen, um die Sache zu Ende zu bringen, aber meine Mutter zerrte mich weg zum Haarewaschen und Wäschewechseln. Sie fürchtete, ich könnte unterwegs aufgehalten werden und den Feiertag mit unsauberem Körper beginnen.

Um keine Zeit zu verlieren, überließ ich meinen Kopf gleich dem warmen Wasser und dem kratzigen Kamm und meinen Leib dem gestärkten sauberen Hemd, dessen weiße Kühle mir einen leichten Schauder versetzte. In einem günstigen Moment versuchte ich Mutter dazu zu bewegen, mich jetzt schon – nicht für mich natürlich, sondern zu Ehren des Gastes – auch die übrige Kleidung wechseln zu lassen, Hut, Jacke, Hose und vor allem – die gewienerten Schuhe, denn ich wollte in vollem Glanz vor Schmuel erscheinen. Doch meine Mutter lehnte meine Bitten mit dem unschlagbaren Argument ab, dass diese Sachen unterwegs schmutzig werden würden und es für alle Seiten besser wäre, wenn ich sie erst später, nach meiner Rückkehr, anzöge. Notgedrungen begnügte ich mich damit und verließ umgehend in Hochstimmung das Haus, zur Hälfte ausstaffiert und erneuert, wobei mir das steife Hemd auf der Haut schabte und ich die Feiertagsruhe schon halbwegs in den Knochen spürte.

Im Flur stieß ich auf meine Schwester, die bereits auf dem Schemel saß und in einem hölzernen Mörser mit einem Stößel, doppelt so groß wie sie, Mazzen zu Mazzemehl zerstieß, während meine andere Schwester, fast noch ein Baby, die Brösel in einem kleinen Sieb über einem weißen Tischtuch tanzen ließ, was ihr einen Hauch Pessachglanz verlieh. Auf einem runden Bastgeflecht, das als Salzbrett diente, lagen bereits die aufgeschlitzten Hühner mit ihren blauen Mägen und den Trauben ungelegter Eier, daneben die zweigeteilte Gans, und aus allen tropfte rötlicher Saft. Mein mittlerer Bruder rieb Meerrettich auf einer Reibe, verzog das Gesicht und nieste. In der Küchentür stand Parascha, sauber gekleidet, geschmückt mit Schürze und weißem Kopftuch, wie eine Braut im vollen Staat, ganz und gar koscher für Pessach, ihr narbiges Gesicht strahlend, und schrubbte mit einem stumpfen Messer glitzernde Schuppen von einem fetten, schwabbelnden Fisch, der für die Kupferkasserole fertig gemacht wurde. Aus dem Innern der Küche kam der liebliche Klang des Mahlens oder Hackens von Gewürzen und Kräutern und des prasselnden Feuers im frisch geputzten Herd, und neue irdene Gefäße strahlten weiß. Vater machte Charosset. Mutter tauchte auf dem Hof eine lange Reihe polierter Löffel und Gabeln in ein Wasserbecken. Die Holzgeräte, Bänke und Regale, die Tonne und der weiße Eimer standen gewaschen und abgespült an ihren Plätzen und erfüllten ihre Aufgaben. In einer Mulde flackerte noch eine kleine Flamme vom Verbrennen des letzten Gesäuerten, und eine leichte Rauchfahne zitterte in der Luft. Der Pessachabend ließ sich schon überall hören und riechen. Aber der Pessach selbst saß noch verschlossen in der guten Stube, dem eigens dafür bestimmten Zimmer, und Mutter ließ keinen hinein. Dort saß er abgeschieden hinter dem Vorhang, wie ein König in seinem Gemach, inmitten weißer Kissen und funkelndem Kristall, und tuschelte mit dem Propheten Elija. Nur wenn Mutter bei Bedarf kurz die Tür öffnete, schaute er uns Kinder gelegentlich mit einem gütigen Auge an, als wollte er sagen: Hier bin ich, Kinder.

Rund eine halbe Stunde nach dem Verbrennen des letzten Gesäuerten ruckte der Wagen endlich vom Fleck, mit mir darin. Jetzt wusste ich, dass ich fuhr und in zwei Stunden, so Gott wollte, meinen Bruder sehen würde, ihn und seine Trompete …

Als der Wagen in den Weg zur Bahnstation hinauf einbog, schienen mir die Lieder der Arbeiterinnen, die den Garten hackten, gefolgt zu sein. Ich blickte mich um zu unserem Hügel: Die beiden weißen Häuser, das obere und das untere, standen dort mit ihren blauen Streifen und schauten mir nach. Beide ermahnten mich: Haltet euch unterwegs nicht auf. Pessachabend heute!

Der Weg vom Dorf zur Bahnstation war zwar vom nächtlichen Regen etwas aufgeweicht und hier und da matschig, aber insgesamt nicht besonders schlecht, und die Pferde zogen in gewohnt leichtem Trab dahin. Vom Dorf zur Station waren es zwei Stunden Fahrt und dasselbe auch zurück. Wenn uns nichts aufhielt, wären wir nach meiner Berechnung etwa zweieinhalb oder drei Stunden vor Anbruch des Abends mit dem Gast zurück, wenn das ganze Haus schon bereit für Pessach wäre. Ich stellte mir die große Freude bei der Rückkehr des Wagens mit Schmuel vor. Alle Bewohner der beiden Häuser würden zur Begrüßung zusammenlaufen, darunter auch die Braut ...

Die Pferde trabten zwischen gepflügten Feldern hindurch, klingelten mit ihren Glöckchen. Ein leichter Wind blies mir ins Gesicht, und mein Herz war überglücklich. Pessachabend-Stimmung lag über der ganzen Welt. Zwischen den Wölkchen am Himmel entstanden große Zwischenräume, neue azurblaue Streifen, in Pessachblau. In der klaren Luft wetteiferten leichte Wellen süßer Wärme und erfrischender Kühle miteinander, und beide schlugen mir nacheinander sanft in Gesicht und Nacken. Vereinzelte Wasserlachen standen wie gläserne Spiegel auf den Feldern, einige glatt, sodass das Himmelsblau in seiner Reinheit herausschaute, andere zitternd vor Kühle und mit silbernen und goldenen

Schuppen schimmernd wie die Pessachteller und -gläser. Sogar die schmutzigen kleinen Schneereste, die hier und da aus einem Schlagloch lugten, taten dem Gesamtbild keinen Abbruch. In meinen Augen waren sie harte Reste von Gesäuertem, die sich beschämt in Erdlöchern verkrochen.

Der Wagen sauste dahin, und wir passierten abwechselnd Felder und Wälder, Wälder und Felder. Im Stillen stellte ich mir die bevorstehenden Pessachtage einen nach dem anderen vor. Tatsächlich würde dieses Jahr große Pessachfreude in unserem Haus herrschen. Jeder Tag ein eigenes Fest. Am ersten Tag würden die künftigen Schwiegereltern uns besuchen: Wein, Biskuitkuchen, Honigkuchen, Nüsse und Spiele mit Nüssen. Am zweiten Tag würden wir zu ihnen gehen, und wieder Wein, Biskuitkuchen, Honigkuchen, Nüsse und Spiele mit Nüssen. Am Ausgang des ersten Feiertags – erneut alle bei uns. Die Schwiegereltern würden kommen, die Braut und Pessach-Itzi mit seiner Frau. Alle, alle. Schmuel würde seine Trompete blasen. Die Kinder würden tanzen. Und wieder Wein, Biskuitkuchen, Honigkuchen, Nüsse und Spiele mit Nüssen ...

Freimütig gestehe ich: Mehr noch als auf meinen Bruder freute ich mich auf die Trompete in seinem Gepäck, ihretwegen hatte ich so gern zur Bahnstation mitfahren wollen. Ich hatte noch nie eine Trompete mit eigenen Augen gesehen. Kannte sie nur von einer Fotografie, die Schmuel uns kurz nach seiner Aufnahme ins Militärorchester geschickt hatte und die nun bei uns zu Hause an der Wand hing, neben der Geige. Sie zeigte ihn in seiner Ausgehuniform, mit der Trompete in den Händen. Wahrlich ein hübsches und vorzügliches Instrument, und bald würde ich sie zu sehen bekommen, vielleicht sogar blasen können. «Vielleicht» – dieses Wort allein füllte mein Herz schon mit unbändiger Freude, und ich konnte mich nicht enthalten, das Thema gleich bei Stiope anzusprechen, der vorne saß, mit dem Rücken zu mir.

«Sag mal, Stiope», begann ich, «hast du je im Leben eine Trompete gesehen?»

«Warum das?» Er wandte mir verwundert das Gesicht zu.

«Weißt du's denn nicht? Schmuel bringt eine Trompete mit! Eine echte Trompete, aus Messing ...!»

Die Nachricht schien ihn nicht zu beeindrucken, denn er drehte sofort, ohne eine Antwort zu geben, das Gesicht wieder den Pferden zu und lenkte sie wie zuvor in aller Ruhe. «Was versteht der schon!», dachte ich abfällig, «die reinsten Esel, dieses Volk!» Und sofort reihte ich die Fäuste wie zu einem Rohr aneinander und begann, in die Welt zu blasen und zu trompeten, wobei ich im Takt auf dem Sitz hüpfte. Uns entgegen kamen einige Bauernwagen, die von der Bahnstation zurückkehrten. Auch eine leichte Kutsche passierte uns, klingelte ebenfalls mit Pferdeglöckchen, und drinnen saßen zwei uniformierte Beamte unterschiedlichen Rangs, doch ich trompetete unbekümmert weiter. Nur Stiope drehte sich mehrmals um und sah den beiden grimmig nach, bis sie außer Sichtweite waren, als sagte ihm sein Herz, dass das Erscheinen dieser beiden «Engel» nichts Gutes verhieß.

An der Station stand Schmuel schon in seiner Uniform auf dem Bahnsteig und wartete auf unseren Wagen. Wie markant sein Gesicht geworden war! Und wo war sein Bartflaum geblieben? Ich sprang vom Wagen und lief zu ihm. Begrüßung, Küsse. Stiope tränkte die Pferde und lud das Gepäck meines Bruders auf. Ich suchte mit den Augen die Trompete unter seinen Habseligkeiten, fand jedoch nur eine derbe, schwere Kiste und dazu eine kleinere, schöne Tasche, eine Art Etui. Ich verstand sofort, dass dieses Etui das wertvolle Stück enthielt, fragte jedoch sicherheitshalber meinen Bruder, was das sei.

«Das ist die Hülle des Instruments», antwortete er mir.

Meine Hand, die das Etui befühlte, zuckte fast zurück vor Ehrfurcht: Das Instrument! Ich hätte meinen Bruder gern gebeten, es mir gleich auf der Stelle zu zeigen, traute mich aber kaum, blickte nur bittend zu ihm auf. Mein Bruder verstand wohl, was ich wollte, denn er sagte: «Jetzt müssen wir schnell nach Hause fahren. Pessachabend heute.»

Er hatte recht. Wir mussten nach Hause eilen, Pessachabend heute. Und alle drei kletterten wir schnell auf den Wagen. Die Pferde trabten rasch den Weg zurück, den sie gekommen waren, liefen leicht und fröhlich, verkündeten mit ihren Glöckchen: Schmuel kommt, Schmuel kommt! Schmuel verwickelte Stiope gleich in ein endloses

Gespräch über Dorfangelegenheiten, der eine fragte, der andere antwortete, und ich – mein Herz galt dem Etui und seinem Inhalt. Beinah hätte ich die Hoffnung aufgegeben, die Trompete noch auf der Fahrt zu sehen: Fest verschlossen war sie in ihrer Hülle, wie jener Pessach im Salon. Aber der Heilige-gelobt-sei-er wollte mich anscheinend nicht um meinen Lohn fürs Mitfahren bringen, sondern gab meinem Bruder, als wir noch ein ganzes Stück vom Dorf entfernt waren, den guten Gedanken ein, seine Ankunft von Weitem mit einem Trompetenstoß anzukündigen. Gesagt, getan. Im Nu wurde das Etui geöffnet, und in der Hand meines Bruders blinkte die Trompete, ein Traum aus funkelndem Messing, versehen mit einer Reihe Ventile, deren Glanz mir fast die Augen blendete. Und im nächsten Moment schon perlten unter den Händen meines Bruders schier mühelos saubere und klare Töne auf und ab. Das Instrument gurrte wie ein Baby, erhob dann plötzlich mit aller Kraft seinen Messinghals, und über die weiten Felder, durch die klare Luft erklang ein mächtiger, großartiger Marsch.

Stiope knallte mit der Peitsche, und die Pferde hoben die Läufe und machten voran. Die Schellen und Glöckchen an ihren Hälsen gerieten kurz aus dem Takt unter dem mächtigen Marsch, nahmen aber gleich ihr fröhliches, rhythmisches Klingeln wieder auf und verkündeten mit neuer Kraft: Schmuel kommt, Schmuel kommt! Die Bäume an den Straßenrändern tanzten vor uns und verbreiterten den Weg. Die Wasserlachen jubelten uns entgegen. Alles vermeldete frohen Muts: Schmuel kommt, Schmuel kommt!

Als der Wagen noch so dahinsauste, kam uns die Kutsche mit den beiden Beamten erneut entgegen. Dieselbe Kutsche und dieselben Beamten, die uns auf der Hinfahrt zur Bahnstation begegnet waren. Dieses doppelte Aufeinandertreffen hielt ich für ein böses Omen, das es zu fürchten galt. Die Trompete zitterte in Schmuels Hand, ihr Glanz wirkte plötzlich getrübt, und Schmuel senkte sie hastig und verbarg sie unter seinem Mantel. Der Wagen und die Kutsche begegneten sich schnell, und die Insassen beider Fahrzeuge wandten wie im selben Gedanken die Gesichter nach hinten und beäugten sich misstrauisch für einige Sekunden...

Unterdessen hatte unser Wagen mit kurzem, dumpfem Rumpeln, das sofort wieder aufhörte, auf einem gewölbten Steg eine Rinne überquert und war im Dorf eingetroffen. Wir hatten erwartet, hier einige unserer Leute uns entgegenkommen zu sehen, wie vor der Abfahrt vereinbart, doch zu unserer Überraschung ließ sich kein Mensch blicken. Sorge beschlich unsere Herzen. Mein Bruder blies noch einen letzten, schwachen Ton auf seiner Trompete und legte sie dann zurück in ihr Etui. Stiope sprang auf und trieb die Pferde mit aller Kraft an, sodass sie im Sturm weitergaloppierten. Einzelne Bauernhäuser am Dorfrand sausten an uns vorüber, mit ihren schiefen Zäunen und den dreckigen Kindern, die barfuß in den Wasserlachen wateten und beim Schellenklang und Peitschenknallen aufblickten und den Soldaten auf dem Wagen mit großen Augen ansahen.

Und nun leuchteten auch die beiden weißen Häuser vor uns auf, das oben auf dem Hügel und das unten an dessen Fuß. Vor unserem Hof stand eine Schar Männer und Frauen. Die mussten sich zu Ehren des Gastes versammelt haben. Aber warum kam uns niemand entgegen? Das Ganze war schwer zu verstehen.

Stiope stand immer noch aufrecht und breitbeinig auf dem Kutschbock und schwang mächtig seine Peitsche. In der Luft knallte es wie zerberstende Blasen, und der Wagen flog laut und schnell dahin. Nun erkannte ich schon jeden in der Menge. Die Schwiegerfamilie, von groß bis klein, Pessach-Itzi, seine Frau und andere mehr. Die Kleidung war unterschiedlich, eine Mischung aus Werktag und Feiertag. Neue Hüte, Kopftücher und Schuhe. Da war auch die Braut. Ganz in Weiß. Und dort der Dorfälteste mit seinem dünnen Bart und der roten Schärpe, in der Hand seinen Stock und auf der Brust sein kupfernes Hoheitszeichen. Was hatte der denn um diese Uhrzeit hier zu suchen? Und warum ließ sich von unserem Haushalt keiner blicken …?

Als der Wagen schließlich vorm Hoftor anhielt und wir die Gesichter der Versammelten von Nahem sahen, wurde uns schlagartig alles klar. Ohne ein Wort zu reden, verstanden wir alles …

4

Der Gast senkte ein wenig die Stimme und fuhr fort:

Die Lösung war höchst grausam, zu grausam, als dass sie einem kleinen Jungen wie mir hätte einfallen können. Es geschah ja so plötzlich!

Wer hätte geahnt, dass wir, mein Bruder und ich, bei unserer Rückkehr von der Bahnstation ins Elternhaus dort nichts mehr vorfinden würden ...

Wer hätte gedacht, dass innerhalb der vier oder fünf Stunden, die wir unterwegs gewesen waren, Leute in unser Haus kommen, Menschen und Habe auf Wagen laden und sagen würden: Geht hin, wo ihr wollt.

Und wann? Mitten an einem solchen Tag!

Monatelang war die Order vorangeschlichen, langsam gekrochen, wie eine lautlose Schlange, und nun war sie in einem kurzen Moment der Unaufmerksamkeit aus ihrem Versteck geschnellt und hatte zugebissen! Und wie scharf und giftig war ihr Biss.

Die Mienen der Versammelten mit den neuen Hüten und Tüchern, die uns stumm empfingen, sagten uns sofort alles, was über das Vaterhaus gekommen war. Mit ihren trübseligen Mienen und verweinten Gesichtern erinnerten sie eher an eine Trauergemeinde denn an ein Empfangskomitee.

Als mein Bruder Schmuel vom Wagen stieg und ich

ihm nach, löste sich ein lauter Aufschrei aus der Menge und fuhr pfeilschnell in die Luft, ein einzelner Schmerzensschrei, der abrupt, wie mit einem scharfen Messer gekappt, verstummte und eine tiefe Schramme in der Luft der Welt und im Herzen hinterließ. Die zukünftige Schwiegermutter hatte so geschrien, und dieser abgehackte Aufschrei hatte etwas vom Aushauchen der Seele aus dem Leib. Die Kinder brachen in Tränen aus, und die Männer wandten die Gesichter ab, wobei Wimpern und Kinn bebten.

Mein Blick verschwamm, und an alles Folgende erinnere ich mich nur so, als hätte ich es in einem blinden, zersprungenen Spiegel gesehen, in einzelnen Scherben, zur Hälfte, zu einem Drittel oder Viertel.

Schmuel und ich stehen auf dem Hof, ohne dass ich weiß, wie wir dort hineingekommen sind. Neue Hüte und Schuhe ohne Körper folgen uns schweigend, scheinen in der Luft zu schweben. Einer, ganz nah bei mir, redet, und ich höre jedes Wort für sich, sehe jedoch nicht, wer spricht, und verstehe nicht, was er sagt und warum. Aus dem verschlossenen Kuhstall, von dem ich nur das Vorhängeschloss sehe, ertönt das markerschütternde Blöken des verstörten Kalbs. Warum schreit das Tier?

Von der Hauswand schwebt uns ein weiterer neuer Hut entgegen. Darunter ein Bart und zwei ausgebreitete Arme in ihren Ärmeln. Die Hände weinen wie ein Baby und sagen: «Siehst du, Schmuel, was sie uns angetan haben?» – Vater? Dann ist er ja noch hier?

Und da ist auch Jewdocha. Sie betrachtet von Weitem Schmuels Gesicht, wiegt ihren Kopf, so klein wie eine verschrumpelte Feige, und schluchzt leise: der Liebling, der Teure...

Wir stehen im Innern des Hauses: Ruin und Chaos.

Der Sedertisch, die Wände, die Fenster – allesamt kahl. Die Betten leer. Zwei, drei Stühle sind umgekippt. Chaos und Ruin.

Nur der kleine Thoraschrein steht verborgen in seiner Ecke wie zuvor, bedeckt mit seinem sauberen neuen Vorhang, um das geschändete Haus nicht zu sehen.

Und in dem ganzen Chaos geht die alte Jewdocha umher, ringt die Hände und wimmert leise: «Sind gekommen, die Schurken, sind angekommen, haben alle und alles auf Wagen geladen und fortgeschickt... die Mutter mit ihren Kindern...»

Muss ich auch die Einzelheiten der Vertreibung schildern? Sie sind sehr kurz und schlicht: Die beiden Beamten, Sondergesandte aus der Bezirksstadt – eben die, die uns unterwegs zweimal begegnet waren –, kamen zur Mittagszeit plötzlich an, drei Pferdewagen aus dem Dorf im Gefolge, und befahlen ohne Hin und Her, Haushalt und Seelen aufzuladen und sie in eine der umliegenden Kleinstädte zu verbringen. Da half kein Flehen, Weinen und Schmerzensgeschrei. Mutter und Kinder wurden gegen ihren Willen in die Wagen verfrachtet, mitsamt den Kissen und Federbetten, dem Packen Mazzen und den übrigen Siebensachen der Vertriebenen. Sogar die

Fischpfanne und der Fleischtopf wurden kochend vom Herd genommen und mit ihren Besitzern aus dem Dorf gejagt. Mit den Exilierten schickte man auch die beste unserer drei Kühe, die Mutter des zurückgebliebenen Kalbs, deren Milch die Kinder brauchen. Vater erlaubte man mit Müh und Not, noch zu bleiben, bis seine übrigen beiden Söhne, Schmuel und ich, mit seinem Wagen von der Bahnstation zurück wären, unter der Bedingung, dass er und diese beiden Söhne danach augenblicklich das Dorf verließen, noch am selben Tag und im selben Wagen. Dem Dorfältesten war streng befohlen, nicht von der Stelle zu weichen, bis dem Gesetz restlos Genüge getan wäre.

Vater übergab die Thorarolle in ihrem kleinen Schrein seinem künftigen Gegenschwiegervater Selig und die Schlüssel der alten Jewdocha, die zurückblieb, um das Haus zu bewachen. Schmuel und mich trieb er an, auf den Wagen zu steigen, um Mutter und die Kinder einzuholen.

Die endgültige Abschiedsstunde war gekommen. Die alte Kinderfrau drückte meinen Kopf ans Herz und brach in Tränen aus. Aus der Menge tönte erneutes Frauenschluchzen. Die künftige Schwiegermutter fiel in Ohnmacht, die Braut barg das Gesicht in den Händen, und ihre Schultern bebten.

Der Wagen fuhr an. Die beiden erwachsenen Männer, der Schwiegervater und Pessach-Itzi, begleiteten uns schweigend bis zum Ortsausgang, wo der Wald beginnt, und machten dann kehrt. Außerhalb des Dorfes gab kein Mensch uns Geleit, und die uns von Weitem sahen, huschten schnell in ihre Häuser. Kurz darauf wurde der Wagen ganz vom Wald verschluckt – und alles blieb hinter uns zurück: Die beiden weißen Häuser, der Hügel, die Eskorten, der Dorfälteste mit seinem Stock und dem Kupferabzeichen, Jewdocha – das Dorf gehörte der Vergangenheit an!

Rechts des Weges, zwischen den spärlichen Bäumen mit ihren dünnen Ästen, kam eine runde Lichtung in Sicht, in deren Mitte ein unfertiges Gebäude aufragte: der einst geplante Teerofen. Die Backsteinreihen starrten uns zwischen den Stämmen trostlos an. Mir schien, sie waren aus schwerem Schlaf erwacht, dem Schlaf der Verzweifelten, und klagten stumm: «Jossi, Jossi, warum hast du uns verlassen?»

Vater wandte das Gesicht ab, um sie nicht anzuschauen. Dann plötzlich erklang ein gurgelnder Laut, ein leises Ächzen ...

Vater weinte ...

Stiope peitschte grimmig die Pferde, als wollte er mit ihrem Getrappel und Glöckchenklingeln Vaters Weinen und Seufzen übertönen, aber die Tiere ermüdeten, die Straße zur Kleinstadt war holperig, und der Wagen kam nur schwer voran.

Erneut passierten wir Felder und Wälder, die Glöckchen klingelten zart und schwach, aber wie traurig hörten sie sich jetzt an!

Bei Abendanbruch sahen wir endlich von Weitem die drei Wagen durch den Morast holpern, samt den Sachen und Seelen darin. Hinter dem letzten Wagen, an einem Strick, trottete die Kuh, die ab und zu den Kopf wandte und zum Himmel hochmuhte. In meinen Ohren erwachte wieder das Schreien des im Stall eingesperrten Kalbs...

Schnell holte unser Wagen die Kolonne ein.

Soll ich euch erzählen, wie das Wiedersehen von Mutter und Sohn auf offener Straße ausfiel? Das übersteigt meine Kräfte, und ich übergehe es lieber. Nach jenem Treffen lag die Mutter lange wie tot in den Bündeln von Kissen und Betten, zusammengerollt neben ihr meine kleine Schwester, die im Weinen eingeschlafen war, noch Tränen auf der Wange. Meine andere Schwester und der mittlere Bruder saßen in den übrigen beiden Wagen – ebenfalls mit verweinten Gesichtern.

Gegen Sonnenuntergang erreichte die Kolonne ein Gehölz etwa eine halbe Wegstunde vor dem Städtchen. Mutter fuhr plötzlich hoch, rückte ihr Kopftuch zurecht, zog ein kleines Päckchen aus einem Bündel, ließ die Wagen halten und stieg aus.

«Wohin?», fragte Vater, als er sie auf eine Erhebung im Wäldchen zusteuern sah, und stoppte seinen Wagen ebenfalls.

«Zum Kerzenzünden», antwortete Mutter.

Kein Mensch wunderte sich. Es war ja Schabbat und Pessach an diesem Abend, und sie hatte noch nie in ihrem

Leben den Segen über die Kerzen versäumt, aber keiner hatte gedacht, dass sie selbst im Tumult der Vertreibung nicht vergessen würde, Kerzen einzustecken, für den Fall, dass es unterwegs dunkeln würde.

Mein Bruder Schmuel eilte sofort hinterher, um ihr zu helfen. Die Wagen und die Bauern, die sie lenkten, standen ehrfürchtig dabei. Gleich würden über der Anhöhe zwei kleine Flammen aufleuchten. Das blinde Gehölz schien jäh aufzumerken, als hätte man ihm zwei lebendige Augen eingesetzt, und die Bäume staunten stumm über die Jüdin mit Kopftuch, die zu dieser Stunde zwischen ihnen stand und unter stillen Tränen die Hände über die Kerzen breitete.

Eigenartig: So trist und seltsam mir die ganze Versammlung damals auch vorkam, meinte ich doch, dass in dem Moment, als die zwei Flämmchen zwischen den Bäumen aufflackerten, eine Heiligkeit das ganze Gehölz ergriff und in einem seiner versteckten Winkel, in einem dort gänzlich verborgenen Schrein, ein kleines Tor der Barmherzigkeit aufging und ein guter Engel den Kopf herausstreckte. Die beiden Flammen waren in meinen Augen zwei goldene Punkte, die einen Scheidepunkt am Horizont markierten: Bis hierher Werktag, von nun an Schabbat und Feiertag. Der Kummer, der uns alle befallen hatte, erschien ebenfalls gelindert und geheiligt. Offenbar spürten sogar die Bauern etwas davon, denn als sie und ihre Tiere sich nach dem Anzünden der Kerzen wieder in Bewegung setzten, schienen sie behutsamer und leiser als zuvor durch den dämmernden Wald zu fahren, ihr hüja, hüja an die müden Gespanne kam ihnen leiser und mitfühlender über die Lippen, als hätte die Wehmut des Augenblicks auch ihr Herz ergriffen und ihre Stimme überwältigt.

Mutter wollte nach dem Kerzensegen nicht mehr auf den Wagen steigen, sondern ging zu Fuß am Wegrand, Schmuel und Vater eskortierten sie schweigend. Die Kinder auf den anderen Wagen stiegen auf Vaters Wunsch auf unseren um, und Stiope erhielt den Auftrag, sie rasch in die nahe Stadt zu bringen, ehe die anderen Wagen dort ankämen. Bald blieben diese hinter uns zurück, ebenso wie die Fußgänger und das Wäldchen. Ich blickte mich noch einmal nach der Anhöhe im Gehölz um: Die beiden Flämmchen leuchteten mir noch einen kurzen Moment und verschwanden dann mit einem Schlag. «Sind erloschen!», sagte ich bang und fühlte mit dem Wald, der wieder erblindet und in sein Dunkel zurückgekehrt war. Das Tor der Barmherzigkeit, das sich kurz aufgetan hatte, war erneut zugegangen, der gute Engel hatte seinen Kopf eingezogen. Alles ringsum verstummte.

Unterdessen hatte der Wagen das Gehölz verlassen – und die Mondscheibe, die plötzlich vom Boden auftauchte, schaute uns höchst verwundert mit vollem Gesicht an, als wollte sie fragen: Wer fährt denn da um diese Uhrzeit?

Wir vier drängten uns auf dem Wagen zusammen und

schwiegen. Uns war traurig ums Herz. Kälte, Dunkelheit, Seelenschmerz und Scham. Wie sollten wir zu solcher Stunde im Städtchen ankommen?

Das Städtchen kam uns schnell und schneller entgegen. Zwinkerte uns von Weitem aus dem Abenddunkel mit vielen funkelnden Lichtern zu, Festtagslichtern, erzählte von blitzblanken Häusern und Zimmern, weiß gedeckten Tischen voll Fülle und Segen, schneeweißen Kissen zum Anlehnen, rotem Wein in teuren Kristallkelchen, blanken Löffeln und Gabeln, Festkleidern und Schmuck, Großherzigkeit und Gastfreundschaft...

Von allen Juden der Welt waren wir vielleicht als einzige zu dieser Stunde noch unterwegs.

Ich blickte zum Himmel auf. Auch er hatte sich in dieser Nacht in sein ganzes Blau gekleidet und all seine Juwelen angelegt: die großen, kleinen und kleinsten Sterne... Hier und da zeichneten sich die Silberstreifen federleichter Wolkenschleier ab, so fein und klar, dass sie das herrliche Festtagsblau zu unterstreichen schienen. Und da hob eine unsichtbare Hand die Silberplatte des Mondes empor, deckte behutsam das reine Tuch darüber, den leichten Wolkenschleier, und er zeigte sich in seiner ganzen Pracht.

Stille Trauer sickerte mit dem Mondlicht herab und füllte unser Herz mit sanfter Wehmut. Sie schnürte uns die Kehle zu, ließ die Augen überquellen. Schlagartig erfassten wir alles, was uns geschehen war, und die Tränen strömten nur so. Zuerst weinten wir still, jeder für sich, dann laut gemeinsam, alle vier. Wir weinten, und der Wagen fuhr und fuhr ...

Als wir das Städtchen erreichten, stand der Mond schon auf halber Höhe des Himmels. Auf Wunsch unseres Bruders Mascha fuhr der Wagen uns voraus, nachdem wir ausgestiegen waren, um zu Fuß an Straßenrändern und durch dämmrige Gassen zu gehen. Wir wollten uns verbergen, im Schatten der Häuser und Zäune voranschleichen, möglichst unsichtbar bleiben. Diese Vorsicht war allerdings unnötig, denn die Straßen waren um diese Zeit menschenleer. Die Leute waren noch nicht aus den Synagogen gekommen, und auf dem ganzen Weg bis zu dem einzigen Gasthaus am Ort, das wir auf Anweisung unseres Vaters ansteuerten, begegnete uns kein Mensch.

Eine Viertelstunde später kamen auch die anderen Wagen und die Fußgänger am Gasthof an ... Nun strömten die Leute aus der Synagoge, und die festtäglich gekleideten Juden sahen zu ihrer Verwunderung drei hoch beladene Wagen vor Mosche-Aharons Herberge stehen, und aus einem rieselten Mazzenkrümel im Mondschein auf die Erde ...

«Und an jenem Abend», beendete der Erzähler seine Worte, «saß ich zum ersten Mal mit meiner ganzen Familie an einem fremden Sedertisch, dem von Reb Mosche-Aharon, dem Gastwirt, möge er in bester Erinnerung bleiben. Dieser gute Mann hielt uns alle zusammen, ließ nicht zu, dass wir auseinandergerissen wurden. Und damit nicht genug, wollte er Vater und Mutter auch eine Freude machen, indem er mich, ihren kleinen Sohn, die traditionellen vier Fragen singen ließ.»

«Und die Trompete?», fragte plötzlich ein kleiner Junge am Tisch, den bisher niemand beachtet hatte.

Alle Gesichter wandten sich dem Knirps zu, der prompt errötete.

Der Gast lachte auf und antwortete: «Die Trompete? Zwei Wochen später, als der Urlaub meines Bruders zu Ende war, kehrte er mit ihr zum Wehrdienst zurück, und ich bekam sie nicht mehr zu hören. All die Tage hatte sie in ihrem Etui mit dem übrigen Gepäck unter einem der Wirtshausbetten gelegen und nicht gewagt, hervorzukommen und ihre Stimme zu erheben. Die Trompete war beschämt.»

Hinter dem Zaun

1

Das Forstviertel war vor zwanzig, dreißig Jahren noch eine kleine, aber weiträumige Ansiedlung wohlhabender Russen, die Waldstücke, Gärten, Gurken- und Kürbisfelder besaßen. Mittlerweile ist daraus ein großes, enges Wohngebiet von Juden geworden, die mit den Hölzern und Hölzchen der gestutzten Haine sowie mit Obst und Gemüse handeln. Alles ist nun jüdisch dort: die Häuser, die Höfe, die schiefen Zäune darum, das pickende Huhn auf dem Mist, sogar die Luft und der Vogel, der darin fliegt. Die Angehörigen der russischen Minderheit mit ihren Gehölzen, Gärten und Feldern sind abgedrängt, fern vom Ort. Dort verbreiten sich die Unbeschnittenen aufs Geratewohl unter Gottes freiem Himmel, säen und setzen, lassen ihre Pferde auf der Koppel grasen, entzünden goldene Feuer bei Nacht, halten Rinder und Schafe sowie kleine Gojim und Hunde. Sie genießen die Erträge – und der Israelit auch ein bisschen. Letzterer steht mit der Sonne auf und fährt mit seinem Karren in Wald und Flur außerhalb des Viertels und gegen Mittag wieder zurück mit Gottes reicher Fülle und dem Geruch von Feld und Garten: Frühlingszwiebeln, ein Bund Rettich, ein Kohlkopf, eine Schnur Pilze, ein Ballen noch feuchtes Heu und gelegentlich auch ein roter Apfel und ein Eimerchen Waldbeeren, im Heu verborgen ...

Nur eine hartnäckige Goja, Schakoripinschchika mit Namen, eine kinderlose Witwe, die ein Findelkind im Haus und einen Hund mit kleinen Welpen im Hof beherbergte – sie als einzige der früheren russischen Bewohner wahrte ihren Besitz, den Hof mit Obstgarten und Gemüsebeeten dahinter. Mit beiden Händen hielt sie ihn fest, würde einen Teufel tun, ihn loszulassen! Jahr für Jahr verging, die Nachbarn versuchten es im Guten und im Bösen mit ihr, kesselten ihre Zäune ringsum mit Gebäuden ein, umgaben sie mit Müll, Misthaufen, Steinwällen, ließen schließlich Abwasser in ihren Hof rinnen, warfen Steine auf ihr Grundstück, rissen ihre Zäune für Latten und Feuerholz ab. «Dinge, die man nicht tut» taten sie ihr an, doch Schakoripinschchika blieb stur: «Ich weiche hier nicht, ihr Juden! Ihr könnt tun und lassen, was ihr wollt – ich zieh nicht weg!» Kein Tag verging ohne Streit und Zank mit Schakoripinschchika und keine Woche ohne eine Klage vor Gericht. Schütteten sie ihr kalte und heiße Asche auf den Hof, revanchierte sie sich mit rauchenden Scheiten, einmal wäre beinahe ein Feuer ausgebrochen. Rupften sie Gänse und bliesen die Federn auf ihren Hof, grillte sie ein Ferkel und fächelte den rauchigen Schweinegeruch in ihre Fenster. Benutzten sie ihre Zäune als Rückwand ihrer Außentoiletten, erhöhte sie die Zäune um ein oder zwei Ellen bis vor ihre Fenster und verdunkelte ihnen die Mittagsstunde. Schickten sie ihre Jungen in ihre Obstgärten, hetzte sie ihnen die Hunde auf den Hals ...

«Eine harte Nuss, die nicht so schnell zu knacken ist», sagten die Nachbarn resigniert und ließen vorerst von ihr ab – «ihr Stündchen wird noch schlagen!»

Die Belagerung wuchs unterdessen von Jahr zu Jahr, und Schakoripinschchika verbarrikadierte sich zusehends dagegen: Ihre Zäune erhöhte sie Elle um Elle, ihren Hunden, den Wächtern von Hof und Garten, fügte sie neue Hunde hinzu. Tor und Pforte zur Straße, zum Wohngebiet der Juden, verriegelte sie fest – und schottete sich so ganz davon ab. Wenn sie oder Marinka, ihr Findelkind, zum Markt oder in die Stadt gehen musste, tat sie es durch die hintere Pforte, zu Hof und Garten hin, nahm dann einen Trampelpfad, kletterte über niedrige Zäune, folgte Schlängelwegen um Gurkenfelder und Brachflächen, wo Juden nur selten einen Fuß hinsetzten, und immer weiter, bis sie im Schatten der Bäume und Sträucher am Wegrand verschwand.

Das Viertel selbst durchquerte Schakoripinschchika nur, wenn sie ihre Früchte mit dem Karren zum Markt fuhr. Dann öffnete sich das Tor zur Straße knarrend und quietschend, und den Hof verließ ein mit Obst und Gemüse beladener zweirädriger Karren, gezogen von einem kleinen Pferd, einer Art Pony, namens Gutzi. Auf dem Wagen saß Schakoripinschchika und hielt die Zügel. Die Jungkutscher, die am Tor standen und auf ihr Erscheinen warteten wie auf die Ankunft des Messias, gaben ihr mit großem Jubel den Weg frei. Vor lauter Freude klauten sie eine große grüne Gurke, einen roten Apfel und eine prächtige Birne vom Karren und schlugen auf der Stelle ihre starken Zähne hinein, vor den Augen der Beklauten...

Zum Verdruss der Juden des Viertels grenzte Schakoripinschchikas Wohnhaus auf der einen Seite ausgerechnet an den Vorplatz des Lehrhauses. Wenn die Beter dort freitagabends in Seidenkaftans und Samthüten aus der Synagoge strömten und über den Vorplatz gingen, hatten sie den ganzen Weg am rechten Zaun entlang drei Begleiter – die zwei traditionellen Dienstengel und das Bellen von Schakoripin, Schakoripinschchikas größtem Hund, der nach seiner Herrin benannt war – oder vielleicht gerade umgekehrt, die Herrin nach ihm. Der Hund selbst blieb dem Auge verborgen: Er lag an einer Eisenkette auf dem Hof hinter dem Zaun, und nur sein wütendes Bellen und Kettenrasseln erreichte die Passanten auf dem Vorhof und jagte ihnen Angst ein...

Auf der Straßenseite ragte Schakoripinschchikas Haus ein Stückchen aus der Häuserflucht hervor, und auch seine Ausrichtung fiel aus dem Rahmen: Front und Fenster gingen auf den Hof, während die fensterlose Rückseite der Öffentlichkeit zugewandt war. Diese kränkende Stellung hatte etwas Patziges oder Unverschämtes: «Juden, seht her, ich wende mich ab von euch – und ihr seht nur mein Hinterteil...»

Allein schon die kalte Schulter, die das Haus zeigte, genügte, um Auge und Herz der Nachbarn zu kränken. «Söhne Israels, sie verdirbt ja die ganze Häuserreihe!», beklagten sie sich und erhoben verzweifelt und hilflos die geballten Fäuste gegen das werte Hinterteil. Doch das Haus hatte noch einen weiteren, schlimmeren Mangel: Es war schlichtweg gefährlich.

Auf den ersten Blick mochte man sagen: Was können Dächer und Wände schon schaden? Aber aus der äußersten Ecke ihres Hauses ragte eine lange Stange in den Vorhof, und von Weitem sah es aus, als verweise sie den Hund mit ausgestrecktem Finger dorthin: Bell nur, Schakoripin, Juden gehen vorbei, los, wau-wau! Und diese Stange, genau in Mannshöhe vom Boden aus, war geeignet, richtig wehzutun.

Wann immer ein Jude nachts aus dem Vorhof nach rechts abbog, ging es peng!, und eine violette Beule, groß wie ein Ei, erblühte an seiner Stirn.

«Feuer, Pest und Cholera», fluchte der Getroffene und lief nach Hause, um die Beule mit einer Messerklinge plattzudrücken.

Wie ereiferten sich die Nachbarn über diese Stange, aber alles vergebens, red zu den Bäumen! Die besagte Stange ragte aus dem Haus und tat lautlos das ihre: Legte jede Nacht «Eier» an die Stirnen der Israeliten. Man könnte fast sagen, sie tat es absichtlich: Lauerte hinterhältig an der Ecke, und sobald sie einen Juden sah – peng!

Einige Hitzköpfe sprangen wütend los, um «Fenster

einzuschlagen», aber vor Ort angekommen, ließen sie die Hände sinken: Vor ihnen stand eine stumme und blinde Mauer, die Rückseite des Hauses, ohne das kleinste Anzeichen eines Fensters.

«Feuer, Pest und Cholera», und schon rannte der Verletzte nach Hause und drückte die Beule mit dem Messer platt.

Andererseits hatte das Haus ein hübsches, wenn auch merkwürdiges Dach. Eigentlich war es gar kein Dach, sondern ein beiderseits geneigter Erdhügel. Im Sommer sprossen dort allerlei Gräser, Stauden und Disteln, und das ganze Bauwerk wirkte damit wie ein Wuschelkopf unterm Himmelsgewölbe. Der Schornstein verschwand fast ganz darin, und der Rauch stieg scheinbar aus der Grasdecke.

Was sich drinnen auf dem Hof zutrug, blieb dem Auge verborgen. Die Pforte war ja alle Tage verschlossen, und die Juden, und seien es auch die nächsten Nachbarn, hatten keinen Zutritt zum Grundstück.

Und dann noch – Schakoripin. Gott bewahre uns vor einer Begegnung mit diesem vermaledeiten Hund. Lebensgefährlich. Das ist kein Hund, sondern ein wahres Hundebiest, ein Panther, der Menschen zerfleischt. Er bellt wutentbrannt und ist stets übelgelaunt. Wittert er menschliche Schritte auf dem nahen Vorhof, knurrt er augenblicklich rrr-rrr-rrr – und bellt dann wauuu, wauuu! Ja eindeutig: ein langgezogenes Wauuu, und ein Hund, der so bellt, ist schlimmer als ein Wolf.

Und wie schlau Schakoripin ist! Bei Bedarf versteckt er sich in seiner Hundehütte, liegt zusammengerollt, täuschend still – und dann plötzlich: schnapp! Als sei er dem Erdboden entsprungen! Und unweigerlich zielt er auf die Kehle. Einmal stieg ein Dieb in den Hof, und am Morgen fand man ihn vor Schakoripin liegen, in einer Blutlache mit durchgebissener Kehle. Und die ganze Nacht hatte Schakoripin nicht gebellt!

Da nun alle Juden des Viertels Kehlen haben, fand sich kein Einziger unter ihnen bereit, Kopf und Kragen zu riskieren, um auf den Hof zu schauen, und sei es nur für einen Blick. Doch die kleinen Jungen, die über den Vorplatz zum Lehrhaus gingen und am Zaun vorbeiliefen, um Schakoripin zu ärgern (man fühlt mit ihm: er bewachte treu den Garten), spähten zwischen den Latten hindurch auf den Hof und sahen das Gelände in ganzer Größe vor sich. Der Hof war quadratisch und weitläufig, der Boden stets ordentlich gefegt, sauber wie eine Tischplatte ohne eine einzige herumliegende Latte. Vor dem niedrigen Haus lag eine kleine Rasenfläche mit einer Reihe hoher, ausladender Bäume. Zwischen den Bäumen, von Stamm zu Stamm, zog sich eine dünne Leine, an der manchmal Wäsche hing. An den niedrigen Sträuchern baumelten zwei, drei Krüge. Eine Reihe schwarzer Kanister stand umgestülpt auf dem grünen Sockel des Hauses. Am anderen Ende des Hofs beherbergte ein großer Stall zur einen Hälfte das Pferd, Gutzi, zur anderen die Schweine und – abgetrennt davon – die Kuh und das

Lager fürs Feuerholz. Auf dem Hof sah man den zweirädrigen Karren, einen Mist- und einen Abfallhaufen, Schakoripins Hütte und Schakoripin selbst an seiner Kette. Hinter dem Hof, auf der anderen Seite des Stalls, begann der Obstgarten. Man sah seine frischen grünen Zweige durch die offenen Fenster des Lehrhauses, wo Apfelduft und Blätterrauschen sich mit den Geräuschen des Schabbatmorgens mischten – jener Garten, in dem Marinka in Sommernächten allein übernachtete und Schakoripin sie bewachte ...

Da steckt einer von Schakoripins Herausforderern einen Stecken durch die Ritze, genau vor den Augen des Hundes – und das Ringen beginnt. Sie, die Helden hinter dem Zaun, rufen von ihrer Seite: «Gir, gir, gir ...» Soll heißen: «Schau her, Schakoripin, bitteschön, komm raus, um mit uns zu ringen ...» Und er, der Kettenhund, knurrt und kläfft aus tiefstem Bauch: rrrr – und rasselt mit seiner Kette, alle Knochen zum Kampf gereckt.

Wer weiß, wo das noch hingeführt hätte, wäre Schakoripinschchika nicht herausgekommen und hätte die Helden in die Flucht geschlagen. Nicht, dass sie vor Schakoripinschchika Angst gehabt hätten. Welche Kraft hat schon eine Frau, und sei sie auch eine Goja! Wovor aber dann? Vor ihrer Stimme.

Ehrlich gesagt, hatte sie kaum noch eine Stimme. Die war ihr fast völlig abhandengekommen vor lauter Streit mit den Nachbarn. Nichts war ihr verblieben als ein kläglicher Rest, durchsetzt mit dünnen, unverständlichen

Misstönen, einer Art Zischeln slawischer Laute tief aus der Kehle, die einem wie heißer Sand ins Gesicht trieben. Was sie da sagte und zeterte, verstand kein Mensch, aber man spürte, dass die Goja aus tiefstem Herzen kreischte, mit letzter Kraft. Es klang, als drehe sich ein Schleifrad in ihrer Kehle, an dem ein Messer geschärft wurde: ein Zischen, ein Quietschen, Funkensprühen. Die Nase witterte Schwefel, und die Zähne fühlten sich stumpf an, als wenn man in einen sauren Apfel beißt.

Doch o Wunder! Gerade dieses Zischeln vermochte sogar den Teufel persönlich zu verscheuchen. Nicht Schlangenzischen, nicht Katzenjaulen im Monat Mai, nicht Donnergrollen, aber Schakoripinschchikas Zischeln ja. Die Nachbarn behaupteten, nachts nicht schlafen zu können. Die zischelnde Stimme der Goja überwinde Hauswände und Hofmauern, dringe bis ins Schlafzimmer ein, und die ganze Nacht ginge es zz ... zz ... zz ...! Warum zischte sie die ganze Nacht? Offenbar schlug sie die «Bastardin» und gebot ihr Schweigen. Nachum-Jossi hatte mit eigenen Ohren ihre Schläge und die Schreie des Mädchens gehört. Diese Hündin! Nicht genug damit, dass sie die kleine Schickse für sich schuften ließ, musste sie sie auch noch irre verprügeln. Tat einem ja leid, die arme Kreatur ...

Und die «Bastardin», nämlich Marinka, arbeitete in Hof und Garten und wuchs von Tag zu Tag, wurde jede Nacht verprügelt, doch ihre Bäckchen röteten sich wie Mohnblumen, ihr Zopf wurde dicker und ihre Brüste glichen bald Herbstäpfeln. Die Russenjungen mit ihren

Hunden wurden schon von ihrem Duft angelockt und lauerten in Frühlings- und Sommernächten auf der anderen Seite hinter dem Garten, wo er an die Felder stieß. Aber Marinka tat ahnungslos. Sie schlief zu dieser Jahreszeit allein in der kleinen Strohhütte mitten im Garten, mit Schakoripin vor der Tür. Dieser Hund bewachte den Garten und Marinka hervorragend ...

Im jüdischen Viertel, auf der Straßenseite, ließ Marinka sich nur selten blicken. Wenn doch, so öffnete sie die Pforte, blieb kurz draußen stehen, die Arme über der Brust verschränkt, zog sich jedoch bald zurück und schloss von innen ab. Die frechen Augen und Münder der Kutscher neben ihren Wagen mit den räudigen Pferden vorm Haus verscheuchten sie gleich wieder.

Doch gelegentlich spähte einer der jungen Burschen von denen, die ins Lehrhaus gingen und daher alle Löcher und Ritzen im Zaun bestens kannten, zwischen den Latten hindurch, um Schakoripin zu sehen, erblickte aber unbeabsichtigt Marinka. Da steht dieses rosige und wohlentwickelte junge Mädchen mitten auf dem Hof, vielleicht über die Wäsche gebeugt, die Brust gut eine Handbreit entblößt und die bloßen Arme bis zur Hälfte im weißen Schaum des Waschwassers... Da klebt sein Auge schlagartig an der Ritze, klebt unlösbar fest. Gleich darauf kommt ein zweiter, dritter, vierter Junge – und alle Ritzen füllen sich mit Augen. Stumm sind sie in dem Moment wie Fliegen auf einer Honigwabe. Bis zu den Knien in den Disteln stehend, beugen sie sich zum Zaun, die Stirn an eine rissige Latte gepresst und die Augen auf Marinka gerichtet. Ohne ein Wort oder einen Laut von sich zu geben – nur stilles Spähen. Jeder bekommt sie mit eigenen Augen, ganz und gar, ohne Abstriche.

Manchmal erschien Marinka auch in voller Größe und mit nackten Waden in der Sonne auf dem Dach, um Pferdebohnen und Sesam zum Trocknen an der Luft auszubreiten. Die Jungkutscher, die unten auf dem Vorplatz bei ihren Fuhrwerken standen, die Peitsche unter den Arm geklemmt, hoben augenblicklich, wie ein Mann, den Blick nach oben – und ein freudiges und begieriges Lachen verbreiterte ihr Gesicht und entblößte ihr weißes Pferdegebiss ... Der Spaßvogel unter ihnen schickte eine Bemerkung zum grünen Dach hinauf, die Marinkas Wangen und Ohren feuerrot anlaufen und sie selbst beschämt den Kopf senken ließ. Die jungen Männer platzten dann schier vor Lachen: Hahaha, hahaha ...! Und Marinka senkte den Kopf noch mehr, dann ein Katzensprung – und sie verschwand auf dem Hof.

2

Alles auf der Welt hat seinen Partner, und auch Schakoripinschchikas Haus hatte ihren – das Haus mit dem Doppelgiebel, das zweite in der Reihe, das Schulter an Schulter mit ihrem stand, nur durch einen hohen Lattenzaun getrennt.

Nun ließ sich unmöglich behaupten, dass dieses Paar in Frieden lebte. Gleich im ersten Augenblick, als das Nachbarhaus von dem Russen Serafim in den Besitz des Juden Chanina-Lippa überging – er war mit seiner dicken Frau Zippa-Lea und seinem einzigen kleinen Sohn Noah einige Jahre zuvor aus einem Dorf in die Stadt gezogen –, brach Streit zwischen ihnen aus. Sie zankten sich über ein Stückchen Land, ein verschwundenes Huhn, eine verstellte Sicht, eine Bresche im Zaun – alles wie unter Nachbarn üblich. Doch Schakoripinschchikas Hauptbeschwerde war der Gestank! Seit dem Tag, an dem diese Juden neben ihr eingezogen seien – behauptete sie und schliff ein Messer in ihrer Kehle –, könne sie den Gestank nicht ertragen. Die Gänse auf dem Dachboden der Juden – Zippa-Lea mästete Gänse – verpesteten ihr die Atemluft, klagte sie. Diese elende Hündin! Eine unreine Goja, die ein Dutzend Schweine im Stall hält, kann schlechten Geruch nicht ertragen! Ohrfeigen wurden getauscht, und Chanina-Lippa, der damit angefangen hatte, kam vor Gericht – möge euch solches erspart bleiben! – und wurde zu einer Geldstrafe verurteilt. Zähneknirschend zahlte er.

Damit begann ein stummer Nachbarschaftskrieg, an dem sogar die Bäume und Steine der beiden Höfe teilnahmen. Es war ein anhaltendes und kräftezehrendes Tröpfeln kleiner Feindseligkeiten, die dem Auge entgingen, auch kein Geschrei auslösten, einem aber wie siedender Teer in die Eingeweide tropfte. Vermutlich brachten sogar die Wände der beiden Häuser diesseits und jenseits des hohen Zauns einander tödlichen Hass entgegen, belauschten sich insgeheim, jeder stumm die baldige Zerstörung und den völligen Ruin der Gegenseite erwartend.

Unterdessen zerriss Chanina-Lippas verrottetes Dach unrettbar in Stücke. Sein hölzernes Rückgrat krümmte sich und brach ein, und die schrägen Flanken bekamen Löcher. Und wann das alles? Mitten in der Regenzeit und der Gänsesaison, als an die neunzig Gänse in ihren Gattern unterm Dach hausten und schnatterten! Flink und klug ging Chanina-Lippa ans Werk und errichtete über dem alten Strohdach ein neues aus Ziegeln. Das vorige Dach darunter blieb noch lange bestehen, schwand jedoch von selbst dahin: Zippa-Lea riss Büschel für Büschel davon ab, um Gänse zu rupfen und irdene Gefäße zu scheuern. Das neue Dach hing wie durch ein Wunder an vier neben dem Haus stehenden Pfosten, eine Art eigenes Geschöpf, und hängt dort bis auf den heutigen Tag.

So standen denn in der Häuserreihe Schakoripinschchikas Haus und sein Partner – das von Chanina-Lippa – Schulter an Schulter, das eine mit verwuschelter Tolle, das andere mit seinem neuen Hut über der alten Kippa. Beide sanken von Jahr zu Jahr mehr in den Boden, wie der wachsende Abstand zwischen Hut und Kippa zeigte, und beide nährten großen, unterschwelligen Groll in ihren Räumen und in den Herzen ihrer Eigentümer, so zischelnd wie das Gift einer Erdviper.

Schlug die Feindschaft den Bewohnern einmal besonders verderblich, bis hin zum Wahnsinn, aufs Herz, sodass einer bereit gewesen wäre, des anderen Haus mit allem darin in Brand zu stecken, liefen die Hausbesitzer auf ihren Hof hinaus und begannen wie besessen und völlig sinnlos, ihre Wut an Bäumen oder Steinen oder auch an stummen Lebewesen, die ihnen in die Quere kamen, auszulassen. Beide entwickelten dann einen blinden Tatendrang, rannten von einer Ecke in die andere, suchten und fanden allerlei unnütze Arbeiten, die eigentlich gar nicht getan werden mussten, mühten sich umsonst, zähneknirschend, aus Ungeduld und verhaltenem Groll. Schakoripinschchika überprüft auf einmal die Reihe Kanister auf dem Sockel des Hauses, findet sie nicht richtig gewaschen und poliert – und verdammt sie prompt zu einer zweiten intensiven Heißwasserprozedur. Sie scheuert und wienert die Gefäße wütend mit aller Kraft und das so schnell, schnell, dass ihr emsiger Ellbogen wahrlich durch die Luft fliegt ... Dann plötzlich fängt sie an, alte Säcke irgendwo hervorzuzerren und rauszuwerfen, bis ein großer Lumpenhaufen vor ihrer Tür liegt. Doch gleich darauf trägt sie einen Sack nach dem anderen zurück in sein ursprüngliches Versteck – und der Lumpenhaufen ist wieder weg. Unterdessen stößt sie auf Marinka – und kneift sie kräftig ins Fleisch. Dann kommt die Sau angelaufen – und schon kriegt sie einen Tritt in die Rippen. Schakoripin sieht das Geschehen und handelt entsprechend: Verzieht sich still in seine

Hütte oder macht sich klein hinterm Misthaufen – und still! Es gibt keinen Schakoripin auf Erden... Dieser Hund kennt das Temperament seiner Herrin, wenn sie wütend ist.

Chanina-Lippa wiederum entwickelt auf der Stelle ebenfalls Geschäftigkeit und Ordnungsliebe, zieht sich rasch um und legt los. Ein böser Geist jagt ihn auf dem Hof hin und her, er schuftet und keucht und schwitzt – ruhelos. Die Welt steht ja Kopf auf dem Hof! Alles ist am falschen Platz, wo es gar nicht hingehört. «Dieses Fass, ausgelöscht sei sein Name!», zürnt er und rollt mit Fußtritten ein morsches altes Fass über den Hof, «das gehört verdammt nochmal dort neben den Pferdestall und nicht hierher...» Doch plötzlich – peng! – fällt das Fass auseinander, seine Ringe zerspringen, der zum Tritt erhobene rechte Fuß bleibt unverrichteter Dinge in der Luft hängen, und Chanina-Lippa gerät derart in Rage, dass er die Bretter des Fasses eines nach dem anderen an Schakoripinschchikas Zaun schleudert: bumm, bumm, bumm! und dabei flucht: Feuer, Pest und Cholera...! Im nächsten Moment zerrt er schon tief gebeugt und mit schiefen Hüften eine ausrangierte Tür hinter sich her, rollt mit Ächzen und Krächzen einen großen Stein, arbeitet sich an einem schweren Balken ab, der wie ein Kadaver mitten auf dem Hof liegt – und sich nicht von der Stelle rücken lässt. Chanina-Lippa ist schon schweißgebadet, versucht ihm aber weiter beizukommen, diesem Balken, überlegt hin und her, müht sich von allen

Seiten, ihn wenigstens um Haaresbreite anzuheben, das ist ihm ungeheuer wichtig.

Zuweilen endet die Sache friedlich. Nachdem Chanina-Lippa seinen Kaftan abgelegt, seine Lenden gegürtet und zweimal in die Hände gespuckt hat, kann er den Balken ein Stückchen verrücken – und kommt zur Ruhe. Doch manchmal müht er sich vergebens, und dann bricht der große Kampf zwischen den Nachbarn aus, angefangen mit Flüchen, Schreien und Beschimpfungen aus beiden Höfen, und am Ende werden Steine, Holzlatten und irdene Gefäße von den Dächern geschleudert. Kühn und verbissen wie eine Pantherin, die ihrer Jungen beraubt ist, tauchen die beiden Hasser plötzlich hoch über den Häusern auf: Chanina-Lippa auf seinem Doppeldach und Schakoripinschchika gegenüber zwischen ihren Zwiebeln und Knoblauchknollen und den hohen Sonnenblumen auf ihrem einfachen. Durch die Luft, von Dach zu Dach, fliegen – zum Entsetzen der Vögel droben und zum Jubel der Kutscher drunten – Hacken und Rechen, Krüge und Kanister, Nudelhölzer und Holzscheite. Schakoripinschchikas Hof füllt sich mit Hundejaulen und Kläffen und Hahnenkrähen. Schakoripin rasselt mit seiner Kette auf der einen Seite, Zippa-Lea schluchzt auf der anderen. Die Jungkutscher auf der Straße rufen «Hurra!» – und das ganze jüdische Viertel lebt noch tagelang in Angst und Schrecken...

3

Von den Bewohnern der beiden Höfe beteiligten sich nur zwei Personen nicht an dem Nachbarschaftsstreit: Schakoripinschchikas Findelkind Marinka und ihr Altersgenosse Noah, Zippa-Leas einziger Sohn. Bei Zänkereien standen sie schweigend am Rand.

Schon in ihrer Kindheit, in den ersten Jahren der Nachbarschaft, waren die beiden gute Freunde geworden. Marinka war damals so einsam und verlassen gewesen! Anfangs, als Onkel Serafim noch in dem Viertel wohnte, war es halb so schlimm gewesen: Sie war im Auftrag der Tante hingegangen, um einen Topf oder ein Sieb auszuleihen, hatte manchmal mit seinem kleinen Sohn Makarka im Sand gespielt. Der Onkel selbst hatte ihr zu Feiertagen einen Kringel vom Markt mitgebracht, und wenn die Tante sie zu sehr schlug, war er ihr zu Hilfe gekommen. Aber als er weggezogen war und der Nachbarhof sich geleert hatte, war ihre Welt eingestürzt. Nun gab es keinen «Onkel» und keinen Makarka und rein gar nichts mehr, nur noch eine wütende und keifende «Tante» sowie Schläge und Hunger und Arrest auf dem Hof.

Frühling war es, die Zeit emsiger und lebendiger Arbeit in Feld und Garten. Die «Tante» stand in aller Frühe auf, ging bei Sonnenaufgang aufs Feld und kam erst beim Aufgang der Sterne zurück. Wenn sie den Hof verließ, ermahnte sie die zurückbleibende kleine Marinka mit heiserer, aber strenger Stimme, «ja nicht hierhin und dahin rauszulaufen». Marinka gehorchte und lief nicht hierhin und dahin raus. Den ganzen Tag saß sie zwischen den vier Zäunen und bewachte den ringsum abgeschotteten Hof. Wäre der kleine Hund – Schakoripin – nicht gewesen, der sich an sie schmiegte und Freundschaft mit ihr schloss, wäre sie vor Langeweile gestorben. Eine geheime Freude hütete sie jedoch: eine Kette kleiner, harter Kringel, die der Onkel ihr zum Abschied geschenkt hatte. Tagelang hatte sie sie gehütet und nicht aufgegessen, nur zum Spielen benutzt, wenn sie allein war. Jeden Tag sahen sie ihr neu aus, und sie entdeckte eine weitere besondere Eigenschaft daran: Gelb waren sie, rund wie Ringe, raschelten wie Kieselsteine ... Gewiss, sie waren klein, aber so dick, so dick ... fast ohne Loch in der Mitte. Mehrmals am Tag holte sie sie hervor und zählte sie mit dem Zeigefinger – und welch Wunder: Es waren immer neun, nicht mehr und nicht weniger. Doch als der Hunger sie einmal übermannte, erlag sie der Versuchung und aß sie auf.

Fortan blieb ihr nichts auf der Welt als Schakoripin und die Erinnerung an den Onkel. Besonders gut hatte sie seine letzten Worte im Gedächtnis. Er war hereingekommen mit seinen Schaftstiefeln, die Peitsche in der Hand, um sich von der «Tante» zu verabschieden, und hatte ihr vor dem Weggehen Folgendes aufgetragen: «Schau, Alte», sagte er wortwörtlich, «schau, Alte, bitte schlage die Kleine nicht zu viel. Bedauernswert ist sie, fürchte Gott!» Diese süßen, schönen, liebevollen Worte hatte sie, Marinka, mit eigenen Ohren gehört, als sie auf der Schwelle saß und Kürbisse für die Schweine zerkleinerte. Das Herz ging ihr über vor Dankbarkeit, und als der Onkel herauskam und die Schwelle überschritt, ging sie rasch auf alle viere und küsste seinen einen Stiefel flüchtig von hinten, ohne dass er es merkte. Die Tante hielt zwar ihr Versprechen nicht ein, hörte nicht auf, sie zu schlagen, aber Marinka hörte auch nicht auf, sich die Worte Tag für Tag wieder in Erinnerung zu rufen: «Schau, Alte ...»

Einmal jedoch übertrat sie die Warnung der Tante. Das Herz zog sie zu Onkel Serafims verlassenem Haus. Wie eine Diebin stahl sie sich aus dem Hof dorthin. Beim Eintreten wurde sie tieftraurig. Das Haus stand leer, verlassen, kam ihr fremd vor. Die Tante hatte gesagt, es sei an «Jidden» verkauft worden. Wer waren diese «Jidden», die hier wohnen würden? Und wo war Onkel Serafim hingezogen? Stumm setzte sie sich in einer Ecke auf den Boden und fing an zu weinen. Süß, so süß waren diese Tränen, entströmten von selbst ihrem Herzen. Sie hätte für immer hier in der Ecke sitzen und weinen mögen ... Doch plötzlich betraten zwei merkwürdige Gestalten das Haus: ein kleiner Dicker mit üppigem Haar, im Kaftan, eine Peitsche in der Hand, und ein Zweiter mit roten Fingernägeln und einem Messstab. Durch die bebenden Tränen, die ihr in den Augen standen, schienen ihr die

Gesichter der beiden sonderbar und bedrohlich. Marinka erschrak, drückte sich stumm in die Ecke. Die Männer blieben ein Weilchen im Haus, besahen Wände, Decke, Fenster und gingen wieder. Und schon weinte Marinka von Neuem. Aber das mittendrin unterbrochene Weinen war jetzt fad, hatte seine Süße verloren.

Gegen Abend fand die Tante sie dort im Dunkeln schlafen und zerrte sie an den Haaren nach Hause. Fortan tat Marinka keinen einzigen Schritt mehr aus dem Hof. Einsam und traurig saß sie alle Tage auf der Bank zwischen der Baumreihe und dem Haus, und zu ihren Füßen lag der Hund Schakoripin, damals auch noch klein und frei, ohne Kette am Hals, die einzige Seele, die ihr zugetan war und sie verstand. Dieser Kleine lagerte vor Marinka, hing an ihren Lippen und schaute ihr in die Augen. Aus der Ferne, von den Feldern und Obstgärten klangen Liederfetzen der Arbeiterinnen herüber, klare, frische Frühlingsstimmen, und sie beide, Marinka und der Hund, spitzten gleichzeitig die Ohren. Der Hund begann zu zittern und zu beben, schüttelte sich plötzlich und sprang auf die Pfoten, wedelte mit dem Schwanz und blickte Marinka an, als wollte er eindringlich sagen: «Komm, lass uns gehen, Marinka, gleich auf der Stelle...!» Und sie nahm ihn auf den Schoß, drückte ihn an die Brust und erwiderte: «Verboten, Schakoripin, das dürfen wir nicht, dann schlägt uns die Tante...»

Eines Tages kam Lärm auf den Nachbarhof. «Die Jidden sind da», erklärte die Tante. Und von da an warnte sie Marinka morgens beim Weggehen noch eindringlicher und kniff sie noch schmerzhafter. Außerdem verschärfte sie ihre ohnehin schon strengen Vorsichtsmaßnahmen: Alles, was sich verbergen und abschließen ließ, verbarg und verschloss sie. Vorhängeschlösser kamen nun auch an Keller, Dachboden und Holzlager. Sie brachte einen weiteren Hund auf den Hof und warnte Marinka fortan umso eindringlicher: «Sei gut auf der Hut, hörst du? Juden und Zigeuner sind allesamt Diebe. Hörst du? Falls ein Jude seine Nase hier reinsteckt – hetz die Hunde auf ihn, die Hunde, hörst du? Vor Hunden haben die Juden Angst. Hörst du? Hier hast du Brot und eine Zwiebel, und lauf nicht hierhin und dahin. Hörst du? Wenn etwas auf dem Hof abhandenkommt, ziehe ich dir das Fell über die Ohren. Hörst du ...?»

«Hörst du, hörst du?» Oh, wie Marinka diese ätzende und kratzende Aufforderung hasste. Über ihrem Herzen, nahe der Schulter hatte sie, wie sie meinte, eine empfindliche runde Stelle von der Größe einer Münze, die dieses ständige Reiben dort verursacht hatte, und immer schürften diese Worte gerade dort an jener speziellen Stelle: «Hörst du, hörst du!»

Marinka senkte den Kopf und lauschte. Doch kaum, dass die rückwärtige Pforte zum Obstgarten mit zweimaligem Quietschen hinter der Tante zugeschlagen war, stand sie schon am Zaun zwischen den beiden Höfen. Seit die Juden drüben eingezogen waren, beugte sie dort gern den Nacken, schirmte den kleinen Kopf seitlich mit beiden Händen ab und spähte durch einen Spalt im Zaun. Das war weit besser, als gelangweilt auf der Bank zu sitzen. Sie sah neue Gesichter und hörte seltsame Laute: «Ga-ga-ga», «gir-gir» – und verstand gar nichts. Auf dem Boden lagerten teils geordnet, teils verstreut Haufen und Stapel von Balken, Brettern, Planken, Pfählen, Sperrholzplatten und sonstigen einfachen Hölzern, einige alt und schwarz, andere neu und feucht, noch weiß schimmernd, mit frischen, stark duftenden Harztropfen besetzt. Fuhrwerke fuhren ein und aus. Kutscher und andere Leute kamen. Zwischen den Stapeln lief ein kleiner, dicker Mann mit üppigem Haar und Kaftan geschäftig ächzend und schwitzend herum. Wo hatte sie den schon mal gesehen? Er musste ihr irgendwann begegnet sein. Ja, ja, genau! Das war der Mann, der ihr in jener Dämmerstunde, als sie weinend in der Ecke saß, einen Schrecken eingejagt hatte. «Das ist der Jid», befand Marinka ängstlich und spähte weiter.

Zwischen den Beinen des Jids hüpfte ein schwarzgelockter Junge herum, erklomm einen Stapel nach dem anderen, hopste auf den Balken, sprang auf die Pfähle, stellte sich auf den Kutschbock und schwang die Peitsche: «Hü, hü!» Der Alte mit dem vollen Haar und dem Kaftan rügte ihn, holte ihn vom Stapel herunter, stieß ihn von hinten mit dem Knie und schickte ihn weg, und der Kleine lief weinend ins Haus. Gleich darauf schallte eine kreischende Stimme über den Hof, eine Frau rief aus dem Haus: «Nina-Lippa, Nina-Lippa ...!», und weitere schrille Worte, die Marinka nicht verstand ... Der kleine Schakoripin neben ihr sprang plötzlich gegen den Zaun – wumm-wumm und wau-wau! Marinka schreckte zurück und floh mit Schakoripin zu ihrem Stammplatz auf der Bank.

«Ein hübscher, flinker Junge», dachte Marinka, «ob er auch einer von den Jidden ist?»

Danach musste Marinka Schakoripinschchika einige Tage in Haus und Hof zur Hand gehen. Im Obstgarten hinter dem Hof wurden die Bäume beschnitten, und die Kleine wurde den ganzen Tag herumgeschickt, stieg in den Keller hinunter und zum Dachboden hinauf, um dieses oder jenes zu erledigen, streute den Hühnern Körner aus, mischte Futter für die Schweine – und wurde für alles gekniffen. Vom Hof der Jidden hörte man tägliches Auf- und Abladen, rauf, runter, runter, rauf! Und Schakoripinschchika geriet in Rage, kniff und kniff und kochte innerlich ...

Einige Tage später, als Marinka wieder allein war und an den Spalt zurückkehrte, sah sie gar nichts. Ein hoher Holzstapel am Zaun versperrte die Sicht. Dahinter erklangen nur leise, unverständliche und dazu noch höchst lächerliche Laute: La-la, la-la. Sie spitzte die Ohren, vielleicht würde sie den Jungen aus dem Stimmengewirr heraushören, aber es gelang ihr nicht.

Am Montagmorgen, gleich nachdem die Tante den Hof verlassen hatte, begann Marinka, den Zaun in voller Länge abzusuchen, und fand zwischen den Latten ein kreisrundes Loch, wo ein Astknoten herausgefallen war. Das Loch saß tief unten, fast am Boden, mit Blick auf den Sockel des Nachbarhauses. Sie kniete nieder und spähte hindurch. Halbdunkel und Stille. Unterhalb des geneigten Dachs erstreckte sich dort drüben ein kleiner schwarzer Streifen mit aufgelockerter Erde, vollständig unterteilt in kleine Beete, und in der Mitte steckte eine Hacke. Kein Mensch da. «Wer sät denn da?», staunte Marinka. Schritte! Schakoripin schüttelte sich und wollte schon bellen. «Pst!», gebot Marinka ihm Ruhe und spitzte die Ohren. Keine Schritte, sondern Fußgetrappel, wie ein trabendes Fohlen, kam von der Seite, nah und näher, und hierher, hierher ...

Im nächsten Augenblick hüpfte und rannte der schwarzgelockte Junge in den schmalen Durchgang zwischen Zaun und Hauswand. «Das ist er!», erkannte Marinka ihn auf der Stelle und hielt den Atem an. Der Junge strahlte übers ganze Gesicht vor Freude und Wonne und rief tanzend, die vollen Hände in die Höhe reckend: «Alles da, alles reichlich!», und zwischen seinen Fingern lugten und rieselten Bohnen, Linsen und Sonnenblumenkerne zur Erde. «Irre», dachte Marinka, und ein unterdrücktes Lachen prickelte ihr im Hals. Mit der einen Hand hielt sie sich den Mund, mit der anderen Schakoripin das Maul zu. Am Beben seines Körpers merkte sie, dass auch er kaum an sich halten konnte und dem Bellen nahe war.

«Was ist da?», klang es plötzlich aus ihrem Mund

durch das Loch, und schon bereute sie, gesprochen zu haben.

Der Junge erschrak im ersten Moment, sah sich verwirrt nach rechts und links um. Die Samen verbarg er rasch in den Hosen- und Jackentaschen. Doch als seine Augen das Loch entdeckten, kniete er leise nieder und spähte ängstlich ebenfalls hindurch. Vom anderen Ende lachte ihm ein helles, kluges, freundliches Auge entgegen.

Kurzes verlegenes Schweigen.

«Wer bist du?», fragte er schließlich das Auge.

«Ich ... bin Marinka ...»

«Und ich Noah ...!»

Längeres Schweigen. Marinka wich ein wenig vom Loch zurück. Noah betrachtete sie kurz und sagte leicht vorwurfsvoll: «Warum guckst du hier rein?»

«Bloß so. Ich wollte wissen, was *du* hier machst ...»

«Ich ...? Ich säe ...»

«Hi-hi-hi», lachte Marinka und zog den Kopf zwischen die Schultern.

«Was lachst du denn, du da?», fragte Noah eingeschnappt.

Genau da bellte der Hund. Noah war auf der Stelle versöhnt und knüpfte ein Gespräch mit ihr an. Er fragte nach dem Hund, sie antwortete ihm, und nach diesem und jenem Thema versuchte er sie zu überreden, mit dem Hund zu ihm, in diesen schmalen Durchgang, zu kommen.

«Wie du siehst, säe ich einen Garten ein», lockte er, «lass uns ihn gemeinsam anlegen. Ich habe alles, Gott sei Dank. Hier sind Bohnen, hier Linsen und hier Sonnenblumen.» Dabei holte er seine Samen nacheinander aus den Taschen. «Verrätst du's auch keinem Menschen?», flüsterte er unvermittelt. «Die habe ich meiner Mutter weggenommen. Heimlich. Sie wird's nicht merken, und wenn die Pflanzen erst wachsen, zahle ich es ihr reichlich zurück, so wahr ich lebe ... Na, Marinka, willst du?»

Marinka schüttelte den Kopf: Nein!

«Warum?», fragte Noah bedauernd.

«Darum. Der Durchgang bekommt gar keine Sonne.»

«Was macht das denn?», erkundigte sich Noah erschrocken.

«Die Pflanzen werden taub wachsen, und du mühst dich vergebens.»

«Du Lügnerin», reagierte Noah erneut beleidigt und war den Tränen nahe. «Sie werden wachsen, und wie, und auch Früchte tragen. Die Sonne kommt gegen Abend her. Hab ich mit eigenen Augen gesehen. Ich weiß ja schließlich ...»

Marinka gab keine Antwort. Sie nahm den Hund auf den Schoß, strich ihm über den Kopf, blies ihm hinters Ohr. Noah wollte ihr noch etwas sagen, aber da schallte eine schrille Stimme über den Hof, eine Frau rief vom Haus her: «Noah! Noah!»

Noah sprang auf und verschwand aus dem Durchgang.

4

Von jenem Morgen an wurden die beiden Kinder Freunde. In den Stunden, in denen Schakoripinschchika nicht auf dem Hof war, trafen sie sich heimlich an der Ritze im Zaun und erzählten einander alles, was sie auf dem Herzen hatten. Noah redete sehr viel, und das mit Erregung, Staunen und starken Beteuerungen, bis seine Wangen erröteten und seine Augen blitzten. Sein warmer Atemhauch traf durch das Loch auf Marinkas Augenlid dahinter. Er redete von dem Dorf, aus dem er hergezogen war, von den Freunden, die er dort zurückgelassen, und von den hübschen Welpen, die sie dort gehabt hatten. Ei, ei – er schloss die Augen vor süßer Inbrunst – so klein, so niedlich ...! Auch von einem Wald erzählte er: einem sehr, sehr großen Wald – so groß wie die ganze Welt, so wahr er lebe. Die Bäume so hoch – furchterregend! Er selbst habe jenen Wald durchquert, bei seinem Leben. Als seine Eltern mit ihm aus dem Dorf weggezogen seien, hätten sie ihn mit dem Pferdewagen durchquert, seien gefahren und gefahren und gefahren, und der Wald habe immer noch kein Ende genommen. Wann sie ihn genau verlassen hatten, wisse er nicht. Er sei im Bettzeug auf dem Wagen eingeschlafen. Und als er aufwachte und den Wald nicht mehr sah, habe er geweint, ehrlich. So geweint! Sogar Minza, die Kuh, habe geweint. Sie sei dem Wagen nachgetrottet, an einem Seil festgebunden, habe gelegentlich den Kopf umgewandt und herzzerreißend gemuht – aus Sehnsucht nach dem Kalb, das im Dorf zurückgeblieben war. Oh, was für ein schönes Kalb sei das gewesen! Rötlich mit einem weißen Fleck an der Stirn. Den ganzen Tag sei es gehüpft und gesprungen, hopp-hopp-hopp! Petera habe es für fünf Rubel gekauft, so wahr er lebe. Das Fohlen habe Cosma erworben. Es sei auch gesprungen, aber schwarz und habe ausgeschlagen. Im Dorf hätten sie viele Kühe und viele Pferde gehabt, jetzt aber nur noch eine Kuh, Minza, und ein Pferd. Schmargas heiße es. Da stehe es im Stall. Äh, sie, Marinka, habe keinen Schmargas …!

Marinka erzählte Noah auch von der Arbeit in Hof und Garten, von den Früchten des Gartens und dass sie im Dunkeln dort übernachte. Allein schlafe sie da in einer Hütte, hätte solche Angst. Die ganze Nacht streife ein Unsichtbarer über die Pfade des Obstgartens und spähe zwischen den Bäumen hindurch. Insgeheim gehe er auf und ab, auf und ab, sogar Schakoripin habe Angst: Er liege zitternd neben ihr im Stroh, schließe die Augen und tue so, als höre er nichts … Dies berichtete Marinka flüsternd, als verrate sie ein Geheimnis, und ihr Flüstern war voll unterschwelliger Furcht, die auf Noah übersprang und für einen Moment sein heißes Blut kühlte …

Einmal fragte Noah, wo ihre Mutter sei.

«Ich weiß es nicht», sagte Marinka leise.

«Und dein Vater?»

Marinka schwieg.

«Gestorben? Bist du eine Waise?»

«Ich habe keinen Vater», sagte Marinka und ließ den Kopf hängen.

Noah bekam Mitleid mit ihr. An den folgenden Tagen brachte er ihr einen Teil der guten Dinge, die seine Mutter ihm gab. In der Obstsaison machten sie Tauschgeschäfte: Er warf ihr ein Stück weißes Schabbatbrot über den Zaun, sie revanchierte sich mit einem schönen Apfel oder einer prächtigen Birne. Manchmal zerschnitt er etwas von den Hühnermägen, die seine Mutter ihm kochte, und steckte ihr die Stückchen durchs Loch. Ein paarmal wollte er zu ihr rüberkommen, konnte es aber nicht. Der Hof war verschlossen und an allen vier Seiten eingezäunt. Und als Noah einmal auf Pferde zu sprechen kam, berichtete Marinka ihm leise wie immer, dass auch die Tante ein Pferd im Stall stehen habe, ein Pony namens Gutzi. Die Tante bringe damit Obst in die Stadt.

Noah war ganz aufgeregt. «Wirklich? Ein Pony? Oh, Marinitschka, zeig mir Gutzi, nimm mich mit in den Stall ...»

«Nein, nein, nein», erschrak Marinka, «das ist verboten!»

«Doch, doch, doch», beharrte Noah, «das ist erlaubt!»

Und noch im Reden kletterte er auf den Trennzaun. Marinka sprang erschrocken auf und breitete die Arme aus: «Geh runter, Noi, runter! Die Tante bringt mich um. O weh, o weh, geh runter!»

Noah stieg wieder hinab. «Warum fürchtet sie die Tante so sehr?», überlegte er später voll Mitleid mit Marinka und Hass auf die alte «Hexe», «und wie ist Marinka hier gelandet?» Sein Mitleid steigerte sich noch an Schabbat und Feiertagen, wenn er froh und glücklich, fein gekleidet und gut gesättigt auf den Hof hinausging und Marinka auf der anderen Seite ihrer Arbeit nachgehen sah, Kleidung und Aufmachung wie immer, ganz und gar werktäglich. Dann kam sie ihm so armselig und unglücklich vor! «Warum ist sie keine Jüdin?», bedauerte Noah. Und wenn er einen Augenblick abpassen konnte, in dem die Tante es nicht sah, warf er Marinka schnell Schabbatleckereien über den Zaun: einen Keks, einen Honigknopf oder etwas Ähnliches, das er heimlich für sie eingesteckt hatte.

Als Noah einmal hinters Haus ging, hörte er gequetschtes Kreischen von drüben, ein gebrochenes und unterdrücktes Wehgeschrei. Er spähte durch das Loch in den Nachbarhof – kein Mensch. Das Schreien kam aus dem Haus und stammte von Marinka. «Die Tante schlägt sie», dachte Noah und spitzte die Ohren. Das Kreischen klang dumpf und gepresst, kam jedoch aus tiefster Seele und ging durch Mark und Bein, als versenge man jemanden mit einer glühenden Stange, während sein Mund geknebelt ist. Noah schien es, als schreie sie aus tiefstem Innern, brülle aus Zehennägeln und Kopfhaar. Er konnte diesen Aufschrei nicht ertragen, verzog vor Schmerz das Gesicht und begann, mit seiner kleinen Faust an den Zaun zu schlagen, schlug und weinte, schlug und knirschte mit den Zähnen: «Oj, oj, oj, aufhören, aufhören, aufhören!» Auf der anderen Seite machte sein zorniges Hämmern offenbar keinerlei Eindruck, denn das Brüllen hörte nicht auf, aber auf seiner Seite merkte Zippa-Lea, was geschah, und eilte herbei, konnte ihn nur mit Mühe vom Zaun losreißen. Er war blass im Gesicht und zitterte am ganzen Leib vor Wut. «Oj, oj!», rief er und stampfte mit den Füßen, «die bringt sie um, die bringt sie um!» Zippa-Lea zerrte ihn ins Haus und murmelte eine Beschwörungsformel gegen böse Träume. «Tff, tff», spuckte sie auf den Boden und putzte Noah mit ihrer Schürze die Nase, «der Junge verliert den Verstand vor lauter Nichtstun. Schaut und seht, ihr Töchter Israels, wenn die Hexe die kleine Schickse schlägt, haut er gegen den Zaun und heult, habt ihr so was je gesehen...? Oj wawoj der Mutter, er ist ganz blau im Gesicht...»

An diesem Abend konnte Noah nicht einschlafen. Er lag im Bett, aber sein Herz weilte hinter dem Zaun. Jener schreckliche Aufschrei gellte ihm immer aufs Neue in den Ohren, durchzuckte sein Hirn. Nun kam er nicht mehr von draußen, von anderswo, sondern aus seinem Innern. All seine Knochen brüllten. Noah stand auf und drückte ein Ohr an die Wand zum Zaun, an der er auch schlief. Die Mauer schrie, schrie, schrie laut.

«Was tut die Hexe ihr an», überlegte er siedend heiß, «was macht sie mit ihr?»

Bei erster Gelegenheit fragte er sie. Statt einer Antwort

entblößte Marinka ihren Arm bis über den Ellbogen hinauf. «Schau ...»

Der ganze Arm war geschunden und zerkratzt, sah aus wie ein Reibeisen. Rote Striemen und blaue Flecke saßen dicht an dicht, übertrafen die weißen Flächen.

«Was ist das, Marinka?»

«Kneifspuren ...»

Noahs Kinn bebte. Er wollte Marinkas Arm streicheln, seine Hand darüberführen – aber der Zaun stand zwischen ihnen.

«Tut der Arm weh, Marinitschka, sehr weh?»

Marinka schüttelte verneinend den Kopf. «Beim Kneifen tut es weh, und wie es dann wehtut, aber jetzt nicht mehr.»

«Warum quält sie dich denn?», schrie Noah und schlug mit der Faust an den Zaun, «Marinitschka, warum quält sie dich, ha ...?»

«Ich bin ein Findelkind, Noi, habe weder Vater noch Mutter», antwortete Marinka und weinte leise ...

Findelkind? Was heißt Findelkind. Und warum nennen die Leute sie eine Bastardin? Und was heißt, ich habe weder Vater noch Mutter? Sind sie gestorben? Aber Marinka sagte, sie wisse nicht, wo sie sind.

Einmal fragte er seine Mutter: «Mamme, was ist ein Findelkind?»

Zippa-Lea war mit ihrer Magd dabei, Kartoffelpuffer zu braten, und hörte die Frage ihres Sohns nur mit halbem Ohr.

«Ha, Findelkind?», sagte Zippa-Lea, als sie in den Ofen schaute, ganz Auge und Ohr für die Puffer, die dort in Butter brieten, «ein Findelkind, sagst du? Ein Findelkind, das ist, das ist – o weh, die Puffer brennen an!»

Hastig zog Zippa-Lea die Pfanne mit den Puffern aus dem Ofen.

«Mamme, Mamme», ließ Noah nicht locker. «Was ist ein Findelkind? Ha, Mamme?»

«Hörst du nicht auf damit, du Quälgeist? Chanina-Lippa!»

So erfuhr Noah nicht, was ein Findelkind ist. Er fand es erst sehr viel später heraus, aber da traf er Marinka schon richtig, ohne Barriere zwischen ihnen ...

5

Hinter Chanina-Lippas Hof und Schakoripinschchikas Obstgarten, weit außerhalb des jüdischen Viertels, liegt eine geheimnisvolle Welt für sich – eine weitläufige Brachfläche, inmitten von Gemüse- und Kürbisfeldern und von einem Zaun umgeben. Man erreicht sie auf einem engen Pfad zwischen zwei Zäunen und betritt sie durch eine Bresche im Zaun. Den ganzen Winter über bleibt sie hohen weißen Schneeschichten überlassen, die bis zur halben Höhe der Umfriedung reichen. Im Sommer dient sie dem verschwiegenen Gedeihen von Wiesengräsern und Feldpflanzen oder auch mal als Weide für ein einzelnes Kalb oder Schwein. Ein ferner Hahnenschrei oder eine menschliche Stimme schallt wie aus einer anderen Welt hierher, und alles wirkt wie im Traum. Gelegentlich findet sich ein Unbeschnittener hier ein, um sein Schwein zu sengen, oder ein Kutscher, um einen Kadaver abzudecken. Der einzige Lumpensammler des Orts, ein schweigsamer, leicht verrückter alter Goj, der der Hexerei verdächtigt wird, kann dort stundenlang mit Stab und Rucksack stehen und schweigend im Müll stochern, dabei die rissigen Lippen bewegen, wohl um Beschwörungen zu murmeln. Neben trockener Spreu, weißen Gerippen und Kuhhörnern liegen dort im Dunkeln, tief im Gras und in verdeckten Gruben dem Auge verborgen, auch viele schwere, stumme Baumstümpfe, deren Wurzeln immer noch in der Erde stecken. Einige lugen sogar hervor wie alte Grabsteine, breite, runde Stümpfe gefällter Stämme, in Erinnerung an Bäume, die mal waren und nicht mehr sind ... Einst, heißt es, rauschte hier ein schattiges, frisches Gehölz. Jetzt herrscht große Stille, Friedhofsstille. Von all der früheren Größe sind nur zwei Bäume übrig: eine betagte Eiche wie eine starke und engagierte Bürgerin, die mitten auf der Brache steht und mit ihrer Krone alle Dächer des Wohnviertels überragt, und ein niedriger, halbverdorrter Birnbaum, der auf seinem kleinen Hügel abseits wurzelt und in der Sonne siecht. Außerdem gibt es noch einen Gerber-Sumach, einen dichten und ausladenden Baum, aber dieser Alte befindet sich außerhalb der Brache, nahe der Bresche, lehnt seinen Wipfel von außen an den Zaun und schaut alle Tage von fern auf seinen mächtigeren und älteren Gefährten drinnen, den Eichbaum.

Sobald der Junge Noah das Viertel und seine Umgebung zur Genüge kannte, kam er ab und zu auf die Brache, um wilde Birnen zu pflücken oder Schilf zu schneiden, und wann immer er allein hinging, überkam ihn ein süßer Schauder, als betrete er eine Ruine. Er platzte dort nicht auf einmal hinein, sondern arbeitete sich nach und nach verstohlen vor. Erst steckte er den Kopf durch die Bresche, sah sich nach rechts und links um, dann setzte er einen Fuß ins Innere, und das alles klammheimlich und behutsam. Still...! Jedwede Regung, der Sprung eines Kaninchens aus seinem Bau, ließ sein Herz erbeben, aus einer so unheimlichen wie süßen Angst heraus. Er wusste selbst nicht, woher diese Furcht kam, aber sie bemächtigte sich seiner, sobald er den Kopf hineinsteckte. Diese Brache besaß eine magische Kraft, bedrohlich und anziehend zugleich. Eine Art lebende Seele hauste darin, und die zog und zerrte aus allen Verstecken, allen Büschen und Gruben.

An einem Julitag betritt Noah das Brachland. Es ist glutheiß wie ein Ofen, die Dornen und Disteln sprühen Funken. Er klettert auf einen Baum. Schon seit einigen Tagen findet er Marinka nicht mehr am Zaun im Hof: Sie bewacht jetzt die reifen Früchte im Garten – und seine Seele sehnt sich nach ihr. Von dem Baum aus hält er Ausschau – und da liegt Schakoripinschchikas großer Garten vor seinen Augen. Eine Ecke grenzt an den Zaun des Brachfelds, und zwei, drei Latten sind beiden gemeinsam. Die Bäume des Obstgartens hängen voller Früchte, die Äpfel sind hell, die Birnen gelb geworden, aber alle fern, so fern. Könnte er Marinka von hier aus entdecken und nach ihr rufen? Doch sie ist nirgends zu sehen. Also klettert er hinunter und tritt an die Ecke. Die Zaunlatten sind hoch und spitz – unüberwindlich. «Wenn wir hier einen Durchschlupf machen würden», kommt ihm ein rettender Gedanke, «dann könnte ich Marinka ohne Barriere sehen.» Und schon gräbt er unter einer Latte, setzt einen Holzspan und seine Fingernägel ein. Keine Viertelstunde später klafft eine faustgroße Öffnung unter dem Zaun. Er steckt einen Arm hinein – au! Die Hand ist an Brennnesseln gestoßen. Dann plötzlich so etwas wie Maul und Nase eines Hundes im Loch – Schakoripin! Der Hund fängt an zu kläffen und zu schnüffeln, steckt angespannt, am ganzen Leib zitternd, beide Pfoten und seine Schnauze in die Grube, kratzt und gräbt mit Krallen, Nase und Maul, bohrt und drängt mit aller Kraft hinein, um sie zu erweitern, schafft es jedoch nicht und beginnt leise zu winseln, als wolle er sagen: «Bitte kommt mir zu Hilfe!» Da taucht Marinka zwischen den Bäumen auf. Der Hund wendet den Kopf, rennt ihr entgegen und lenkt sie zur Grube.

«Marinka!», jubelt Noah.

«Noi?!», ruft Marinka erschrocken und bleibt ein Stück entfernt stehen, «was machst du denn hier?»

«Marinitschka, ich bitte dich ...»

«Geh da weg, auf der Stelle», fällt Marinka ihm ängstlich flüsternd ins Wort, «die Tante ist im Garten. Komm morgen wieder ... am Morgen ... Schakoripin!»

Marinka pfeift nach dem Hund und verschwindet mit ihm zwischen den Bäumen.

Tieftraurig ging Noah nach Hause. Die ganze Nacht sann er auf Mittel und Wege, wie er die Barriere zwischen Marinka und sich einreißen könnte. Am Morgen stand er früh auf, zog unter dem Bett seines Vaters das kleine Beil hervor, verbarg es unter seiner Jacke und schlüpfte aus dem Haus. Im Hof stieß er auf Chanina-Lippa, der am Brunnen stand und sein Pferd aus einem geneigten Eimer tränkte. Der Vater sah ihn argwöhnisch an und begrüßte ihn mit einem väterlichen Morgengruß: «Wohin des Wegs, du Früchtchen?»

Noah warf ihm ebenfalls eine nichtssagende Phrase entgegen und machte sich davon. Bloß keine Zeit verlieren – er sauste zum Brachfeld. Als er dort ankam, lag die Brache schon in hellem Licht, aber die Wildpflanzen im Schatten des Zauns nahe dem Durchstich glitzerten noch taufrisch. Noah kniete sich hinein und ging sofort ans Werk: Er hakte das Blatt des Beils unter eine Latte, dort wo sie mit einem Nagel am unteren Querbalken befestigt war, und hängte sich mit aller Kraft an den Schaft. Die Latte gab einen Fingerbreit nach, wobei sich ein Stückchen des gelockerten schwarzen Nagels zeigte. Nun raschelte es zwischen den Bäumen und Marinka kam mit dem Hund zum Vorschein. Noah legte sich erneut ins

Zeug: Eins, zwei, drei – und krach! Der untere Nagel war ganz herausgerissen, die Latte hing wie ein Vorhang nur noch am oberen Balken. Noah drückte sie zur Seite. Die angenehme Kühle des Gartens wehte ihm aus der Öffnung ins glühende Gesicht. Drinnen standen Marinka und ihr Hund.

«Komm raus», sagte Noah zu ihr und drückte den hängenden Balken zur Seite.

Marinka und der Hund zwängten sich hindurch. Die Sonne schien ihr prall ins Gesicht und blendete ihre Augen. Ihr Herz hüpfte vor Licht und Erleichterung. Jeder Halm und Strauch, auf den ihr Blick fiel, erstrahlte. Sie hob die Hand an die Stirn und ein stummes, dankbares Lächeln glitt über ihr Gesicht.

«Gut, Marinitschka, gut?», fragte Noah, als er ihre Hand ergriff und ihr glücklich in die Augen schaute.

«Sehr gut, Noi, sehr gut», antwortete sie lachend mit strahlendem Gesicht.

«Und nimmst du mich mit in den Garten, Marinitschka?»

«Tu ich, Noi, klar tu ich das.»

«Und gibst du mir Äpfel?»

«So viele du willst.»

«Und Birnen und Pflaumen?»

«Alles gebe ich dir, alles ...»

Doch Noah hörte es nicht mehr. Er verwandelte sich in eine rollende Kugel. Verrückt vor Freude und Kraft warf er sich auf die Wiese und begann Rad zu schlagen, Arme und Beine als Speichen, kugelte davon ... Auch der Hund rannte, hopste und sprang ihm nach. Plötzlich war Noah wie vom Erdboden verschluckt. Gleich darauf kam ein seltsames Pfeifen aus der Erde. Der Hund wandte den Kopf neben Marinka und blieb verblüfft stehen, schien mit den Augen zu fragen: Was ist das?

«Noi!!», rief Marinka leicht erschrocken.

«Hahaha!» Lachend stemmte sich Noah aus dem Loch, in das er beim Kugeln gefallen war. «Hab gut gepfiffen, ha? Komm und sieh, eine Grube, ein Loch.»

Noah rannte los und zerrte Marinka samt Hund mit, zeigte ihnen die versteckten Löcher unter Dornsträuchern und Grashalmen. Daraus hörte man das leise Rascheln und Krabbeln unsichtbarer Wesen. Aus einem lugte eine Eidechse und verschwand gleich wieder. Schakoripin löste sich jäh von den beiden und spurtete einem Kaninchen nach ...

«Jag, jag, jag!», feuerte Noah ihn an und rannte selbst mit. Das Kaninchen erreichte Haken schlagend den Zaun und verschwand dort.

«Schade», gab Noah auf und sank erschöpft zu Boden, «hat sich im Gras versteckt, hier leben viele Kaninchen. Auch Igel und Maulwürfe, sogar Schlangen und Skorpione.»

«Schlangen?», fragte Marinka entsetzt.

«Zzz, ich fürchte mich nicht vor ihnen. In unserem Dorf gab es viele Schlangen. Sie wohnten an den Fundamenten unseres Hauses. Große, kleine und klitzekleine.

Bildhübsche waren darunter. Tate ist mit der Axt rausgegangen und hat auf sie eingehackt.»

«Schlangen darf man nicht töten», sagte Marinka voller Angst.

«Du Irre, wieso das? Es ist ein biblisches Gebot, sie zu töten. Ihre Kadaver lagen haufenweise auf unserem Hof. Ich habe sie wie Würstchen über den Zaun gehängt, so wahr ich lebe. Marinka», erinnerte Noah sich plötzlich und sprang auf die Füße, «wann gehen wir in den Garten?»

«Komm mit», winkte Marinka ihm mit dem Kopf, «Schakoripin!»

Schakoripin verließ die Wiese, auf der er gesucht und geschnüffelt hatte, und rannte Marinka und Noah nach in den Obstgarten. Neben dem Durchstich auf dem Boden lag immer noch wie vergessen das kleine Beil. Marinka schob den «Vorhang» beiseite: «Hereinspaziert...!»

Die drei verschwanden im Garten. Noah lief durchs Gebüsch, tauchte ab und wieder auf im Schatten der Bäume und erkundete das Gelände. Das fröhliche Morgengezwitscher der Vögel erklang über seinem Kopf wie das sanfte Klingeln von Glasperlenketten. Morgenkühle hüllte ihn ein. Er rannte – und runde Sonnenflecken, schnell und leicht, goldenen Mäusen gleich, tanzten ihm über Gesicht, Kopf und Kleidung, auf und ab, auf und ab. Er spürte das warme, süße Kitzeln auf seinen Wangen. Der Hund lief ihm voraus, schien sich springend und kugelnd im Licht- und Schattengespinst zu verfangen. Von großen Äpfeln niedergezogene Zweige schlugen Noah an den Kopf, rissen ihm die Mütze ab. Äpfel, Äpfel, Äpfel: Äpfel oben, Äpfel unten, allüberall im Gras versteckt. Vor dem Schuppen, auf einem Strohbett, türmten sich duftende Äpfel, große und kleine... Hoch aus den Kirschbäumen, zwischen den Blättern, lugten listig und verstohlen, schwärzer als schwarz, wie lebendige Augen, einige vergessene Kirschen hervor, und im niedrigen Gebüsch, hinter einem großen Blatt, verbarg sich fast unsichtbar noch eine einzelne bescheidene Traube Johannisbeeren, seidenfein...

Noah war wie berauscht. Der kühle Schatten, der Duft der Früchte und das Zwitschern der Vögel – all das überkam ihn auf einmal und machte seinen Kopf schwirren. Er rannte von Baum zu Baum, pflückte und aß, pflückte und verwarf, pflückte und steckte in die Tasche, pflückte und zertrat... Marinka tadelte ihn nicht, half ihm vielmehr, die schönsten und reifsten Früchte auszusuchen, zeigte ihm die besonders guten Sorten und füllte ihm Taschen und Arme damit.

Als Noah schließlich müde und glückstrunken heimkehrte, die Kleidertaschen schwer mit Äpfeln, Birnen und Pflaumen und er selbst prustend und schnaufend und glühend, stieß er am Hoftor erneut auf seinen Vater, der ihn diesmal jedoch, wie durch ein Wunder, gar nicht beachtete. Er mühte sich gerade zusammen mit einem Bauern, einen Wagen voller Holzbretter anzuschieben, den die Pferde kaum ziehen konnten. Gelobt sei der

Ewige! Noah schlüpfte glücklich hinein. Das entwendete Beil schob er unbemerkt zurück unters Bett, und die Äpfel, Birnen und Pflaumen brachte er auf den Heuboden im Pferdestall und versteckte sie unterm Stroh: Sollten sie dort ruhen, bis ihre Zeit gekommen war ...

Brache und Garten wurden fortan Marinkas und Noahs Treffpunkt. So oft wie möglich fanden sie sich dort ein, streckten sich im Schatten der Bäume aus oder versanken im Gras und spielten gemeinsam. All das geschah heimlich, denn unterdessen war neuer Streit unter den Nachbarn ausgebrochen. Schakoripin, der die beiden immer bewachte, protestierte nicht und hielt das Maul. Marinka hatte ihm Schweigen geboten, und er schwieg. Schließlich schloss er sogar Freundschaft mit Noi und begrüßte ihn mit Hüpfen und Springen, Sabbern und Schwanzwedeln, wartete mit Hundeaugen auf Noahs Hand, denn Noah brachte jedes Mal einen schönen Kanten Brot mit, die eine Hälfte für Marinka, die andere für den Hund.

Und eines Tages ließ Marinka Noah sogar auf ihren Hof ein. Sie tat es mit großer Vorsicht und bangem Herzen. Vom ersten Augenblick an spürte Noah eine andere Atmosphäre ringsum. Gleich lief er zum Pferdestall, der zur Hälfte auch die Schweine beherbergte, und wollte Gutzi sehen. Leider war der Stall abgeschlossen, und er lugte nur durch eine Ritze hinein. Der penetrante Geruch von feuchtem Mist stieg ihm in die Nase. Doch als seine Augen im Dämmerlicht das kleine Pferd am Trog stehen und malmen sahen, konnte er sich nicht mehr vom Fleck rühren: «Oh, oh, Gutzinju», rief er sehnlich, während er hineinspähte.

Vom Stall tappte er behutsam, auf Zehenspitzen, zu einer Zaunritze, um auf den väterlichen Hof zu lugen. Es kam ihm komisch vor, hier auf dem Hof der Goja zu stehen und auf Vaters Hof zu schauen. Wenn Tate und Mamme das wüssten...! Auch der väterliche Hof und alles darauf sahen jetzt durch den Spalt neuartig aus. In anderem Licht und anderer Ordnung – alles umgekehrt als sonst. Hihihi. Noah zog den Kopf ein und lachte sich eins – da steht Tate zwischen den Brettern und weiß von nichts. Ich kann nach Belieben das Gesicht verziehen und ihm die Zunge rausstrecken – kuckuck, kuckuck!

Chanina-Lippa wandte sich verwundert um – und Noah trat erschrocken zur Seite. Schließlich schlich er weg und presste das Gesicht zwischen den Händen an Schakoripinschchikas Fensterscheibe. Drinnen war alles still und reglos: das gemachte Bett mit den Kissen und Federbetten, die sich bis zur Zimmerdecke türmten, die schwere, metallbeschlagene Truhe, mit einem großen Vorhängeschloss versehen, der Tisch und die Bänke aus hellem Holz, die Ikonen an den Wänden. Noah löste das Gesicht vom Fenster und hielt Ausschau nach Marinka. Sie saß wie gewohnt auf der Bank mit Schakoripin zu ihren Füßen.

«Marinka, gehst du in die Kirche?», fragte Noah vorsichtig.

Sie schüttelte den Kopf: Nein.

«Warum?»

«Ich bewache den Hof.»

«Und wo schläfst du im Winter?»

«Im Haus.»

«Mit ihr in einem Bett?»

«Auf dem Fußboden.»

Noah setzte sich neben den Hund ins Gras, zu Marinkas bloßen Füßen, und blickte mitleidig zu ihr auf. Er wollte etwas fragen, ließ es jedoch bleiben. In Marinkas Augen standen Tränen.

«Warum weinst du, Marinka, schlägt dich die Tante? Lässt sie dich hungern?»

Marinkas Schultern bebten von unterdrücktem Schluchzen. Aus ihren Augen rannen Tränen.

«Bitte nicht, Marinitschka», tröstete Noah und legte ihr die Hand aufs Knie, «bitte nicht weinen... Ich komm jeden Tag zu dir, tagtäglich, so wahr ich lebe ...»

Und Noah hielt Wort. Jeden Tag kam er und brachte ihr sogar etwas von seinem Essen mit. Stundenlang hörte man Zippa-Lea in der ganzen Nachbarschaft schreien und kreischen: Noah! Nooo-aaah!!! Doch Noah achtete nicht darauf. Er saß mit Marinka in einem Versteck, und selbst der Vogel am Himmel wusste nicht, wo er war.

Schließlich kam die Sache heraus, und ein großer Streit brach zwischen den Nachbarn aus. Zippa-Lea schrie in alle Welt: Wehe der Mutter! Sieht ihr Kind von Tag zu Tag dahinschwinden wie eine Wachskerze, und weswegen? Wegen des Balgs der Hexe, ausgelöscht sei ihr Name und Angedenken! Was man dem Kind auch gibt – das Balg vertilgt's. Soll sie zum Fraß für Geschmeiß und Würmer werden, Herr der Welt. Chanina-Lippa zog den Gürtel aus der Hose und wollte Noah über die Bank legen, aber Zippa-Lea trat dazwischen. Schakoripinschchika ihrerseits zerrte Marinka ins Haus, und kein Mensch sah, was sie ihr dort antat. Von drinnen hörte man nur gedämpfte, abgerissene Schluchzer, die einem ins Hirn drangen. Noah hörte das Weinen bis Mitternacht in seinem Bett und verlor schier den Verstand.

Die beiden blieben lange Zeit getrennt. Schakoripinschchika griff entschlossen durch. Marinka saß wieder einsam und allein hinter Schloss und Riegel. Tagelang kam Noah nicht in die Brache. Zippa-Lea hütete ihn, ließ ihn nicht aus den Augen. Das Astloch wurde verstopft. In dem schmalen Durchgang bei Noahs Gärtchen verlegte man Planken, um den Boden zu versiegeln. Noah randalierte und trat um sich, verbitterte seinen Eltern das Leben, und kein Mensch wusste, was er hatte: «Mein Garten, mein Garten», kreischte er und stampfte mit den Füßen, «warum habt ihr meinen Garten verwüstet?» Chanina-Lippa stampfte ebenfalls und löste den Gürtel: «Gibst du keine Ruhe, du Bastard? Gleich schneide ich dein Fleisch in Stücke und werfe es den Hunden zum Fraß vor. Hat man so was je gesehen? Gibt sich mit Gartenbeeten ab!»

Regen- und Schneetage sind eingezogen. Die Tante ist

zu Hause, und Marinka weicht nicht von ihrem Hof. Der grimmige Blick der Tante ruht auf ihr. Wegen der Tante hat sie Angst, sich dem Zaun auch nur zu nähern. Selbst wenn Nois leise Stimme durch eine Ritze zu ihr dringt, stellt sie sich taub. Der Eingang zur Brache durch die Lücke im Obstgarten ist ebenfalls blockiert – nämlich zugeschneit. Das Brachfeld ist wieder mal bis über die halbe Höhe des Zauns mit Schnee bedeckt, den man nicht überwinden kann. Ein Meer von Weiß!

Unterdessen eskalieren die Streitigkeiten zwischen den Nachbarn. Marinka erwarten lange Tage der Schwerarbeit. Auf dem Hof des «Jids» werden die Holzstapel hoch und höher, Tag für Tag auf- und abladen, rauf und runter! Der Zaun zwischen den Höfen wächst ebenfalls stetig in die Höhe, vor ihren Augen. Fortan gibt es keinen einzigen Spalt mehr darin. Und falls doch, verbergen ihn die Holzstapel auf der anderen Seite der ganzen Länge nach den Blicken ...

Zu Frühjahrsbeginn wird Noah im örtlichen Cheder eingeschult und hat nun anderes zu tun. Tage und Wochen vergehen – Noah ist weg. Marinka erwartet ihn im Garten, sucht ihn auf der Brache – nichts!

«Wo steckt Noi? Warum kommt er nicht?», fragt Marinka sich im Stillen.

Und wieder ist der Sommer eingekehrt. Schakoripinschchika hat vor lauter Streiten schon halb ihre Stimme verloren. Aber von ihrem Trott weicht sie nicht ab: Zu dieser Jahreszeit steht sie in aller Frühe auf, um aufs Feld zu gehen, und kommt mit den Sternen zurück. Und Marinka sitzt wieder einsam und traurig auf der Bank zwischen Bäumen und Haus. Schakoripin liegt auf ihrem Schoß, sie schaut ihm schweigend in die Augen, und wenn sie zu den Zäunen aufblickt, meint sie manchmal, die überragten sie nicht höher als zuvor, sondern sie selbst sei in ihrer Mitte geschrumpft... Und während sie so dasitzt und alles ringsum sommerlich still ist, kreischt manchmal eine Frau im Nachbarhof: «Noah? Noooaaah!!» Dann erschrickt Marinka und läuft schnell an den Zaun zwischen den beiden Höfen. Zum tausendsten Mal sucht sie dort einen noch so winzigen Spalt. Schakoripin versteht sie und hilft bei der Fahndung. Er rennt und rennt vor ihr her, legt immer wieder beide Vorderpfoten an den Zaun, scharrt und kratzt mit den Krallen, schnuppert und schnüffelt... Und nach vergeblicher Suche kehrt Marinka stumm zur Bank zurück, nimmt Schakoripin auf den Schoß und schaut ihm in die Augen, drückt ihn plötzlich mit aller Kraft an sich, drückt und zittert am ganzen Leib: Schakoripin, wo ist Noi...?

6

«Noi» wird täglich in den Cheder gejagt, denn gern geht er nicht dorthin. Seine Mutter Zippa-Lea packt ihm als Schulproviant allerlei «königliche Speisen» ein, wie Hühnermägen, Fruchtgelee und dergleichen, aber er will nicht.

Zippa-Lea jammert, Chanina-Lippa löst den Hosengürtel, doch er «will nicht, will nicht». Dem einen Cheder ist er entflohen, dem nächsten ebenfalls, was soll man mit so einem Bengel anfangen? Ist schon ein junger Bursche und kann immer noch keine zwei Buchstaben auseinanderhalten! Sein Herz gehört Hunden und Pferden, Gärten und Feldern. Den ganzen lieben Tag lang sät er an den Zäunen Beete ein, pflanzt Zitrusbäume. Hat man so was je gesehen? Schließlich übergaben sie ihn dem Melamed Reuben-Hirsch, der auf den ersten Blick süß wie eine Honigwabe war, doch am Ende bitter wie Meerrettich, ein mörderischer Trinker mit schütterem Oberlippenbart, der aus dem Kehlkopf «dies» und «das» krächzte und seine Schüler in den Schwitzkasten nahm, bis ihnen schier die Luft wegblieb. «Dieser Reuben-Hirsch», sagten die Nachbarn zu Chanina-Lippa, «der wird ihn schon zurechtbiegen, ganz sicher ...»

Zuerst lief alles glatt. Jeden Tag, gleich nach dem Ablegen der Gebetsriemen, schlug Reuben-Hirsch sich mit dem Zeigefinger an den Adamsapfel und signalisierte seinen Schülern mit verschmitztem Seitenblick zur Kommode in der Ecke, dass nun «dies» dran war – nämlich die Flasche... und nachdem er sich ein, zwei, drei Schluck aus dem «das», dem Glas, hinter die Binde gegossen hatte, begann er – wieder «dies» – seine Schüler einen nach dem anderen zu quetschen... und das bis zu Tränen, bis zur Entkräftung, bis sie über den Boden rollten. Keine fünf Minuten später saß kein Schüler mehr da.

Einer lag unter dem Tisch, einer unter der Bank, einer unterm Bett, einer war hinter den Abwasserbottich gerollt und einer unter den Herd ...

«*Dies*, der Schwitzkasten», pflegte Reuben-Hirsch zu sagen, wobei er listig sein kleines linkes Auge zudrückte, «ist gut für *das*, die Thora ...»

Doch wenn er endlich zur Thora kam, war Reuben-Hirsch schnell mit seiner Weisheit am Ende. Unter keinen Umständen wollte Noah sich dem Joch der Lehre dieses Reuben-Hirsch unterwerfen. In den zwei Jahren, in denen er Thora bei ihm lernte, floh er an die zehnmal aus dem Cheder und wurde wieder zurückgeholt. Und einmal, als Reuben-Hirsch ihm nach langem Schwitzkasten den Hosenboden strammziehen wollte, versetzte Noah seinem Lehrer einen harten Fußtritt, direkt in die Magengrube, und ergriff die Flucht. Ganze vierundzwanzig Stunden kehrte der Treter weder in sein Elternhaus noch in den Cheder zurück. Reuben-Hirsch und seine Schüler schwärmten aus, um ihn im ganzen Viertel zu suchen, in allen Verstecken dort und auch außerhalb, bis sie zu den Hofhunden der Bauern am Ortsrand gelangten und kehrtmachten. Zippa-Lea verlor schier den Verstand. Wütend wie eine Löwin stürmte sie in Reuben-Hirschs Cheder, einen Rechen in Händen. Die Nachbarn liefen sofort ins Freie, drängten sich an den Fenstern des Cheders. «Wo ist der Säufer?», schrie Zippa-Lea erbittert und schwenkte den Rechen vor Reuben-Hirsch, der mit der Kippa auf dem Kopf seinen Schülern am Tisch vorsaß und erschrocken die Augen aufriss. «Wo ist der Mörder meines Sohns? Lasst mich, ihr Kinder Israels, lasst mich ihn töten! Mir bleibt keine andere Wahl…!» Die Schüler waren zu Tode erschrocken, und der Rebbe sprang entsetzt auf – bäh, mäh – und fand keine Worte mehr. Seine Glieder waren wie gelähmt. Der Rechen wedelte vor seinen Augen, während er zitternd und schlotternd Schritt für Schritt zurückwich, vergeblich einen Ausweg suchte.

Urplötzlich sammelte der Rebbe Löwenkräfte, hechtete mit einem Sprung durchs Fenster nach draußen und verbarg sich im Abort. Dort klammerte er sich an die Holzbretter wie seine biblischen Vorfahren einst an die rettenden Hörner des Altars, wann immer große Gefahr drohte, etwa Polizisten anrückten oder etwas in der Art. Die Schüler waren begeistert! Ab und zu ging einer hinaus, um nach seinem Rebben zu schauen, der angstschlotternd in seinem Unterschlupf saß. Jeder freute sich, ihn in seinem Glanz zu sehen. «Kann man schon raus?», fragte der Lehrer flüsternd jeden seiner eintretenden Schüler. «Um Himmels willen! Lebensgefahr! Bleibt da, Rebbe, bleibt da!»

Den ganzen Tag suchte Zippa-Lea mit ihren Helfern das Viertel nach ihrem Sohn ab. Am Abend stieß auch Chanina-Lippa dazu. Sie fahndeten in Feld und Flur, spähten in Gruben und Gräben. Alle Hunde des Viertels brachten sie gegen sich auf – aber vergebens.

Gegen Mitternacht erleuchtete der Heilige-gelobt-sei-er

ihre Augen, und sie fanden ihren einzigen Sohn in der kleinen Gasse hinterm Zaun schlafen, in der Hand – o wehe der Mutter – eine lange Gurke, halb aufgegessen ...!

Als Zippa-Lea nach dieser Großtat mit ihrem Sohn alle Lehrer abklapperte, wollte ihn keiner annehmen. «Unmöglich, Zippa-Lea, mitten im Halbjahr. Das wäre eine verbotene Grenzüberschreitung. Nächstes Halbjahr, so Gott will, mag es anders sein. Nach dem Laubhüttenfest, möge es in Frieden einziehen, so der Ewige uns Leben schenkt ...» Die Melameds fürchteten ihren Rechen! Noah machte es kaum was aus. Er war in jenen Tagen mit Tauben beschäftigt, widmete ihnen alle Zeit und Sinne. Sein Freund Makarka aus der Russensiedlung hatte ihm Tauben gebracht, und er baute ihnen einen Schlag. Später wollte Makarka ihm auch einen Hund schenken, hatte es fest versprochen. Noah hatte sogar schon ein Auge auf einen von Serafims Welpen geworfen ...

Außer Tauben und Hunden war da noch etwas – Marinka, aber seit Noah den Cheder besuchte, hatte er dieses Etwas in den Keller seines Herzens verbracht und dort eingeschlossen. Er wusste, dass Marinka jetzt gelegentlich ihre Schweine auf dem leeren Brachfeld weidete, und ging genau deswegen nicht mehr dorthin. Den lieben langen Tag streifte er im Viertel umher, doch die Brache mied er. Aus Furcht und Scham ... Warum und vor wem? Das wusste er selbst nicht. Wann immer er an der Brache vorbeikam, kriegte er Herzklopfen und blickte sich nach allen Seiten um. Aus jedem Loch und jedem Spalt schien ihn das einzige Auge seines früheren Freundes und jetzt erbitterten Feindes, Natka Kambala, anzulinsen. Dieser Halbblinde – möge sein Vater, der Dieb, verrecken! – hatte unter der Stirn nur ein einziges Auge, aber dieses spähte scharf in alle Richtungen und über sieben Barrieren hinweg. Stets lauerte es hinter dem Rücken, sogar die Wirbelsäule spürte seinen Blick. Vielleicht wusste der schon, was es mit Marinka und der Brache auf sich hatte – o weh, o weh, wohin sollte er seiner Schmach entfliehen …!

Das Brachfeld lockte und verlockte das Herz. Und an einem seiner müßigen Tage konnte Noah sich nicht mehr enthalten und schlich hinein. Kaum drinnen, verschloss er die Lücke mit einer herumliegenden Latte und sah sich in süßem Bangen um. Nichts. Das Feld lag brach, wie eh und je. Die Disteln und Nesseln, die dort wild wucherten, sprossen wie immer üppig und glitzernd in der Mittagssonne. Aus dem Pflanzenmeer ragte der Rücken eines großen Schweins, und das Quieken zarter Ferkel erklang. Das große Tier mampfte und grunzte, mampfte und grunzte … Waren das nicht einige von Marinkas Schweinen? Still! Ein Rascheln und Regen in den Gräsern. Ein Schwarm weißer und schwarzer Schmetterlinge flatterte auf. Noah spitzte die Ohren. Irgendein Wesen, im Gras verborgen, lief auf ihn zu. Noah hielt inne und wartete. Das Beben in den Halmen kam näher, und da rannte Schakoripin auf ihn zu! Der Hund war halbverrückt vor

Freude. Er machte Männchen, hüpfte und sprang wie ein Gummiball bis in Höhe seines Gesichts, wollte ihn lecken und küssen. «Genug, genug!», versetzte Noah ihm einen leichten, liebevollen Schubs, und sein Herz machte auch Luftsprünge. Sogleich versöhnte er ihn, packte seine beiden Vorderpfoten und schaute ihm in die Augen: «Na, Hund, wohin?» Der Hund verstand sofort und rannte Noah voraus durch die Wiese, wandte sich im Lauf ab und zu um, bis er die Eiche erreichte. Darunter, auf einem Grasstück, lag Marinka und schlief. Der Hund blieb stehen, als wollte er sagen: Hier hast du sie vor dir. Noah verharrte kurz und betrachtete sie. Da ruhte sie, die Ärmste, mitten am Tag allein auf einsamem Feld, im Gras, ihre kleine Faust unterm Kopf und die Augen geschlossen... Er beugte sich nieder und berührte sie leicht: «Marinka, Marinitschka ...!» Marinka schreckte hoch und schlug die Augen auf. «Noi!», murmelte sie noch im Halbschlaf, und ihre dünnen Arme schlangen sich von selbst um seinen Hals. Noah schloss die Augen und überließ seinen Kopf ihren ausgestreckten Armen. Sein Herz verstummte. Er spürte nur noch, dass es ihn unaufhaltsam zur Erde zog...

Eine Stunde später verbargen die hohen Gräser des menschenleeren Feldes immer noch die beiden kleinen Nachbarn. Gewiss, sie waren jetzt größer als vor der Trennung, das Gras konnte sie nicht mehr völlig verstecken: Die beiden Köpfe, der eine schwarz, der andere blond, lugten heraus, aber was machte das schon? Wer wäre verrückt genug, hier einzudringen? Zur Not hielt ja Schakoripin Wache bei ihnen. Eine leichte Regung, ein leises Geräusch – und schon spitzte er die Ohren. Und im allergrößten Notfall gab es hier ja eine tiefe, dunkle Grube, der Eingang überwuchert und das Innere kühl, eine Art kleiner Graben, der ganze Boden übersät mit allerlei Kinnladen, Hufen und Gebissen von Pferden, und seitlich am Hang lag Sommer für Sommer ein großer, dicker orangefarbener Kürbis, der dort von selbst wuchs, alljährlich, wie durch ein Wunder. Man konnte nicht wissen, wie er im Sommer dorthin kam und wohin er beim Einsetzen der Winterregen verschwand ... Dahinter ragte ein kleiner Hügel auf, ganz und gar mit Buschwerk und Disteln überwuchert, und dann waren da noch die Kronen der Eiche und des Birnbaums ... Es gab kein verlässlicheres Versteck als die Brache. War man dort, war das ganze Wohngebiet, ja die ganze Welt verschwunden, und man konnte tun, was das Herz begehrte.

Noah wurde wieder Stammgast auf dem Brachfeld. Es war Spätsommer, und noch hatte sich kein Lehrer für ihn gefunden. Freizeit hatte er also mehr als genug. Auch die Furcht vor seinen Mitschülern war gewichen. Wenn Marinka mit ihren Schweinen gegen Mittag auf die Brache kam, traf auch Noah von seinen Streifzügen durch Wald und Feld dort ein, müde und mit glühendem Gesicht. Gleich warf er sich ins hohe Gras oder in ein anderes Versteck, streckte Arme und Beine von sich, verbrachte dort Stunden mit Marinka, und wie immer erzählten sie einander alles, was sie auf dem Herzen hatten. Er ihr – in festem Ton, flüssig und getrieben, mit siedendem Blut und feurigen Augen, wie einer, der weder Zeit noch Kraft hat, auch nur ein Tausendstel auszusprechen, und sie ihm – ruhig und bedacht, leise, leise Wörter aneinanderreihend und Verborgenes preisgebend ... Die Gesprächsthemen waren oft andere als *damals*, vor der Trennung. An die Stelle des Dorfs und seiner Bauern, über die Noah zuvor mit großer Sehnsucht gesprochen hatte, trat nun die Russensiedlung mit ihren Bewohnern, und anstelle von Schwalben und Fohlen traten Tauben und Pferde, richtige Pferde, die Noah selbst ritt. Wie ein Vogel flog er dahin, wirklich vogelschnell. Im ganzen Viertel ritt keiner so rasant wie er, nicht mal Makarka, noch dazu ohne Sattel, wahrlich ohne Sattel. Wenn er sich aufs Pferd schwang und davonjagte, dann nichts wie aus dem Weg – hoppla ...!

«Und was ist mit der Schkola», unterbrach ihn Marinka leise, «gehst du da nicht mehr hin?»

In die Schkola? Wann denn? Frühestens im nächsten Winter. Jetzt wollten die Lehrer ihn nicht haben, so wahr er lebe, sollen sie doch vor die Hunde gehen! Meinte seine Mutter denn wirklich, er würde mit ihr wieder bei den Melameds Klinken putzen und um Barmherzigkeit bitten? Großer Fanfarenstoß! Für kein Geld der Welt gehe er dahin! Er sei ja ohnehin schon zum Gespött seiner ehemaligen Mitschüler geworden. Und wer, denke sie, hätte da wohl die Hand im Spiel? Reuben-Hirsch, dieser aussätzige Säufer, der ihm keine Begnadigung gewähre. Am Schabbat, wenn er, Noah, mit Tate ins Bethaus gehe, hetze Reuben-Hirsch sofort seine Schüler auf ihn. «Kurkevan ben Putiel», schimpften sie ihn, «Hühnermagen, Sohn des Putiel». Kenne sie den halbblinden Kambala? Den kenne sie nicht? Der sei ja der allergrößte Schurke. Wann immer er, der Halbblinde, im Bethaus an ihm, Noah, vorbeikomme, bringe er ihn zur Weißglut. Sprenge ihm das Gehirn, wirklich. Dem Anschein nach gehe er einfach nur vorbei, ganz ins Gebetbuch vertieft, aber in Wahrheit – möge sein sehendes Auge erlöschen! Nichts als sticheln wolle er. Wenn er ihm mal im Verborgenen über den Weg laufe, würde er ihm das andere Auge ausstechen, so wahr er lebe. Nächsten Schabbat werde er, Noah, nicht mehr ins Bethaus gehen. Auf keinen Fall! Hierher werde er kommen, auf die Brache, um Holz zu sammeln und Birnen zu pflücken ...

«Am Schabbat?»

Noah wurde leicht verlegen. Nein, nein, das habe er nur so dahingesagt. Doch wenn sie argumentieren würde: Und wenn am Schabbat, was wäre dabei? Dann sage er ihr im Flüsterton – sie werde es doch keinem Menschen verraten? –, wenn er persönlich in die russische Siedlung gehe, verrichte er dort alle Arbeiten am Schabbat, zusammen mit Makarka ...

«Und was sagt dein Papa dazu?»

Tate? Was solle der schon mit ihm machen? Er wisse von nichts. Er, Noah, tue alles, was er wolle. Morgen, beispielsweise, würden Makarka und er sich auf den Krieg vorbereiten, und gegen wen, meine sie wohl? Gegen Reuben-Hirsch und seine Schüler, so wahr er lebe. Die würden zum Baden an den Fluss runtergehen, wo Makarka und er auf der Lauer lägen, und sobald die sich alle nackt ausgezogen hätten, würden sie aus dem Hinterhalt springen und – hahaha – die Hunde auf sie hetzen, die Hunde. O weh, o weh, was das für einen Tumult gebe! «Und du, Marinitschka», fragte Noah unvermittelt, «kommst du denn nicht mal in die Russensiedlung? Onkel Serafim fragt immer nach dir. Wenn du erst groß bist und arbeiten kannst, sagt er, würde er dich in sein Haus aufnehmen. Er habe Mitleid mit dir, sagt er. Die Alte würde dich zu Tode quälen. Marinitschka, würdest du gern zu Onkel Serafim ziehen?»

Marinka schwieg.

«Warum sagst du nichts, Marinka? Du wärst die Tante und ihre Schläge los, und ich würde jeden Tag in die russische Siedlung kommen. Nicht wahr? Sag mir die Wahrheit, möchtest du, dass ich dort zu dir komme?»

«Wenn es so weit ist, wirst du's sehen», erwiderte Marinka, tätschelte ihm liebevoll das Gesicht, und ihre Augen leuchteten ...

«Hach!», jubelte Noah und kletterte auf die Eiche, packte einen belaubten Zweig und schüttelte ihn, um ihn Eicheln für Marinkas Schweine regnen zu lassen. Die Schweine rannten grunzend und quiekend zum Futter, und Noah stieg bis in den Wipfel hinauf. Von dort sah er die ganze Gegend, als läge sie auf seiner Handfläche: Auf der einen Seite die Dächer des Wohnviertels, die Höfe und die Holzstapel darin, den Marktplatz, und auf der anderen Seite grüne Gemüsebeete, von Hecken umgeben, und gelbe Felder, so weit das Auge reicht... Und da in der Ferne auch die Siedlung mit ihren kleinen weißen Häusern und dem silbrigen Fluss, der daran vorbeimäandert, und dort auch das schwarze Gehölz am jenseitigen Ufer...

Kam Noah auf die Brache, ohne Marinka anzutreffen, suchte und fand er eine andere Beschäftigung. Zuallererst – der Birnbaum. Er war niedrig, uralt und mit vielen Gebrechen geschlagen: Seine Wurzeln lagen blank, und der knorrige Stamm war seltsam verwachsen. Die dünnen, verdorrten, aber dichten und gewundenen Zweige waren mehr, als der Baum tragen konnte. Anscheinend verschlangen sie sich miteinander, um zu erdrücken und erdrückt zu werden. Fuhr der Wind in sie, gaben ihre kleinen Blätter ein trockenes Knistern ab, wie leise scheppernde Blechdosen. Doch dieser harte, trockene Alte wollte keineswegs, wie alle Welt, eines natürlichen Todes sterben. Alle sieben Jahre raffte der Ärmste sich sogar dazu auf, so was wie Früchte zu tragen. Dieses Jahr zum Beispiel hatte er sich wild entschlossen an die zweihundert Herbstbirnen abgerungen, und von Ende August bis Rosch Haschana, wenn diese reiften, fielen sie ihm, Noah, allesamt in die Hände. Über einen nahen Zaun klang vom Bethaus das Schnarren und Quietschen des

Schofars herüber, das ungeübten Jungen in die Hand gefallen war, während Noah allein im Baum saß und Birnen pflückte. Jede war so klein wie eine Puffbohne, hart wie ein Kieselstein und sauer wie Essig. Sie schmeckten sogar leicht salzig, aber das ließ sich beheben. Noah versteckte sie auf dem Heuboden des Pferdestalls und wartete, bis sie zu gammeln begannen, denn dann wurden sie reif und süß ...

Und manchmal, wenn er gegen Abend auf die Brache kam – das Feld menschenleer und ein wenig furchterregend und Marinka nicht da –, kletterte er auf den Gerber-Sumach, versteckte sich in seiner dichten, wohlriechenden Krone und suchte insgeheim nach Vogelnestern ... Dann plötzlich sah er vor seinen Augen die Sonne untergehen, den ganzen Himmel voll Feuerstreifen – und große Gottesfurcht befiel ihn. Stumm lag er auf einem Ast, schmiegte die Wange an die breiten, kühlen Blätter, legte den Kopf wie schlafend darauf und wandte das glühende Gesicht der sinkenden Sonne zu. Dann meinte er, vor langer, langer Zeit auf diesem Baum gewachsen zu sein, wie eines der Blätter ... Und wenn er die Augen schloss und sich ganz und gar im Baum verlor, stand sofort – klar und deutlich, in allen Einzelheiten – eine Abendstimmung im Dorf seiner Geburt vor ihm: Er als Kind verborgen in einem Haselstrauch neben einer Dornenhecke. Die Himmelsränder wie ein Feuerbrand. Die ganze Welt rot lodernd. Der väterliche Hof ganz in Rot getaucht. Mitten auf dem Hof stehen zehn rotschimmernde Kühe, und unter ihren gespreizten Beinen knien Schickses barfuß und mit nackten Armen, eine geneigte Kanne in Händen. Aus den Zitzen der Kühe schäumen mit lieblichem Zzzz, Zzzz dünne weiße Ströme lauwarmer Milch in die Kannen. Der weiße Schaum steigt und steigt darin. Den Zeigefinger juckt es, hineinzufahren, ins Warme ... Milchduft ringsum ... Und plötzlich taucht die Mutter in der Hofmitte auf, das Gesicht dem Feuer zugewandt. In der einen Hand einen Milchkrug, mit der anderen die Augen beschattend, steht sie im Abendglanz, und eine Stimme dringt aus dem Rot der Welt: «Noooah! Nooo-ah!»

7

Regen und Nebel ziehen auf, das Laubhüttenfest ist vorbei. Das öde Brachfeld wird noch trostloser. Der Fuß schlittert und versinkt im Schlamm. Abgefallene Blätter ruhen im zähen Morast, und umgeknickte Stauden liegen übereinander wie tote Würmer. Der Birnbaum ist völlig kahl, und seine knorrigen, dunklen Zweige sehen aus wie ein Wirrwarr fliegender Drachen und Skorpione, die einander angesprungen haben, aber mitten im Flug versteinert sind. Der hohe Eichbaum hat noch letzte Blätter, die wie dreckige Lappen an ihm hängen. Die kleine Rinne hat sich mit trübem Wasser gefüllt, und der einzelne Kürbis ist wie immer verschwunden. Marinka ist groß geworden: In ein Umschlagtuch gehüllt, wird sie jetzt tagtäglich aufs Feld geschickt, um Pflanzlöcher für Kartoffeln zu graben. Und Noah – der ist einem neuen Melamed in die Hände gefallen.

Marinka ist wieder in den dunklen Keller des Herzens verbannt – und das für lange Zeit.

Der neue Lehrer, den Noah jetzt aufsuchte, war ein sanfter, guter und gütiger Typ und unerschütterlicher Phlegmatiker. Die Schüler tanzten ihm auf der Nase herum, aber das machte nichts. «Wenn kein Etrog vorhanden ist, kann man eine Kartoffel nehmen, um das Gebot zu erfüllen», pflegte Chanina-Lippa zu sagen.

Bis zum Wochenabschnitt Wajechi ging alles seinen Lauf. Ein Thoraabschnitt folgte dem nächsten, die Schüler fuhren die meiste Zeit Schlittschuh auf dem Eis und fochten dort Kriege gegen Reuven-Hirschs Schüler aus, und der Rebbe bekam sein volles Gehalt samt Aufschlag zu Chanukka und Purim und hielt jeden Tag seinen gewohnten Mittagsschlaf. Manchmal schlich Noah sich dann ins Zimmer des Schlummernden und hängte im Beisein sämtlicher Mitschüler über dem Bett, genau über dem Gesicht des Lehrers, einen Lappen mit einem Häuflein Schnee auf. Der tropfte dem Melamed alsbald aufs Gesicht: platsch, platsch, und der Lehrer klatschte sich im Schlaf jedes Mal auf die Wange, als wolle er eine Fliege vertreiben ... Die Schüler kugelten sich vor Lachen, und der Rebbe fuhr erschrocken hoch: «Hu-ha, wer ist da, was ist los ...? Nehmt die Chumaschim zur Hand ...»

Zur Zeit des Gänseschlachtens schickte Zippa-Lea dem «Rabbi» als Gehaltsaufbesserung eine schöne Portion Griebenfett. So ging die Welt ihren Gang, bis man am Ende des Buchs Genesis angelangt war.

Am Donnerstagabend dann, beim Wochenabschnitt Wajechi, bei dem Vers *wa-ani*, geschah das Unheil. Statt «*wa-ani – un ich Ja-akow*», wie der Lehrer ihn fünf Tage nacheinander zu psalmodieren und übersetzen gelehrt hatte, rutschte Noah unversehens «*Wani – un ich Wani*» heraus. Dieser gojische Fehler, der den heiligen Namen unseres Stammvaters Jakob mit dem unreinen Namen irgendeines Wani in der Russensiedlung verband, brachte sogar den guten und nachsichtigen Lehrer um den Verstand. Nein, nein, ist das denn die Möglichkeit? Kurz gesagt, er schnappte über und wollte Noah eine Ohrfeige versetzen, aber der war schneller, verpasste ihm einen Hieb – und ergriff die Flucht.

Er flüchtete, aber der Name Wani verfolgte ihn den ganzen restlichen Winter und den nächsten Frühsommer über. Alle Jungen riefen ihm fortan «Wani» nach. Noah begann, ihnen in den Gassen aufzulauern und sie dort zu überfallen. Wenn sie mit ihren Lehrern zum Fluss hinuntergingen, hetzte er ihnen – zusammen mit seinen gojischen Freunden – die Hunde der Siedlung auf den Hals und bewarf sie mit Steinen. Alle sahen, dass es ohne Entscheidungskampf nicht abgehen konnte. Und an einem sommerlichen Schabbat brach der Krieg aus.

Auf der grünen Wiese zwischen dem jüdischen Viertel

und der russischen Siedlung – dem üblichen Gefechtsfeld – zogen an jenem Schabbat gegen Abend die beiden Lager aus entgegengesetzten Richtungen auf: Die Jungen der Kinder Israels, angeführt von Natka, dem Dieb, auf der einen Seite, und die Russen mit «Wani», alias Noah, und Makarka an der Spitze auf der anderen.

Die Sonne näherte sich dem Horizont. Die grüne Wiese mit ihren gelben Blumen färbte sich rot. Hoch in der Luft, über der Stadt, erglühte ein goldenes Kreuz. Die beiden Lager standen bereit.

Plötzlich erbebte die Luft. Die große Glocke in der Stadt begann zu läuten: Bim-bam, bim-bam ...

«Hurra!», ertönte es laut aus dem feindlichen Lager, begleitet von einem massiven Steinhagel.

«Stark, stark und frisch gestärkt!», grölte das Lager Israel dem entgegen und schleuderte Kiesel auf den Feind.

Der Krieg war lang und hart. Beide Seiten kämpften erbittert. Steine flogen, Stöcke pfiffen, Hunde bellten, Nasen und Schädel bluteten. Und die Glocke läutete unaufhörlich: Bim-bam ...

Das Lager Israel hielt stand. Alle spürten die Bedeutung der Stunde. Die meisten Steine zielten, wie zuvor abgesprochen, auf Noah. «Da hast du's! Ein hebräischer Bursche, der es mit den Gojim hält! Tod dem Überläufer!»

Und wieder flogen Steine durch die Luft, wieder erklangen Hurra- und «Stark-stark»-Rufe durcheinander. Die Kleinen sammelten Steine, die Großen warfen sie.

Die Augen blitzten, die Gesichter glühten, und die Hand erlahmte nicht ...

Die Sonne saß schon auf den Baumkronen, doch die Glocke läutete weiter: Bim-bam ... Großer Schrecken befiel das Schlachtfeld. Schwer, dumpf und dunkel entsprangen der fernen, unsichtbaren Glocke die Klangsplitter und fielen einer nach dem anderen in einen düsteren Abgrund. Und die Luft ringsum dröhnte immer noch schwer und rötlich, ein fremdes, bedrohliches Hallen, das Welle über Welle anrollte, die Luft erfüllte und über die grünen Felder und rotglühenden Fluren schwappte ...

Und die Hände, die Hände Jakobs, erlahmten. Die Sonne war mittlerweile untergegangen – doch der Abtrünnige war nicht erledigt. In der Dämmerung wuchs das gegnerische Lager immer mehr. Aus allen vier Himmelsrichtungen schwoll das wütende Hundegebell an, immer näher, immer lauter. In das große Glockengeläut mischte sich nun das Klingeling kleiner Glöckchen. Die Söhne der Kinder Israels bekamen es mit der Angst zu tun und flohen entsetzt ins Bethaus zum Nachmittags- und Abendgebet, und Noah kehrte mit seinen gojischen Freunden in die Russensiedlung zurück.

Den ganzen Abend saß er unter den Gojim wie ein Trauernder auf einer Hochzeit, als sei er der Unterlegene. Beinahe hätte er geweint. Nach dem Trennsegen zu Schabbat-Ausgang kam Chanina-Lippa mit seinem Pferdewagen vorgefahren, um seinen Sohn heimzuholen.

Noah folgte ihm ohne Weiteres. Den ganzen Weg über saßen sie schweigend auf dem Wagen. Zu Hause angekommen, ließ Chanina-Lippa Pferd und Wagen auf dem Hof stehen, stieß Noah in den Pferdestall und schloss die Tür von innen ab. Was er ihm dort antat, wussten nur die Wände des Stalls und die Radspeichen, die dort im Dunkeln lagen. Nach vollendeter Tat kam Chanina-Lippa mit blutverschmierten Händen und Gesicht heraus und stolperte dabei über Zippa-Lea, die ohnmächtig auf der Schwelle lag ...

Noah wurde von Nachbarn ins Haus getragen, halbtot und mit gebrochenen Knochen ...

8

Fast zwei Monate lang lag Noah im Bett. Als er wieder bei Kräften war und an einem Sommertag nach draußen ging, sah er sich von allen Seiten verlassen. Seine früheren Freunde waren auf Abstand gegangen, die Melameds ließen komplett die Hände von ihm. Und Marinka – die war auch nicht mehr auf ihrem Hof. Sie ging jetzt als Arbeiterin aufs Feld, und wenn sie abends zurückkehrte, war nicht mehr die richtige Zeit, sie anzusprechen. Er war ja nun «groß» und stand unter Beobachtung. An den langen Mußetagen jenes Sommers streifte Noah wieder durch Feld und Flur, ging zu den Brachflächen und Gemüsegärten hinunter, ritt auf Pferden, schwamm im

Fluss und stromerte durchs Gehölz. Abends kam er heim mit wirrem Haar und glühendem Gesicht, in den Händen die Früchte und Gaben des Waldes: Trüffel und Pilze, Haselnüsse, Holzäpfel und Herbstbirnen, allerlei Beeren und manchmal auch einen seltsamen Vogel. Die Äpfel und Birnen verbarg er im Heu des Pferdestalls, um sie nachreifen zu lassen, es waren schon einige Handvoll. Wann immer Zippa-Lea Karotten kochte, gab sie etwas davon hinein. Und die Vögel setzte er in Käfige, die er an Dachbalken aufhängte. Das ganze Haus war voller Gezwitscher und Kleckse. «Zum Verrücktwerden», klagte Zippa-Lea, «ein Bar-Mizwa-Junge und gibt sich mit Küken ab. Chanina-Lippa! Was schweigst du denn, bist du nun ein Vater oder nicht? Was soll denn werden?»

Daraufhin fuhr Chanina-Lippa mit seinem Wagen in die Stadt und engagierte einen Privatlehrer für Noah, einen seidenweichen Talmudstudenten, der gerade erst aufgehört hatte, die Füße unter den Tisch seines Schwiegervaters zu stecken. Ein schmaler, ausgemergelter junger Mann, nichts als Haut und Knochen. «Sieh dir diese Dürrfeige an», sagte Chanina-Lippa laut zu Zippa-Lea gleich nach dem Eintreten und deutete mit der Peitsche auf den Lehrer. «Er kostet mich siebzig Rubel plus Verpflegung. Ein gutes Geschäft, ein wahres Schnäppchen, ha? Achte nicht auf sein Äußeres. Klein und schmal, aber randvoll mit Thora. Wir müssen ihn bloß ein wenig mästen, dann kriegt er Manneskraft. Wo ist das Früchtchen...?»

Das «Früchtchen» saß im Pferdestall und kümmerte sich um einen kleinen Hund, den Makarka ihm am Vortag geschenkt hatte, einen hübschen Welpen mit krausem Fell, ganz weißgelockt wie ein Schäfchen, nur die winzigen Augen und die kleine Nasenspitze lugten wie drei blauschwarze Pünktchen aus dem Weiß hervor. Als Chanina-Lippa das Pferd in den Stall führte und seinen Sohn derart beschäftigt sah, wurde er wütend: «Du Bastard», schrie er, «da bringt man ihm einen Rebben, und er spielt mit Hunden. Siebzig Rubel, siebzig Prügel auf deinen Leib, zahle ich.»

Nachdem der neue Rebbe erkannt hatte, wen er da unterrichten sollte, lenkte er seine ganze Kraft auf eine einzige praktische Tätigkeit: das Vertilgen seiner Kost. Nebenbei brachte er seinem Schüler bei, Tefillin zu legen, und benutzte dazu Chanina-Lippas Gebetsriemen, deren Kapseln so groß waren wie – Entschuldigung – ein Paar Stiefel und die Riemen so hart und breit wie Sandalenriemen. Tag für Tag «schirrte» der Talmudstudent «den Esel», nämlich Noah, «an», gab ihm «die Zügel» in die Hand und lehrte ihn mündlich: «Zieh fest, fest an, schön fest... sag ‹Gelobt seist du›... wickle um... und nochmal wickeln... drei, vier, fünf... brrr – stillgestanden! Um den Finger: eins, zwei, drei – genug! Nun die am Kopf...!»

Zippa-Lea sah ihre Leibesfrucht mit Gebetsriemen angetan – und konnte kaum die Freudentränen zurückhalten. Welch Segen, dass sie das erleben durfte! Sie hatte ihre Freude, und der Rebbe sah den Tisch reich gedeckt. Während er seinen Gebetsmantel zusammenfaltete, einen Speichelrest vom Ausspucken beim Schlussgebet Alenu noch im Mund, wurden ihm nacheinander aufgetragen: eine schöne Flasche Branntwein, ein Schälchen mit eingemachten roten Kirschen, ein hervorragender Hühnermagen, eine ordentliche Hühnerkeule, köstliche Küchlein, Gänseschmalz mit duftenden Zwiebeln, ein ofenwarmer Laib Brot, ein in Fett brutzelnder Pfannkuchen ... «Greift zu, Rebben, kostet», animierte ihn Zippa-Lea. «Esst und lasst es euch wohl sein. Du siehst, mein Sohn», wandte sie sich dann an Noah, «du musst auf den Rebbe hören. Du bist ein Bar Mizwa, dreizehn Jahre alt. Wie viel Sorge, mein Sohn, wie viele Leiden ...», und sie wischte sich mit der Schürze die Augen.

Einige Wochen vergingen. Der Talmudlehrer verrichtete treu seine Arbeit, aß mit großem Appetit seine Mahlzeiten, und die taten ihre Wirkung. In einer unerträglich heißen Julinacht konnte der junge Lehrer sich nicht mehr enthalten und wollte sich an die Magd ranmachen. Heimlich, wie selbstverständlich, trat er bei ihr ein, und mit großem Getöse flog er wieder heraus: Zwei schallende Ohrfeigen rissen alle Hausbewohner aus den Betten. Der Schüler sprang mit den anderen auf und fand den Rebben in Morgenrock und Unterwäsche verwirrt mitten im Haus stehen, die rechte Schläfenlocke hinter dem Ohr baumelnd und die davon entblößte Wange feuerrot ...

Bei Sonnenaufgang türmte der Talmudlehrer. Zippa-Lea fürchtete um ihre silbernen Löffel und Gabeln in der Schublade, fand sie jedoch vollzählig vor und beruhigte sich. Leid tat es ihr nur um das ruinierte Fest: «O wehe der Mutter, deren Sohn ohne Rabbi Bar Mizwa feiert.»

Damit war Noah für immer von Rebbes befreit. Das Tefillin-Legen des einzigen Sohns an seinem dreizehnten Geburtstag fand im Lehrhaus unter Chanina-Lippas alleiniger Aufsicht statt, mit Unterstützung guter Nachbarn aus den Fuhrmannskreisen. Der arme Vater mühte sich sehr. Die Aufgabe war zu fein für seine Hände, und zwei große Schweißtropfen glänzten auf seiner Stirn. Die Kapsel für dem Kopf wollte partout nicht auf Noahs Stirn festsitzen. Der alte Fuhrmann Berele erfüllte das biblische Gebot der Hilfeleistung und eilte herbei: «Brrr! Das Kopfteil schlägt ein bisschen aus, ziehen wir ihm etwas die Zügel an ...»

Nach dem Gebet kamen Fuhrleute und andere Nachbarn zum Bar-Mizwa-Mahl. Das Haus füllte sich mit Wirtshauskrach. Zippa-Lea und die Magd schleppten Schüsseln. Die Fuhrmänner kippten Gläser, riefen «Lechaim!», schnäuzten sich mit Trompetenschall und ließen die Kauwerkzeuge schuften. Löffel und Gabeln fuhren in die Schüsseln. Glasteller und Schälchen tauschten klirrend Küsse. Der arme Chanina-Lippa bediente die Gäste, antwortete «lechaim, lechaim» auf Schritt und Tritt und schwitzte wie ein Biber. Der alte Berele, der seine Stiefel zur Feier des Tages gewichst hatte, erhob sich unversehens, ordentlich angesäuselt und mit schwerer Zunge, kam wacklig auf die Füße, fing an, mit seiner Gabel zu klappern, und rief aus vollem Hals nach der Hausfrau, hoch solle sie leben, die Zi-Zi-Zippa-Leanju, und zu-zu ihm rauskommen. Er wi-will, muss ihr was sagen... le-le-lechaim will er ihr sagen... Und der näselnde Matti drehte sein stupsnasiges Gesicht unvermittelt dem frischgebackenen Bar Mizwa zu und fragte: «Wünschst dun dirn ein Frau, Junge?»

Der Junge richtete zwei brennende Augen auf ihn und errötete.

«Hahaha», kicherte der Stupsnasige und klopfte ihm auf die Schulter: «Bist wirklich ein Pfundskerl...»

Nach dem Festessen, als Chanina-Lippa wie ein Holzklotz in seinem Bett lag und schnarchte und Zippa-Lea emsig das Geschirr abräumte, ging Noah auf den Hof, um ein wenig Luft zu schnappen. Er fühlte sich unwohl in seinen neuen Kleidern und wusste nicht recht, wohin mit sich. Unwillkürlich landete er im Durchgang zwischen Haus und Zaun. Er meinte, dort habe ganz kurz Marinkas Blondschopf herübergeschaut. Sein Herz hüpfte vor heimlicher Freude. «Sicher ist sie hochgeklettert, um zu sehen, was bei uns gefeiert wird. Aber wie? Mit einer Leiter?»

Noah wäre zu gern auf den Zaun gestiegen, um mit eigenen Augen nachzusehen, aber sofort dachte er an seine Tefillin und eilte davon. Er spürte wieder seine neuen Kleider am Leib. Den ganzen Tag hatten sie ihn eingeengt. Als er sie bei Nacht endlich ablegte und sich vorm Bett in seiner neuen Unterwäsche sah, lief ihm ein angenehmer Schauder über den ganzen Rücken. Kaum lag er im Bett, kam ihm plötzlich die Frage des näselnden Matti in den Sinn: «Junge, wünschst du dir ...» Rasch wickelte sich Noah ganz fest in die Decke, aber die dreckige Frage drang auch dorthin und nahm ein haariges, stupsnasiges Gesicht an, das ihn mit gelben Zähnen angrinste: «Junge, wünschst dun dirn ...» Im nächsten Moment verzerrte es sich zur Gestalt eines Talmudlehrers mit Adamsapfel, der in Morgenrock und Unterwäsche verwirrt mitten im Haus stand ... Noah schüttelte sich vor unterdrücktem Lachen, und aus dem verschlossenen Keller in Schakoripinschchikas Hof streckte Marinka ab und zu den Kopf heraus und rief: Kuckuck ...!

Eines Tages stand Noah früh auf, ging ohne Morgengebet seiner Wege und kam erst zur Hauptmahlzeit zurück. Seine neuen Tefillin, deren Riemen nach Wichse dufteten, blieben an diesem Tag und auch an vielen weiteren Tagen unbenutzt in ihrer Tasche.

Im Viertel begann man zu munkeln. Kein Mensch hatte etwas gesehen oder gehört. Mehr noch, alle wussten, dass da nichts gewesen war und auch nichts hätte sein können, und doch zerrissen sich alle den Mund. Der Klatsch kam auch den beiden Nachbarn zu Ohren, obwohl kein Mensch ihnen etwas gesagt hatte. Sie wussten ebenfalls, dass nichts geschehen war, und doch ... Die Blutfehde wurde durch einen weiteren Streit verstärkt – einen langen und rabiaten Streit zwischen Vater und Sohn und zwischen einer «Tante» und ihrem Findelkind.

9

Vier weitere Jahre sind vergangen. Chanina-Lippas Haus ist auf der einen Schulter schon etwas schief, aber über dem alten Dach trägt es ein neues. Der Hof hat sich ein Stückchen nach hinten ausgedehnt und reicht jetzt auf der einen Seite bis an Schakoripinschchikas Obstgarten. Dort, hart an der Grenze, steht sogar ein neues Gebäude, eine Art Schuppen zum Trocknen von Holz, und an der Rückwand, neben der kleinen, quadratischen Luke hoch droben, schabt ein Baum der Goja an der Mauer. Der Schuppen schließt an den alten Pferdestall an, sodass die beiden Gebäude, zu einem einzigen Langhaus verbunden, bis an den Zaun reichen ... Die Holzstapel auf dem Hof sind ebenfalls größer und höher geworden, und Chanina-Lippa, der etwas gealtert ist und ein nässendes Ohr mit Watte verstopft hat, kommt kaum noch zurecht damit. Schakoripinschchikas Haus ist eine Handbreit weiter in den Boden gesunken, und die Zäune des Hofs sind dadurch von allein in die Höhe gewachsen ... Die Goja ist ebenfalls gealtert, geht mit gebeugtem Rücken und geschwächter Kraft. Der Hund Schakoripin rasselt missmutig an seiner Kette. Noah und Marinka, die unterdessen herangewachsen sind und einander insgeheim begehren, werden immer vorsichtiger in ihrem Handeln.

Noah geht jetzt auf die achtzehn zu, ein fescher Bursche. Sein üppiges Haar ist pechschwarz, und den Hut mit der schwarzglänzenden Krone trägt er etwas schief überm Ohr wie ein verwegener Kosak. Sein braungebranntes Gesicht und die feurigen Augen erinnern an einen Zigeuner. In der Russensiedlung ist er ein häufiger Gast, und wenn er danach auf seinem dampfenden Pferd ins jüdische Viertel stürmt, heißt es: Weg da! Aus dem Weg! Das ganze Viertel durchkreuzt er blitzartig, wie im Flug, und die Trupps von Kutschern, die gerade mitten auf der Straße stehen, werden urplötzlich entzweigerissen. Bürgersleute flüchten erschrocken zu ihren Hoftoren, mit einem kleinen, schiefen Grinsen auf den Lippen: «Das Früchtchen!» Aus den Fenstern lugen augenblicklich Mädchenköpfe, die Töchter der Bürgersleute, die mit stockendem Atem dem Staubwirbel der rasenden Pferdehufe und dem kühnen Reiter nachschauen, bis sie verschwinden ...

Wenn Noah manchmal in gewienerten Schaftstiefeln und kurzem Jackett am Hoftor anhält, erregt er Aufsehen im Viertel. Die Jungkutscher, die in der Nähe beisammenstehen und sich unterhalten, senken ein wenig die Stimmen. Junge Leute beiderlei Geschlechts treten zur Seite und passieren ihn hastig. Sein Blick, ja seine ganze Gestalt, strahlt etwas aus, das die Herzen der Burschen und Mädchen erbeben lässt, anziehend und bedrohlich zugleich. Und gelegentlich huscht ein kühnes Mädchen absichtlich unter seinen glühenden Augen vorbei, möchte sich einen Moment süß und scharf daran verbrennen.

Doch Noah beachtet die Mädchen dort gar nicht. Noah schweigt, ohne dass man wissen könnte, was in seinem Herzen vorgeht. Er mischt sich nicht unter die Leute und unterhält sich selten mit den Fuhrleuten.

Einmal riskierte ein junger Kutscher die Bemerkung: «Eh-eh-eh, in die Russensiedlung, eh-eh-eh, zu den Schickses», doch Noahs Blick ließ ihm das Blut in den Adern gerinnen.

«Was sagst du da, du Aussätziger?»

«Eh, eh, eh, ich sag gar nix, hab nichts gesagt», stammelte der Bursche und zog sich rückwärtsgehend zurück, die Peitsche unter der Achsel.

An den meisten Tagen lässt Noah sich im Viertel nicht sehen und kommt auch mit niemandem ins Gespräch. An Schabbat und Feiertagen geht er ins Bethaus und steht dort für sich an seinem Stammplatz seitlich am Fenster nach Nordosten. Er verrichtet das ganze Gebet im Stehen, blickt stumm ins Gebetbuch, ohne auch nur die Lippen zu bewegen. In den Pausen geht er nicht in den Vorraum, und wenn sein Vater vom Gottesdienst nach Hause kommt, ist er schon da...

Ansonsten geht Noah seiner Wege und tut, was auch immer – Chanina-Lippa beaufsichtigt ihn nicht mehr. Die Autorität des Vaters über den Sohn ist von allein erloschen, kein Mensch weiß, seit wann. Nur Zippa-Lea hält noch von Weitem ein Auge auf ihn, strickt einen Strumpf und seufzt insgeheim ...

Doch Noah geht jetzt nicht viel aus und ein. Auf Chanina-Lippas Hof, hinterm Haus, steht ein Holzstapel höher als die anderen, von dem man alles sieht, was auf dem Hof der Goja geschieht – und dort oben liegt Noah die meisten Tagesstunden. Keiner außer ihm weiß, warum er dort liegt: Von diesem Aussichtspunkt aus sprechen seine Augen mit Marinkas.

Bei Sonnenaufgang, wenn die Sonnenblumen und ihre Kerne auf dem Dach der Goja leuchten, verlässt Marinka ihre Hütte im Garten und erscheint auf ihrem Hof. Um diese Uhrzeit geht sie mit ihren Geräten und ihrem kleinen Bündel aufs Feld, und da steht Noah auch schon aufrecht wie ein Mast auf dem Holzstapel und heißt mit strahlenden Augen die Sonne und Marinka in einem willkommen. Sie unten, gesund und rosig, lacht ihm errötend zu, und er oben, mit dunklem Haar und weißen Zähnen, grinst sie ebenfalls an, schwingt seine Tolle zum Morgengruß und sieht ihr nach, bis sie verschwunden ist.

Kaum ist sie weg, streckt Noah sich auf dem Bretterstapel aus und starrt auf den nunmehr leeren Hof. Er weiß, dass Marinka erst gegen Abend zurückkommt, bleibt aber trotzdem liegen und hält Ausschau. In Chanina-Lippas Hof bricht schon die morgendliche Geschäftigkeit aus. Die Magd melkt die Kuh und führt sie auf die Weide. Der Alte zieht das Pferd an der Mähne aus dem

Stall zum Brunnen und brummelt Gojim-Sprache mit ihm, wie immer. Zippa-Lea streut den Hühnern Futter aus und ruft «putt-putt-putt», doch Noah weicht immer noch nicht vom Fleck. Wenn er endlich hinunterklettert, steht die Sonne schon im Zenit, und auf dem Hof, zwischen den Stapeln, parken zwei bis drei halb ein- oder ausgeladene Holzfuhrwerke.

In den heißen Mittagsstunden, wenn einige Fensterläden der Häuser geschlossen sind, die Bretter vor Hitze rissig werden und Harz absondern, eine Schwalbe in der Luft einer Partnerin nachjagt und die ganze Welt wohlig satt und müde ist – dann geht Noah nach der Mahlzeit auf den Hof, irrt wie ein Trunkener zwischen den hohen Holzstapeln umher. Das Hirn ist benebelt, der Körper verkrampft, und die Haut hält kaum noch das Fleisch zusammen. Er sucht einen Platz für sich und findet keinen, schlüpft von einem Unterschlupf in den anderen. Mal verschwindet er in einem Durchgang, legt sich im Schatten auf den Boden, mal verzieht er sich hinter einen Holzhaufen. Schließlich brät er wieder in der Sonne auf dem hohen Bretterstapel. Angespannt auf dem Bauch liegend verharrt er dort ein bis zwei Stunden, den Kopf in die Hände gestützt und die Augen auf den Nachbarhof gerichtet. Jetzt sieht er alles, was darinnen ist. Da liegt das große Fass auf der Seite, aus dem zwei dreckige, steife Füße lugen – sie gehören Schakoripinschchika, die jetzt an Marinkas Stelle daheimbleibt, um den Hof zu hüten, und um diese Uhrzeit ihren Mittagsschlaf in der

Tonne hält. Dort drüben steht die verwaiste Bank. Und da ist auch Schakoripin, liegt still und leise zusammengerollt vor seiner Hütte, schnappt nach einer Fliege und döst weiter. Ab und zu öffnet er einen Augenspalt und linst Noah von der Seite an. Bist du mir böse, Hund? Warum und wieso?

Einmal verschwand Noah plötzlich aus dem Hof. Als Zippa-Lea es bemerkte, ging sie besorgt hinaus, um ihn zu suchen, und fand ihn schließlich unter dem Dach des neuen Schuppens. Allein lag er dort im Heu und spähte durch die kleine Luke in Schakoripinschchikas Obstgarten oder auf die menschenleere Brache.

«Was hat er da auf dem Heuboden zu suchen?», sorgte sich Zippa-Lea, und ein dumpfer Verdacht befiel ihr Herz.

Sie beschloss, ihn nicht aus den Augen zu lassen. Nun war ihr klar, dass «der Junge» gerade dann ordentlich bewacht werden musste, wenn Marinka auf ihrem Hof oder im Garten erschien. Sie war ja zu einem hübschen, gesunden jungen Mädchen herangewachsen... In der Abenddämmerung, wenn sie vom Feld heimkehrte, ihr Arbeitsgerät, Hacke oder Sense, über der Schulter, tauchte Noah sofort am Zaun, in der Ecke des Heubodens oder an anderen versteckten Orten auf, an denen er mit ihr kurz ins Gespräch kommen konnte. Zippa-Lea bemerkte es, und als sie eines Nachmittags auf der Schwelle saß und einen Strumpf strickte, sagte sie unvermittelt zu ihrem Mann neben ihr: «Weißt du, Chanina-Lippa, mir scheint, wir müssen ihn verheiraten...»

«Wen?»

«Den Jungen, Noah...»

«Masal tov! Hast du Zeit im Überfluss, Frau?»

«Du hast doch immer Zeit...»

Zippa-Lea wechselte die Stricknadel von Hand zu Hand und seufzte... Unterdessen lag Noah allein im Stroh unterm Schuppendach, zerkrümelte Reste des Schabbatbrots zu olivengroßen Bröseln und warf sie durch die kleine Luke in den Garten. Drunten im Gebüsch stand der Hund Schakoripin, Kopf und Augen zur Luke emporgerichtet, und das Maul offen, um die Bröckchen in der Luft aufzuschnappen.

Der Garten schweigt zu dieser Mittagsstunde. Der Baum, der nah an der Schuppenwand steht und mit seiner Krone ans Dach reicht, rührt und regt sich nicht. Unter dem Heuboden hört man unablässig dumpfe Hufschläge, vermischt mit Malmen und Schwanzwedeln: Das Pferd steht dort an seiner Krippe, frisst Hafer im Dunkeln und wehrt mit dem Schweif die Fliegen ab. Durch kleine Löcher und schmale Ritzen fliegen gelegentlich fröhlich zwitschernde Schwalben ein und aus, schwirren durch den leeren, dämmrigen Heuboden: Zwitscher, zwitscher und noch mal zwitscher – und schon flitzen sie wieder auf und davon. Im Heu und auf der Isolierschicht und in der Holzwolle liegen hier und da münzgroße, runde Lichtflecken und schmale Sonnenstreifen. In einer Ecke vibriert ein feines Spinnennetz...

Von draußen her, aus weiten Feldern und Fluren, Gärten

und Brachen, kommen flüchtig lang und kurz, stark und schwach, fern und nah einzelne Klänge unendlicher Melodien, abgerissene Töne vom sehnlichen Singen der Feldarbeiterinnen ... Wenn diese Flüchtlinge hier durch die kleine Luke ins Dunkel des Heubodens fallen, werden sie ungeheuer süß und verstohlen, dringen ins tiefste Herz hinein. In allen Gliedern spürt Noah, dass zu dieser intimen Stunde, während er in wehmütiger, schimmernder Dämmerung im staubigen, duftenden Heu liegt, etwas in seinem Innern gärt, wie die Früchte, die er hier zu verstecken pflegt, wie jene Pflaumen, die jetzt am Baum schier platzen vor Saft ... Das Herz geht auf vor Wonne wie Teig, der Körper gerät in Spannung, schwillt von innen her, und das Blut schreit aus dem Fleisch ... Dann erbebt jäh das Herz, wird von einer süßen Woge erfasst ... In der Luft, zwischen den Klangfetzen, ist, möchte man meinen, ein kurzer, starker Laut von Marinkas Singen erklungen, da – und gleich wieder weg. Noah drückt das Gesicht an die Luke, der Hund hat den Kopf gedreht und ist auf der Stelle erstarrt. Beide zugleich haben sie Marinkas Stimme gehört, und beide wünschen sich im Stillen und mit bebend verhaltenem Herzen weitere Klänge ...

Manchmal bleibt Noahs Körper hier auf dem Heuboden liegen, doch seine Seele fliegt durch die kleine Luke wie die Schwalben dorthin, zu den Getreideäckern und Gemüsefeldern, wo Marinka jetzt mit Freunden und Freundinnen im hohen Korn oder vor reifem Gemüse steht oder mit Schakoripin allein vor der Hütte sitzt und den ganzen Tag die Feldfrüchte bewacht. Da liegt er, Noah, sehend und doch unsichtbar, hinter einem Zaun und verfolgt heimlich das Geschehen dahinter. Verschlingt mit den Augen jeden Zentimeter entblößter Haut an ihr. So könnte er den ganzen Tag verbringen, und gegen Abend, wenn Marinka nach Hause kommt, aus seinem Versteck springen und plötzlich in einem Durchgang vor ihr auftauchen... Oder nicht doch! Er könnte ihr nachgehen, sich im Obstgarten verstecken, und wenn sie dann bei Nacht in die Hütte kommt, einfach mit eintreten...

Wenn sein Blut bis ins Unerträgliche in Wallung gerät, springt Noah durch den Zaun am Ende des Hofs – und schon stehen seine Füße außerhalb des jüdischen Wohngebiets. Er geht den wackligen, schadhaften Schilfzaun entlang, gefolgt von seinem Schatten, der sich Streifen für Streifen um ihn schlingt, ihn mit Schwarz und Weiß auf einmal warm und kühl zugleich umhüllt, wie eine Art Gebetsmantel. Sommer, Sommer. Das Häusergewirr endet, die Gärten und Felder verströmen ihren Duft, und durch eine Lücke im Zaun zwinkert ihm das menschenleere Brachfeld wie ein Lebewesen zu. Er behauptet sogar felsenfest, dort Augen blinzeln zu sehen.

Dann plötzlich schlägt ihm angenehme, duftende Kühle ins Gesicht. Er verschwindet ganz und gar im großen Schatten des Gerber-Sumachs, der mit seiner dichten, ausladenden Krone dort draußen nahe der Bresche im Zaun steht. Da geht eine Art goldener Schauer auf seinen Kopf nieder, das sind die Vogelstimmen und Lichtperlen, die vom Wipfel des Baums auf ihn herabströmen. Die Vögel selbst sind nicht zu sehen, aber das vielstimmige Konzert lässt erkennen, dass es Tausende von Schnäbeln sein müssen, als klingele der ganze Sumach mit gläsernen Blättern ... Und Zauberwerk: Wenn er erneut hierherkommt, kann er sich wieder nicht von der Stelle rühren. Ein süßer Strom wallt ihm entgegen, seine Augen fallen von alleine zu, und seine Glieder erschlaffen. Die Erde zieht ihn mit Armen an sich. Er hält nach einem verschwiegenen Plätzchen Ausschau, um sich mit ihr zu vereinen, und betritt das leere Brachfeld. Dort hat er ein Versteck, eine Grube, rund wie ein Krater, verborgen im Dunkeln und von Gras und Gebüsch überwuchert. Das Licht träufelt dort Flitter für Flitter durchs grüne Dach, und die Pflanzen darinnen beschatten sich selbst mit ihren derben, breiten Blättern und tun, was ihnen beliebt ... Er wirft sich mit gespreizten Armen und Beinen auf den kühlen, dämmrigen Grund dieser Grube. Die Gräser tarnen ihn, und er liegt mit dem Gesicht auf dem Boden, drückt die Wangen darauf und krallt die Finger in die lose, feuchte Erde. Dann kehrt seine Seele zu ihren Wurzeln zurück, und er wird zu einer der Früchte der Erde, lässt ihre Pflanzen wachsen ... Jedes seiner Kopfhaare trinkt ihren Duft und alles Blut seiner Jugend schreit aus der Erde: Marinka!

Marinka selbst wächst und wächst, erobert zusehends all seine Gedanken. Nun kann sie schon frei aus- und eingehen, aber gerade jetzt führt das Glück die beiden nicht an einem verschwiegenen Ort zusammen. Auf die Brache kommt sie nicht mehr. Die Tante hat die Bresche gefunden und verschlossen. Marinka meidet ihn offensichtlich. Morgens lachen ihre Augen ihm vielversprechend zu, doch wenn sie abends vom Feld zurückkehrt, verschwinden sie und das Versprechen in der Hütte, in der sie jede Nacht schläft. Er weiß, dass sie manchmal auch in die Russensiedlung geht, aber dort ist sie ihm noch nie begegnet. Sollte er wirklich einmal hingehen und ihr an einem Hauseingang auflauern ...?

10

An einem Freitagabend, bei Einbruch der Dunkelheit, lag Noah verborgen in den Dornen und Disteln, die an den Zäunen außerhalb des Wohngebiets wuchsen, und wartete. Er wusste, dass Marinka hier um diese Uhrzeit von ihrem Tagewerk heimkehrte. Es war ein versteckter Ort: ringsum Hecken und Zäune, und zu dieser Stunde kam hier niemand vorbei. Ganz in der Nähe war die Pforte zu Schakoripinschchikas Obstgarten.

Noahs Herz klopfte. Ringsum tiefe Stille, die Freitagabendstille außerhalb des jüdischen Viertels. Einer nach dem anderen leuchteten die Sterne auf. Ein großer, runder Mond, zweigeteilt durch einen Pfahl, stieg über einer Hecke hoch. Und hinter einem Zaun in seinem Rücken erklangen die Lieder, mit denen sie im Lehrhaus den Schabbat begrüßten, überfluteten die Dornbüsche mit innigem Sehnen... Da der Singsang der Gemeinde, dort die Stimme des Vorbeters...

Stille Trauer und heimliche Ehrfurcht beschlichen Noahs Herz. Dort, hinter dem Zaun, vierzig oder fünfzig Schritte von hier, in dem großen Haus mit den vielen Fenstern, voller Licht und Betern, stand jetzt Vater im Schabbatkaftan und Schabbathut und rief laut: «Vierzig Jahre war mir dies Geschlecht zuwider ...!» Und er, abtrünniger Jude, lag derweil hinter einem Zaun und lauerte einer Schickse auf.

Der Mond war mittlerweile aufgestiegen und hing nun zwischen einem Baum und dem Schornstein eines rechteckigen Hauses auf einem der Brachfelder. Zwischen den Wiesen schimmerte hell ein Feldweg zum Garten, und eine Grille zirpte. Leise, weiche Schritte waren nun zu hören. Noah hob den Kopf ein wenig und machte sich bereit.

Im Licht des vollen Mondes erschien Marinka, die Hacke über der Schulter. Und in dem Moment, als sie den Hinterhalt erreichte und vom Schatten verschluckt wurde, machte Noah einen Satz – und schlang ihr die Arme um die Taille.

«Noi!», rief Marinka erschrocken und ließ die Hacke fallen. «Was tust du denn? Lass los...»

Noah ließ nicht locker, hatte den Verstand verloren. Er drückte sie ans Herz, hob sie in die Luft, flüsterte ihr ins

Ohr, fummelte und küsste, stammelte dabei wirres Zeug: «Liebst du mich, Marinitschki? Sag, liebst du mich? Liebst du? Warum schweigst du? Liebst du mich?»

Marinka zögerte in der Umklammerung, halb abwehrend, halb nachgebend, schmiegte sich immer enger an Noah. Schließlich wurde ihr Flüstern schwach, weich, voll traurigem Flehen: «Lass, Noi, lass jetzt... Musst nicht...»

«Und wann dann, Marinitschka, wann? Heute Nacht? Im Garten?»

«Nein, nein!», flüsterte Marinka, und all ihre Glieder sagten: «Ja...» Doch plötzlich schreckte sie auf und rief entsetzt: «Lass los! O weh, o weh, hörst du? Da gehen Leute.»

Und sie stieß Noah mit aller Kraft von sich.

Noah ließ von ihr ab. Im Garten raschelte es im Unterholz. Marinka hob ihre Hacke auf und rannte ohne einen Blick zurück zum Garten. Gleich würde die Pforte hinter ihr zufallen.

Noah blieb wieder allein zwischen den Hecken und Zäunen. Die Gebete verklangen: War man beim stummen Achtzehngebet oder schon fertig mit dem Gottesdienst? Schnell lief er ins jüdische Viertel zurück.

Die Häuser rechts und links strahlten Schabbatstimmung aus. Jedes Fenster glühte im Kerzenschein. Das Haus der Goja stand allein wie ausgegrenzt: Ohne Fenster und ohne Kerzen. Es schien, als würden die übrigen Häuser mit ihren hellen Fenstern hochmütig darauf herabblicken. Männerköpfe sah man nicht durch die Fenster. «Na dann sind sie erst beim Achtzehngebet!», tröstete sich Noah und steuerte den Vorhof des Lehrhauses an.

Auf dem Platz stieß er auf die herausströmenden Beter. Er mischte sich unter sie, um seinem Vater über den Weg zu laufen, wünschte ihm, anders als sonst, *gut Schabbes* und folgte ihm nach Hause...

Eine Stunde nach dem Festmahl, als der volle Mond einer unerträglich heißen Julinacht hoch über dem Wohngebiet stand und die Juden und Jüdinnen mit schweren Gliedern paarweise ihre Veranden verließen und sich in ihre Schlafzimmer begaben, sagte Noah unvermittelt zu seiner Mutter, er würde diese Nacht auf dem Heuboden schlafen.

«Warum im Pferdestall?», fragte die Mutter erschrocken und blickte in die glühenden Augen des Sohns.

«So will ich es.»

«Ich mach dir ein Bett in der Diele.»

«Nein, ich geh in den Stall...»

«Pfui», spuckte die Mutter aus, «Wahnsinn!»

Doch er kletterte auf den Heuboden im Stall. Er hatte kein Kissen mitgenommen. Die ganze Nacht tat Zippa-Lea kein Auge zu. Sie meinte, Diebe hätten sich in den Stall geschlichen. Ein paarmal wollte sie Chanina-Lippa wecken, beherrschte sich aber. Sie hatte Angst vor seinem Auftritt im Stall...

Im Pferdestall war die Luft unerträglich stickig vom

warmen Mist. Das Pferd stand im Stockdunkeln drunten, stampfte unermüdlich dumpf mit den Hufen, und Noah lag auf dem Heuboden und wälzte sich ungeduldig hin und her. Ein und derselbe Teufel quälte bei Nacht beide Kreaturen.

Endlich zog Ruhe im Viertel ein. Noah spitzte die Ohren. Der Baum, der draußen den Stall berührte, schien heimlich an der Wand zu kratzen. Noah stand auf und reckte den Kopf aus der Luke. Der Baum bot ihm am Ende eines Astes, ganz nah, zwei reife rote Äpfel an, als wollte er sagen: Greif zu, sie sind dein.

Noah streckte die Hand aus, reckte den Arm – kam aber nicht heran. Noch einen Fingerbreit, noch ein Stücken – doch es reichte nicht.

Seine Augen sprühten Funken. Ein Sprung – und er landete in einem lauwarmen Tintenbad, in der muffigen Dunkelheit des unteren Geschosses. Ein Tritt gegen die Tür – und er war draußen. Erneut nach oben – und er war auf dem Stalldach, und wieder ein Sprung – und er stand im Obstgarten selbst.

All diese Aufs und Abs kamen spontan und dauerten nur einen Augenblick. Die Büsche im Garten erwachten jäh aus dem Schlummer und sprühten Funken im Mondschein. Aus den Schatten der Bäume erschien wie ein nächtliches Traumgespinst Marinka mit ihrem Hund.

Die Hütte verschlang gleich darauf die beiden Nachbarskinder. An der Schwelle hielt Schakoripin Wache.

11

Und eines Nachts stand Noah auf und türmte mit Marinka?

Da kennt ihr die Bewohner des Holzhändlerviertels schlecht. Am Schabbat Chanukka heiratete er eine jüdische Jungfrau, Tochter eines Zöllners, in einer arrangierten Ehe unterm Hochzeitsbaldachin nach dem Gesetz von Moses und Israel. Zum Wochenfest kam er mit seiner neuen Frau in sein Elternhaus, und es herrschte große Freude. Als das junge Paar sich nach dem milchigen Festessen allein im Hof auf einen Balken setzte, stand Marinka mit ihrem Söhnchen auf dem Arm hinter dem Zaun und spähte durch einen Spalt.

Wildwuchs

Erstes Kapitel
Mein Heimatdorf und mein Traum

Wie viele Sommer und Winter von meiner ersten Erinnerung in meinem Heimatdorf bis zum Umzug unserer Familie in einen Vorort der nahen Stadt vergingen, weiß ich nicht mehr. Nichts als ein Kleinkind, das im Sand spielt, war ich, noch keine fünf Jahre alt, wenn ich mich recht entsinne, und welches Zeitgefühl hat schon ein kleiner Junge? Gewiss ging mein Leben auch in meinem Heimatdorf seinen natürlichen Gang: Die Jahreszeiten zogen ein und aus, und die Erde nahm ihren gewohnten Lauf. Aber jene erste, archaische Welt, die ich aus dem Dorf mitnahm und noch immer in einem eigenen Geheimfach meines Herzens verwahre – jene seltsame, wunderbare, einzigartige Welt –, kannte anscheinend weder Winter noch Herbst. Das ganze Dorf jener Zeit, so weit mein Auge reichte, war ein einziger purer Sommer. Der Himmel – ein Sommerhimmel, und die Erde – eine Sommererde. Pflanzen und Tiere – allesamt Sommer; und auch Fejgele, meine Altersgenossin und einzige Freundin im ganzen Dorf – auch sie war durch und durch Sommer. Ich finde darin nur einen einzigen ehernen Wintertag, ganz und gar Eis und Frost, der wie ein grausamer und wütender Räuber mit seiner Axt abseitssteht. Und daneben liegt, wie ein in den Schlamm geschleuderter Kadaver, ein einziger trüber Tag, gärend vor Bosheit und triefend vor Wehmut. Aber sie sind nichts als Ausnahmen. Ausschuss. Die Welt in ihrer Reinheit, die von den Mauergräsern unseres kleinen Hauses bis zum grünen Wäldchen am Dorfrand reichte – diese Welt war ganz und gar Sommer.

Auf dieser Leinwand, über und über himmelblau und wiesengrün, sind jetzt all die Bilder meiner Welt in jenen frühen Tagen aufgestickt, herrliche Szenen, so sorglos und leicht wie pure Nebelschleier, halb Rätsel, halb Traum – und doch unvergleichlich hell, klar und reell. Diese Bilder prägten sich meiner jungen Seele ein, waren Grundformen, vom Himmel geschenkt, eine Gabe Gottes und seiner Gnade, wegen meiner jungen Jahre und kurzen Arme, wegen meiner Sprachlosigkeit und Herzensschwäche. Zart und klein und mir selbst überlassen war ich; wusste noch nicht zu fragen oder ein Ding beim Namen zu nennen, ohne einen Menschen an meiner Seite, der etwas erklären oder meinen Geist hätte wecken können. Ohne einen, der zu mir gekommen wäre und meine Rechte gehalten hätte. Wie ein verwaistes Küken irrte ich einsam um mein Nest. Vater und Mutter hatten mich verlassen, und kein Auge achtete auf mich. Gott jedoch nahm mich barmherzig unter seine Fittiche, ließ mich stumm neben seinem Fußschemel sitzen und sanft mit den Zipfeln seines Gewands und den Säumen seines

Mantels spielen. Bei Tag sandte er mir seine heimlichen Engel, um mich mit Traumspielen zu erfreuen und mir ein Lächeln auf die Lippen zu bringen, ohne dass jemand es sah, und nachts schickte er seine kleinen Zwerge, um mir im Mondschein vorzusingen und die Furcht zu nehmen, ohne dass jemand es hörte. Sehend, aber unsichtbar platzierte er sie um mich her, setzte sie in jede dunkle Ecke und jedes dämmrige Loch, um meine Seele mit süßer Ehrfurcht und göttlichem Staunen zu erfüllen. Seine verborgene Hand streute Wunder über all meine Wege und pflanzte Rätsel, wo immer mein Auge ruhte. Jede Ansammlung von Steinen oder Holzsplittern – ein wundersamer Text. Jede Grube oder Mulde – ein ewiges Rätsel. Wie hauste der Funke im unbelebten Stein, und wer hatte die stummen Schatten an die Wände des Hauses gemalt? Wer konnte Feuerberge am Horizont auftürmen, wer den Mond im dichten Wald festhalten? Wohin zogen die Wolkengebilde, und wen verfolgte der Wind auf offenem Feld? Wieso frohlockte mein Körper am Morgen und pochte mein Herz gegen Abend? Was hatte das Wasser der Quelle, dass es leise weinte, und warum flog mein Herz seinem Gemurmel zu?

Wunder zuhauf umgaben mich, überstiegen meinen armen kleinen Kopf – ohne Ausweg oder Zuflucht. Sie erweiterten mein Auge und vertieften mein Herz, ließen mich das Verborgene im Sichtbaren und das Unbegreifliche im Offenbaren sehen. Kaum hatte ich die kleinen Fenster meiner Seele – meine Augen – dem Himmel aufgetan, strömten mir göttliche Szenen aus allen vier Winden entgegen, ohne dass ich sie gerufen hätte. Einige schwemmten aus den Tiefen des Schweigens auf, wie Traumbilder oder Spiegelungen eines klaren Weihers. Ohne Worte und Reden – nur Bilder. Auch das Sprechen darüber war jetzt sang- und klanglos. Ein wundersames Raunen, für die Stunde geschaffen – stimmlos und doch real. Auch ich habe es nicht mit eigenen Ohren gehört, sondern durch einen anderen verschwiegenen Zugang in die Seele aufgenommen. So erreichte den schlafenden Säugling in seiner Wiege viel vom Herzen seiner Mutter und der Güte ihrer Augen, wenn sie ergriffen und besorgt am Kopfende stand, ohne dass er es wusste. Und manchmal verwoben sich die Bilder aus abgerissenen Tönen und ihrem Zusammenklang.

Zahlreich und verschieden sind die Laute im Weltenraum, haben unzählige Gesichter. Wer nennt ihre Bedeutung, und wer könnte sie erforschen? Nächtliche Geräusche und Geräusche des Tages. Freche und bescheidene. Starke und schwache. Endlos anhaltende und jäh abgehackte. Der Schrei eines Ertrinkenden am Ende der Welt und das letzte Ächzen eines Getöteten im Wald. Körperlose Geister waren sie in meinen Augen, Boten Gottes und Verkünder seines Wortes, gaukelnd auf den Schwingen des Windes, pfeilschnell fliegend von Versteck zu Versteck, kurz auftauchend und wieder verschwindend, ohne dass jemand wusste, woher und wohin, oder dass ein Auge sie sah. Und zuweilen hörte ich die Stille und sah die Laute, weil meine Sinne noch keine Grenzen und Schranken kannten und durcheinandergerieten. Der Laut schleifte das Bild mit sich, das Bild den Laut, und der Geruch – sie alle beide. Auch Maß und Rhythmus kannte ich noch nicht: Der kleine Hügel auf dem Acker galt mir als hoher Berg, der Weiher als Ozean und das Dorfgebiet als die ganze Welt.

Tatsächlich heißt es, der Mensch sieht und begreift nur einmal: in seiner Kindheit. Die ersten Bilder, noch jungfräulich frisch aus Schöpferhand, sind die wahren, echten Eindrücke, und die nachfolgenden – nichts als fehlerhafte Neuauflagen. Ähnlich den ersten, aber nur ein schwacher Abklatsch, nicht dasselbe. Am eigenen Leib erkannte ich das: Alle grandiosen Bilder von Himmel und Erde, über die ich im Leben einen Segensspruch gesagt habe, speisten sich ausschließlich aus diesem ersten Sehen. Im späteren Leben sah ich auch den Himmel Italiens in seinem süßen Azur. Meine Füße standen auf Schweizer Berggipfeln. Ich sah sie, und mein Herz wurde weit: Wann hatte ich ein süßeres Blau als dieses erblickt? Wo höhere und gewaltigere Berge als diese gekannt? Wann immer ich die Sonne fantastisch unter- oder aufgehen sehe, stehe ich da und grübele: Ich habe doch einmal einen noch herrlicheren und großartigeren Auf- oder Untergang gesehen? Und wenn ich ein grünes Feld überquere, weiß ich nicht, warum ich kurz eine grüne Wiese vor mir sehe, *jene* Wiese, die ich erstmals im Dorf erblickte, noch im Schlepptau meiner alten Kinderfrau, sie ruhe in Frieden. Üppig und frisch, neu und lebendig stand das Gras zur Hälfte in klarem Wasser, übersät mit hübschen Blümchen, die ihre feuchten gelben Köpfe zwischen den Halmen hervorreckten, und im Auge eines jeden bebte ein reiner Tränentropfen.

Als wir aus dem Dorf wegzogen – ich war beinahe fünf Jahre alt –, trübte sich mir das Auge der Welt ein wenig, und sein Glanz verblasste um einiges. An unserem neuen Wohnort, am Stadtrand, empfingen mich grauer Alltag und großer Trubel, das geschäftige Leben einer jüdischen Kleinstadt mit ihrem Treiben, Groll und Missbehagen. Je mehr das Menschengewühl ringsum zunahm, desto stärker zog ich mich zurück und desto mehr verebbten die Freudenjauchzer meines Herzens. Die ignoranten Kleinkinderlehrer, denen ich in die Hände fiel, verscheuchten mit Zorn und Gürtel meine kindlichen Visionen. Die frühen, göttlichen Bilder erschienen mir nur noch, wenn ich allein war, fern dem Tagestrubel und außer Reichweite dieser Melameds, die die kleinen Jungen unterrichteten. Hinter einem Wandschirm verbargen sich die Visionen und zwinkerten mir von dort gelegentlich zu, um die Bilder in meinem Geist wiederzubeleben und zu bestärken. Sie spähten kurz und verschwanden, guck und weg. Tropfenweise, wie ein teures Lebenselixier, rann der Glanz jener Wundertage in mein Herz, leuchtete meist nur stückchenweise aus meiner kindlichen Welt hervor. Aus heiterem Himmel kamen mir plötzlich einzelne Bilder und Satzfetzen aus alten Zeiten: Ein fernes Eckchen Himmel in einstiger Reinheit, ein Streifen Erde zu Frühlingsbeginn, schwarzes, fettes, duftendes Land – Muttererde, gerade erst unter der kalten Schneedecke hervorgekommen, immer noch zitternd am ganzen Leib. Eine einzelne, verlorene Hütte inmitten eines menschenleeren Rübenfelds. Ein lodernder Sonnenuntergang am Rand des Firmaments. Ein Heulen aus dem Wald. Ein seltsamer Vogelruf bei Nacht. Der Mond über dem Schornstein auf einem Dach. Ein Festtags-Minjan im Haus meines Vaters, ein Trupp entsetzter Kleinkinder stürmt schreiend herein: Wölfe im Dorf! Und nahebei stehen Juden in Gebetsmänteln hoch auf einem Dach, das Gesicht dem Wald, den Wölfen zugewandt, recken die Arme in die Luft und drohen mit Bärenbrummen: Ahuuu! Ahuuu! Und auf einmal ist auch Fejgele da. Sie, sie! Hinter der alten Eiche versteckt, wendet sie mir kurz das Gesicht zu und ruft: Kuckuck!

Doch in süßen Momenten heiliger Fülle, wenn das Herz vor Saft schwillt wie eine reife Traube und die Schleusen der Barmherzigkeit sich flugs von allein auftun, brauche ich nur kurz die Augen zu schließen, und schon erscheinen mir, wie im Schimmer eines hellen Blitzes, all meine Lebenspfade von Anbeginn im klaren weißen Licht von einem Ende zum anderen. In einem solchen Moment taucht plötzlich mein Heimatdorf auf, zeigt sich mir ganz und gar wie es ist, in all seiner Anmut und Güte und seinem alten Glanz. Wie eine rasch auflodernde und wieder verlöschende Feuerzunge ersteht es und präsentiert mir die ganze Essenz meiner Kindheit, Tage und Jahre, aufgerollt und verschnürt in der kleinen Hülle eines einzigen Augenblicks. Mit eigenen Augen schaue ich dann erneut die Behausungen meines Lebensmorgens und die Auen meiner frühen Kindheit, mit all ihrer Fülle und dem Kosmos ringsum, alles auf einen Blick, von groß bis klein, nichts fehlt – und ich erlebe allenthalben erneut das Gefühl ersten Sehens.

Einem vergessenen Winkel Wolhyniens mit verschwiegenem Schilf und Sumpfland und endlosen Wäldern entsteigt mein Heimatdorf mit seinen Tagen und Nächten, seinen Schabbat- und Feiertagen und seinen Festen, schaut genau so aus, wie Gott es erschaffen hat: klein, ruhig und bescheiden. Steht unverwandt an seinem Ort seit der Erschaffung der Welt, halb in der Ebene, halb am Hang, versteckt im Schatten seiner Bäume und Sträucher, umgeben von Gärten und Feldern, trägt in ruhiger Wehmut weiter das Joch seines bescheidenen Daseins – und schweigt. Nichts hat sich darin verändert, und nichts ist von ihm abgefallen. Dieselben niedrigen Lehmhäuser und Holzhütten stehen verstreut im Tal und am Hang wie verschreckte Schafe; derselbe stumme Wald verlockt mich vom fernen Dorfrand mit seinem kühlen Laub. Derselbe grüne Hügel dräut mir, genau gegenüber meinem Vaterhaus, wie ein furchterregendes hungriges Raubtier, eine Art Wildochse, ein Wegelagerer, und verschlingt Tag für Tag, allabendlich, einen ganzen Laib Gold – die untergehende Sonne. Da neben dem Hügel glitzert der Weiher wie ein blanker Spiegel, und Enten reinigen und heiligen sich darin, wenn sie kurz untertauchen, Köpfchen ins Wasser und Schwänzchen in die Höhe. Da winden sich die alten Pfade wie Schlangen zwischen Feldern und Weiden, verlieren sich in ewiger Sehnsucht in ferne Weiten.

Stumm, wie traumhaft, stehen alle Jahreszeiten vor mir: Schabbat und Werktag, Sommer und Winter, Gnadentage und Zeiten des Zorns, Tagesfreuden und nächtliche Albträume, sie und ihre Scherben und Splitter, Dinge und ihre Verkehrung daneben, alle vereint, ohne einander auszuschließen, jede Jahreszeit und ihr besonderes Licht, jeder Tag und sein Gesicht, und alle fügen sich – wieder wie im Traum – zu einer festen Einheit zusammen, die da heißt: mein Heimatdorf. Junge Frühlingstage mit weißer Blüte und weichem zartgrünem Teppich gedeihen fröhlich vibrierend neben hitzeträgen, goldenen Sommertagen. Unterdessen knistern die Herbstfeuer der Erntezeit in schwermütigen Dämmerstunden, und wolkenverhangene Winterhimmel ziehen auf. Einen Moment lang schimmert mir auch der süße, reine erste Schnee entgegen, der so ruhig und sorglos wie in leichtem Schlummer in die Luft der Welt rieselt, um meine Lider zu streifen und seine frische weiße Kühle in mein Herz zu tragen. Ein flüchtiges Erbe ist er in meinem Gedächtnisfundus und der kleine Rest eines ganzen Winters, der im Übrigen meinem Herzen entwendet wurde, ohne dass ich wüsste, wohin.

Auf und davon ist jener Winter, wie meinem Herzen auch Anfang und Ende eines großen Sturms entfallen sind, der mich an einem glutheißen Tag auf einem Pfad erwischte, den ich zwischen hohen Gräsern nach Hause hinablief. Von den Enden der Erde fegte dieser Sturm übers Dorf – und das Land wurde urplötzlich zum Gottesschrecken. Der Himmel verdunkelte sich, Finsternis trat ein. Der Wald brüllte in der Ferne. Bäume wurden entwurzelt, und die Gräser des Hügels klebten zitternd am Boden. Staubwirbel wehten auf, Strohdächer flogen durch die Luft, und ehe ich mich noch versah – flog auch ich! Sage und schreibe, ich flog! Ein mächtiger Windstoß hatte mich erfasst und wie eine Feder hinweggerissen zum Fuß des Hügels und auf die Hecke unseres Hauses. Wie ich danach hineinging oder getragen wurde, habe ich nicht in Erinnerung, aber das Gefühl dieses Flugs – wer wäre so töricht, es anderen erklären zu wollen? Nur in nächtlichen Träumen kann der Mensch zuweilen ein Sechzigstel davon erneut durchleben ...

Manchmal, in wacheren Momenten, sage ich mir ein ums andere Mal: Nie und nimmer! Das Dorf, jenes Dorf, das ich in meiner Fantasie vor mir sehe, hat es niemals gegeben. Nicht das Dorf, nicht den Wald, nicht die Zwerge, nicht Fejgele und rein gar nichts. Alles nur Märchen und Träume, von selbst gewachsen, wie wilde Gräser, aus wenigen wahren Worten, um kleine Kinder zu erfreuen. Jedenfalls, referiere ich klug weiter, gibt es hier gewiss vermischte Zeiten und verstümmelte Versionen.

Früheres und Späteres sind vertauscht. Die Einbildungskraft ist ein Gaukler, auf den kein Verlass ist.

Mag sein! Mein unverrückbarer Glaube an die Realität dieser Legenden leidet keinen Deut darunter. Was schert es mich, ob sie geschehen sind oder nicht? Ihr Erleben ist ja in meiner Seele verankert und ihre Realität mir in Fleisch und Blut übergegangen. Der Finger Gottes hat sie auf die Tafeln meines Lebens geschrieben, und wer wollte sie dort wegwischen? Wenn das Träume sind, gibt es nichts Wahreres und Realeres als sie. Wie Wein in der Traube steckt, so verbleiben sie im Herzen des Menschen, solange er atmet. Weder verfliegt ihr Duft, noch leidet ihr Geschmack. Im Gegenteil, mit der Zeit gewinnen sie an Glanz und Schärfe, und je mehr sie altern, desto stärker und süßer werden sie. Tatsächlich ist kein Wein so stark und süß wie die Legende unserer Kindheit! Zuweilen reicht ein Tropfen davon, um das Herz bis zum Wahnsinn zu berauschen! Die Seele zum Bersten mit Sehnsucht zu erfüllen! Und gelobt sei der Name unseres guten Engels, der uns nur tropfenweise und in langen Abständen aus seinem Freudenbecher einschenkt. Ein Tropfen zu viel oder zu groß – und des Menschen Herz erlitte augenblicklich einen sanften Tod.

Und wenn das Schicksal aller Menschen mich ereilt und das Weltentor sich zu meinem Abgang auftut, werden in dieser meiner letzten Stunde alle Bilder meiner Kindheit wieder hinter dem Wandschirm hervorkommen und geschlossen vor mir Aufstellung nehmen. Allesamt werden sie antreten, in all ihrer Anmut und Güte, all ihrem alten Glanz, so wie ich sie am Morgen meines Lebens erblickte. Hell und klar werden sie vor mir stehen und mich stumm ansehen. Urplötzlich wird das Licht der sieben Schöpfungstage aufscheinen – und mit dem Licht meiner Seele für immer erlöschen...

Träume sind Schäume – aber nicht alle. Und bevor ich beginne, hier und da, Stück für Stück, ein wenig von dem bewegten Innenleben und den wahren Träumen eines Mannes aus dem Wildwuchs der Felder Israels zu berichten, sei es mir hier erlaubt, scheinbar ohne sichtlichen Zusammenhang mit dem Vorher und Nachher, nur als kleine Trennwand zwischen den beiden, einen meiner Träume zu erzählen, einen Traum, der vor Langem in meinem Herzen festgeschrieben wurde und bis zum heutigen Tag in aller Klarheit und allen Einzelzeiten dort verblieben ist. Ich weiß nicht, ob es mir gelingen wird, anderen Menschen den Traum originalgetreu zu vermitteln, sie vor allem sein besonderes Licht und seine spezielle Stimmung spüren zu lassen – wie schwierig ist das bei einem Traum! –, und doch, egal, ich werde ihn erzählen. Der Traum war wahr, fast ein Stück Wirklichkeit, enthält folglich nichts Fremdes, Wirres oder Erstaunliches. Und wie mir scheint, gehört er auch ein wenig hierher.

In meinem Traum liegt ein langer, sandiger Weg vor mir, bevölkert mit Scharen über Scharen von Messeheimkehrern – und ich mittendrin. Ich weiß nicht, wie und woher ich da hineingeraten bin, gehe jedoch mit im Gewimmel, folge den Leuten, fast unbewusst. Lärm, Trubel und Geschrei ringsum. Karren und Kutschen, leer oder warenbeladen, mit ihren Insassen und Kutschern und Pferdeführern. Reiter und Fußgänger, Mensch und Tier durcheinander fahren oder trotten schwerfällig und kraftlos durch Staubwolken und tiefen Sand. Das Gehen fällt so schwer wie die Durchquerung des Schilfmeers. Räder und Beine versinken zur Hälfte im Sand. Staub. Hitze. Entkräftung. Alle sind müde und erschöpft, alle schweißgebadet, wütend und übellaunig – und alle schreien und dreschen brutal auf ihre Tiere ein. Die Messe scheint kein großer Erfolg gewesen zu sein: Keiner hat wohl mehr als die Hälfte seines erhofften Gewinns gemacht. Deshalb reagieren sie ihren Zorn an ihren bedauernswerten Lasttieren ab. Je schwerer der Weg, desto kürzer der Geduldsfaden und desto stärker der Lärm und Tumult. Kein Mensch hört mehr den anderen reden. Alle treiben und behindern einander: «He, he da! Lass einen durch, Mann!» – «Halt, halt! Rühr dich nicht vom Fleck, Hundesohn!» – aber keiner geht oder hält aus eigenem Antrieb. Man geht, weil alle gehen, bleibt stehen, weil alle stehen bleiben. Eine Herde.

Auch ich bin Teil dieser Herde. Frage mich vergeblich, was ich hier zu suchen habe. Bin müde. Mein Kopf, mein Kopf. Bin der Ohnmacht nahe – trotte jedoch weiter. Unwillkürlich trotte ich. Wie benebelt. Und sehe im Gehen etwas vor mir, das wie Uferdickicht aussieht. Ich reiße die Augen auf – so wahr ich lebe, tatsächlich grünes Schilf. Frisch und lebendig. Hoch und dicht begleitet es den ganzen Weg zur Rechten, steht ihm wie eine grüne Wand zur Seite, scheidet zwischen den Passanten und einer anderen Welt, einer Wunderwelt jenseits der Binsen. Beim Anblick des Grüns beleben sich meine Geister. Erstaunlich, dass ich die Gräser nicht früher bemerkt habe: Da sind sie doch und da waren sie von Anfang an. Und selbst jetzt scheint keiner außer mir sie zu beachten. Mein Herz fliegt dem Uferschilf zu, und ohne meine Aufmerksamkeit von den Schilfrohren abzuwenden, trotte ich weiter der müden Kolonne nach. «Dort, jenseits des Dickichts, liegt eine andere Welt, hell und friedlich, um die ich weiß und keiner sonst.» Ich schleppe mich der Kolonne nach, weiter und weiter. Doch meine Augen weichen nicht von den Schilfrohren.

Und siehe, welch Wunder! Wann immer ich an spärlicheren, dünneren Stellen in der Gräserwand oder an schmalen Lücken zwischen den Rohren vorbeikomme, sehe ich die Gestalt eines wundersamen Mannes jenseits der Schilfwand allein auf der Wiese am Ufer des klaren Baches sitzen. Den Rücken dem Schilf, das Gesicht den hellen, ruhigen Wassern zugewandt. Der Lärm der diesseits vorbeiziehenden Kolonnen scheint nicht zu ihm durchzudringen, als existiere er in einer anderen, fernen Welt. Wie festgenagelt sitzt er an seinem Platz, schaut auf den Wasserspiegel, regt und rührt sich nicht, aber je weiter ich mich auch entferne – er bleibt da. In seiner schwarzen Gestalt schimmert er zuweilen von Weitem durch jedes neue Blätterwerk oder Loch im Dickicht, das ich passiere, als geleite er mich, als würden er und der klare Bach samt allem ringsum mich unbemerkt stumm begleiten, würden mir, dem Auge verborgen, Schritt für Schritt folgen, ähnlich dem Mond auf einem Fluss.

Wer ist dieser Wundermann? Kenne ich ihn? War ich einmal mit ihm zusammen? Er ist mir und meiner Seele doch sehr, sehr nah? Mir doch gleich? Ich muss doch, egal was, für einen Moment in die reine und friedvolle Welt jenseits der grünen Scheidewand entfliehen? Das Ufer des klaren und reinen Bachs ist doch sicher mein angestammter Platz, an dem ich einst gesessen habe? Trotzdem trotte ich unaufhörlich den Kolonnen nach, gehe den Weg weiter und weiter. Staubwolken bedecken mich, großer Tumult brandet um mich her, und ich gehe und entferne mich zusehends. Wo sind die Uferpflanzen? Hin und weg! Ich habe sie alle hinter mir gelassen, sie samt ihrer lauteren Welt und den Bach mit seinem klaren Wasser und den Wundermann, der stets am Bachufer sitzt. Plötzlich ging es mir auf, und meine Seele jubelte: Der einsame Wundermann, den ich am Bachufer hinter mir ließ – das bin doch ich, ich! Ich und kein anderer!

Das ist in etwa der Traum – und Gott allein kennt die Bedeutungen. Lassen wir den Wundermann vorerst einsam an seinem Platz sitzen wie zuvor. Stören wir ihn bitte nicht in seiner Ruhe. Und wer weiß, vielleicht schimmert seine Gestalt eines Tages wieder einen kurzen Moment durch die Lücken. Ich werde erstmal den Kolonnen durch den Sand nachstapfen.

Zweites Kapitel
Mein Daumen und die Welträtsel

Nie hat wahrer Frieden zwischen meinem Vater und mir geherrscht. Er muss sich wohl seit meiner Geburt schwer mit mir getan haben, als hätte er einen schlechten Kauf getätigt und wisse nun nichts damit anzufangen: zum Gebrauch – ungeeignet, und zum Weiterverkauf – kein Kunde in Sicht. Wie es das Schicksal wollte, fiel ich Vater und Mutter unerwartet zu, nachdem sie ihre meisten Kinder bereits verheiratet und die Hoffnung auf weiteren Nachwuchs aufgegeben hatten. Ich war Nummer acht und ein Nachzügler; und als die Hebamme meinen Vater mit einem «Masal tov» zu meiner Geburt beglückwünschte, rümpfte er ein wenig die Nase ... So erzählte meine Mutter es ihren Nachbarinnen. Weiter berichtete sie, dass ich dreißig Tage nach meiner Geburt in die Verbannung geschickt wurde: Man brachte mich zu einer nichtjüdischen Amme in die benachbarte Kleinstadt. Die Amme hatte, mit Verlaub gesagt, verschrumpelte Brüste, und wenn ich nach Milch schrie, steckte sie mir meinen Daumen zum Nuckeln in den Mund ... Als man mich wieder heimbrachte, hatte ich krumme Beine, einen geschwollenen Bauch, und meine Augen quollen wie zwei Glaskugeln hervor. Außerdem aß ich Kalk von den Wänden, knabberte an Kohlen und lutschte am Daumen...

Das Daumenlutschen wurde mir zur zweiten Natur, und ich ließ lange nicht davon ab. Wann immer ich in Gedanken verloren war, steckte ich den Daumen in den Mund. Mein gestrenger Vater ohrfeigte mich deswegen, nannte mich einen «Daumenlutscher» oder «Pfeifenmann» – der Daumen zwischen meinen Zähnen erinnerte ihn an die Pfeife im Mund eines versonnenen alten Mannes –, aber ich hatte keine Angst vor ihm und seinen Ohrfeigen, seinen Schimpfwörtern und Spottnamen. Er blieb bei seinem Verhalten und ich bei meinem, und wann immer er das Haus verließ, verzog ich mich allein in meine Ecke, sinnierte und lutschte... Über was und wen ich nachdachte, weiß ich nicht mehr. Zusammengerollt wie eine Glattechse in ihrer Grube, hing ich Tagträumen nach. Alles, was ich ringsum sah und hörte, kam mir traumhaft vor, und ich war voll stummen Staunens bei diesen Sinneseindrücken, die weder Gestalt noch Namen hatten. Alles versetzte mich in Staunen... das Ticken der Standuhr, die Licht- und Schattenflecken an der Wand, die Stille des leeren Zimmers, das Dunkel unterm Bett, die dort abgestellten Sandalen, die feinen Sonnenflimmer an der Fensterscheibe, fliegender Staub – all das waren Rätsel und Geheimnisse, die erforscht werden wollten, und ich verlor mich in ihnen wie eine

Ameise im Gras ... Auch die lebten im Geheimen wie ich, nur mein Herz allein hatte mit ihnen zu tun. Wenn jemand mich ansprach, hörte ich es nur halb, und wenn man mich etwas fragte, blinzelte ich und schwieg. Mein Herz war immer woanders: bei dem Fleck an der Wand oder einer Fliege im Flug. Meine Seele fuhr wie ein Dibbuk in jedes Ding, wohnte in stummen Bäumen und Steinen, saugte alles aus ihnen heraus und gab nichts dafür hin ...

Im Haus achtete keiner auf mich. Vater war streng, schwach und beschäftigt – womit, weiß ich nicht. Meine Mutter erinnerte sich gelegentlich an mich, aber immer im Nachhinein. «O weh, das Kind hat noch nicht gegessen ... Das Kind ist noch nicht gewaschen ... Wo ist das Kind?» Das Kind, das heißt ich, Schmulik, saß derweil an einem verborgenen Ort, unterm Bett oder in der Nische unterm Herd oder hinter einem Zaun auf dem Hof. Saß allein da und spielte. Die Nachbarinnen, denen ich begegnete, beäugten mich argwöhnisch, tippten sich mit dem Finger an die Stirn zum Zeichen, dass ich nicht ganz richtig im Kopf sei, Gott bewahre, wisperten etwas und spuckten aus. Wenn meine Mutter dabei auftauchte, verstummten sie mit einem Schlag ...

Von allen Haushaltsgegenständen faszinierte mich besonders der alte Spiegel überm Sofa. In meinen Augen war er das größte Weltwunder. Wann immer ich mich am Sofa aufrichtete, sah ich darin wieder ein Zimmer und Gegenstände, mich selbst und den Schrank gegenüber mit den Kupfergefäßen obendrauf, alles originalgetreu, jedoch im Spiegel allesamt schräg geneigt, als könnten sie jeden Moment umkippen. Das Ganze gab knifflige Rätsel auf: Erstens, wie waren all die Sachen in den Spiegel gelangt? Und zweitens, warum stürzte der Schrank mit den Kupfersachen darauf nicht um ...?

Ich nahm mir vor, der Sache gründlich nachzuforschen, und bald bot sich eine günstige Gelegenheit. Die Hausgenossen gingen ihrer Wege, und ich blieb allein daheim. Mittagszeit. Mitten auf dem Boden lag das Abbild des einzigen Fensters wie eine karierte Lichtlache auf dem Boden hingegossen – und Fliegen kamen, darin zu baden. Ein gesprenkeltes Huhn spazierte langsam, Schrittchen für Schrittchen, und gackerte schwach und leise vor sich hin, wie im Schlaf. Solange die Henne in dem Lichtstrahl verschwand, leuchtete ihr Gefieder, und sie wurde ganz und gar durchsichtiger Strahlenglanz. Ich sprang aufs Sofa und reckte mich zum Spiegel empor – und siehe da! Ein zweiter Schmulik steht mir genau gegenüber und stößt mit der Nase an meine. Ich fahre ein Stückchen zurück – und er desgleichen. Rücke wieder näher ran – und er auch. Darauf verziehe ich das Gesicht und strecke die Zunge heraus – und er mir nach. «Ha-ha-ha», lache ich, und er lacht ebenfalls, aber ohne «Ha-ha-ha», denn seine Stimme ist nicht zu hören. Die Sache ist rätselhaft, und ich bekomme es ein wenig mit der Angst zu tun, gucke aber trotzdem hin ... Der Fußboden im Spiegel ist schräg, und die Lichtlache in der Mitte droht auszulaufen ... Auch die übrigen Dinge stehen oder hängen noch wie durch ein Wunder ... O weh, was, wenn – Gott behüte – der Mörser beispielsweise oben auf dem Schrank – plötzlich patsch! – herunterfällt und mir den Schädel einschlägt ... Mir stockt schier das Herz vor dumpfer Furcht, aber sofort fange ich mich und schaue wieder hin. Ich muss der Sache auf den Grund gehen – egal was! Hinter dem Spiegel sitzt doch sicherlich irgendein verkappter Schelm oder Kobold, der diesen ganzen Hokuspokus treibt. «Dahinter gucken oder lieber nicht ...? Wer weiß, ob mir nicht eine verborgene Hand auf die Wange haut. Ist einem Kobold denn irgendwas unmöglich ...?» Ich riskiere es und packe den Rahmen des Spiegels, spähe dahinter – und lasse sofort ab ... spähe nochmal und lasse wieder los ... Auf einmal schwankt der Spiegel, desgleichen der Fußboden, die Gegenstände, ich selbst – patsch! Mein Herz setzt kurz aus, mir wird schwarz vor Augen, und ich stürze und falle in einer Scherbenlawine ...

Als ich wieder zu mir kam, sah ich, dass das Zimmer, Gott sei Dank, nicht eingestürzt war, nur der Spiegel hatte sich von den zwei unteren Nägeln gelöst und hing nur noch am oberen Haken. Zwischen der Rückwand des Sofas und der Wand lugte ein Stückchen von Vaters Kontobuch hervor. Wahrscheinlich war es hinter dem Spiegel herausgefallen und zwischen Sofa und Wand stecken geblieben. Es war nur ein kleiner Schaden entstanden: Das Huhn war vor Schreck auf den Tisch geflattert und hatte ein Glas runtergeworfen, von dem ein Splitter in die Lichtlache geflogen war und dort hell funkelte, als wäre ihm urplötzlich ein großes Wunder geschehen ...

Das Ende vom Lied war dasselbe wie bei all meinen Taten im Elternhaus – Ohrfeigen.

Und am selben Tag wurde ich zum Cheder verdammt.

Etwa um diese Zeit verlegte mein Vater seinen Wohnsitz vom Dorf in einen Vorort der nächsten Stadt, und ich fiel einem Melamed zu, der in jenem Vorort lebte.

Drittes Kapitel
Das Alphabet und das, was zwischen den Zeilen steht

Im Cheder war mir das Glück nicht zugetan. Ich blieb auf Distanz zu meinen Mitschülern und sie zu mir. In mich gekehrt war ich, baute meine eigene innere Welt, von der keiner etwas spürte oder wusste. Nicht mal der Rebbe und sein Gehilfe ahnten etwas davon. Sie wussten nur zu schlagen, jeder auf seine Weise: Mein Lehrer schlug mit dem Gürtel, der Faust, dem Ellbogen, dem Nudelholz und allem, was sonst noch wehtun konnte, und der Gehilfe – der hatte eine andere fiese Angewohnheit: Wenn ich keine richtige Antwort gab, spreizte er sofort fünf angriffslustig gekrümmte Finger vor meinem Gesicht und griff mir an die Gurgel. Wie ein Panther oder eine andere verrückte Bestie erschien er mir dann – und Todesangst packte mich. Ich fürchtete, er könnte mir die Augen auskratzen mit seinen schmutzigen Fingernägeln, und vor lauter Panik verlor ich den Verstand und vergaß alles Gelernte. Er deutete mit dem Zeigefinger auf einen Buchstaben und fragte: «Was ist das?» Und ich verdrehte die Augen, zitterte am ganzen Leib und schwieg. Hatte die Sprache verloren.

Letzten Endes gelangte mir die Lehre der beiden nur nebenbei, durch die eine Schläfenlocke, ins linke Ohr, während durchs rechte Ohr ganz von allein eine andere Lehre in mich drang, direkt zwischen den Zeilen des Gebetbuchs heraus, und sich zu dem gesellte, was ich längst im Herzen bewahrte. Die Zeilen und die Form der Buchstaben waren nichts als schwache Hinweise. Gleich am ersten Tag, als der Gehilfe mir die Tafel des Alphabets mit ihren Buchstabenreihen zeigte, kamen mir die Soldaten in den Sinn, die manchmal in Reih und Glied an unserem Haus vorbeimarschierten, mit dem Trommler an der Spitze: tam-tataratam! Besonders die Reihen der Alefs und Gimels mit den schrägen drei Punkten für das U darunter waren doch echte Legionäre, bewaffnet von Kopf bis Fuß: Die Alefs mit dem Tornister auf dem Rücken trabten etwas gebeugt unter ihrer Last, als zögen sie auf Manöver, und die Gimels mit vorgestrecktem Bein waren sichtlich marschbereit. Meine Augen schweiften über die Ränder der Tafel.

«Wen suchst du denn?», fragte mich der Gehilfe.

«Den Trommler ...», sagte ich, während meine Augen weiterfahndeten.

Der Hilfslehrer legte den Zeigestab aus der Hand, fasste mich am Kinn, hob meinen Kopf ein Stückchen an und richtete bestialische Augen auf mich... Dann erwachte er plötzlich und befahl: «Ab!»

Nur eine Silbe und nicht mehr. Und sofort kletterte ein anderer Junge an meiner Stelle auf die Bank, und ich trat verwirrt ab und verzog mich in eine Ecke, ohne zu wissen, was der Gehilfe mit mir vorhatte. Jenen ganzen Tag lang sann ich über Legionen und Soldaten nach. Und als ich am nächsten Tag wieder auf die Bank stieg, zeigte der Gehilfe mir ein Alef und sagte: «Siehst du ein Tragjoch mit zwei Eimern...?»

«Richtig, so wahr ich lebe, ein Tragjoch und zwei Eimer...»

«Das ist ein Alef», bestätigte der Gehilfe.

«Das ist ein Alef», sprach ich ihm nach.

«Was ist das?», fragte der Gehilfe erneut.

«Ein Tragjoch mit zwei Eimern», sagte ich, hocherfreut, dass der Heilige-gelobt-sei-er mir diese schönen Geräte beschert hatte.

«Nein, sag: Alef!», wiederholte der Gehilfe und ergänzte: «Merk es dir: Alef, Alef.»

«Alef, Alef...»

Als ich wieder hinabstieg, entfloh mir das Alef augenblicklich aus dem Sinn, und an seiner Stelle kam Marussia, die nichtjüdische Wasserträgerin. Den ganzen Tag wich sie mir nicht aus den Augen. Ich sah sie so, wie sie war: mit bloßen Waden, dicken Zöpfen und zwei Eimern über der Schulter. Und da waren auch der Brunnen neben ihr und die Gänse im nahen Weiher und der Garten von Reb Alter Kuku ...»

«Was ist das?», fragte mich der Gehilfe am nächsten Tag und deutete auf das Alef.

«Oh, Marussia ...!», bejubelte ich den Fund.

Der Gehilfe warf den Zeigestab aus der Hand und krümmte die Finger, fasste mich dann aber nur am Kinn und sagte: «Du Goj, Alef, Alef ...!»

«Alef, Alef, Alef ...!»

Auch die anderen Buchstaben nahmen Formen für mich an, erschienen mir als Tiere, Vögel, Fische, Geräte – oder einfach als sonderbare Kreaturen, für die ich noch kein Vorbild auf Erden gefunden hatte. Das Schin war eine Art Hornviper mit drei Köpfen, das Lamed ein Storch mit hochgerecktem Hals auf einem Bein stehend, so wie der, der auf dem Baum hinter unserem Haus wohnte, das Gimel war ein Stiefel, wie der auf den Schuhcremedosen, den ein geschwänztes Teufelchen emsig wienerte ... Das Dalet – war ein Beil, und so weiter all die anderen ... Zuweilen bekam ein Buchstabe heute diese und morgen jene Gestalt für mich. Das geschah von allein, zufällig und ohne mein Zutun. Eine Form, die ich leid wurde, verschwand und eine neue trat an ihre Stelle ...

Als ich zu den Buchstabenverbindungen kam, fand ich eine bunte Menge seltsamer Wesen, die neben- und hintereinander in Gruppen trabten, Nacken an Gesicht oder Gesicht an Nacken, das schlichte Schluss-Nun und das flachnasige Schluss-Pe hüpften immer auf einem Bein vorwärts. Das Lamed ging aufrecht mit gerecktem Hals und erhobenem Kopf, als wollte es sagen: Schaut her, wie ich alle anderen überrage. Dazwischen lugte das kleine Jud hervor, dieses winzige Gebilde, das aus meiner Sicht kaum Gestalt oder Anhalt bot, mir aber trotzdem das liebste von allen war. Es sah immer aus, als schwebe es in der Luft oder werde irgendwo mitgezogen – und mein Herz bangte mit ihm, dass es seiner Kleinheit wegen nicht etwa verlorenginge oder zwischen den anderen zerquetscht und zertrampelt werden würde, Gott behüte ...

Das ganze Gewimmel lenkte meine Ohren vom Unterricht des Gehilfen ab, und schon steckte meine Gurgel zwischen seinen Fingern. Mit dem Mund sprach ich ihm scheinbar jede Silbe nach, aber mein Herz ging eigene Wege: erfasste und verwarf Formen, knüpfte Verbindungen und hing Tagträumen nach ... Gelegentlich mischte sich auch der Klang der Silben in meine Traumgespinste und verlieh ihnen einen neuen Ton oder einen neuen Anstrich, ob nun passend oder nicht. Stieß ich beim Lesen auf eine besonders ulkige Kombination, lachte ich plötzlich los, was die Eingeweide des Gehilfen zum Sieden brachte und seinen ganzen Zorn auf mich lenkte. Was machte es ihm denn aus, ob ich lachte?

Meine Mitschüler im Cheder beachteten mich nicht, und ich kümmerte mich nicht um sie. Wenn sie im Cheder spielten, saß ich abseits und schaute zu, oder ich verzog mich in eine Ecke, lutschte am Daumen und philosophierte. Ich sann den Formen im Gebetbuch in all ihren Verbindungen und Verzweigungen nach, so weit meine Fantasie nur reichte. Mein Herz entnahm ihnen, so viel es konnte, «verdaute den Inhalt und spuckte die Schalen aus». Wenn die Jungen zum Spielen auf den Hof hinausliefen, saß ich allein da und spielte mit mir selbst. War ich schließlich mit Lesen dran, musste man mich lange suchen, bis man mich daumenlutschend hinter einer Hecke oder in einer dunklen Ecke im Flur wiederfand.

Viertes Kapitel
Entwöhnt!

Nach zwei Jahren im Cheder, wo mir das Hebräisch des Gebetbuchs keinen großen Segen gebracht hatte, führte mein Lehrer mich dankenswerterweise in den Chumasch ein, die fünf Bücher der Thora und die dazugehörigen Prophetenlesungen. Das Gebetbuch war schon ein alter Hut für mich, und seine Lettern galten mir als tot. Womit lässt sich das vergleichen? Mit einem, der an leeren Schalen knabbert und kaut. Nicht so hingegen der Chumasch: Der stieß mir neue Fenster in die Welt der Fantasie auf. Zunächst schon das verkleinerte Alef. Diesen Zwerg fand ich sogleich am Eingang des Stiftszelts zu Beginn des Buchs Leviticus sitzen und auf mein Kommen warten. Seine Kameraden, ebensolche Zwerge wie er, kannte ich schon längst aus dem kleingedruckten Einschub für die Regenzeit im Gebetbuch, und von denen konnte ich ihm Grüße ausrichten. Und zweitens, Kleinvieh, Rinder und Vögel: Stier, Schaf, Ziege und Taube... All diese Tiere waren mir wohlbekannt und hinlänglich vertraut. Man könnte sogar sagen, sie gehörten auch mir ein bisschen. Ziege und Kalb grasten ja auf der Weide hinter unserem Haus am Rand des Vororts, und in meiner Freizeit war ich oft bei ihnen. Und die Tauben – die flogen aus dem Taubenschlag unseres Nachbars Trochim herüber und hatten auch auf unserem Hof Zutritt... Morgens, wenn ich zum Cheder aufbrach, kamen sie mir wichtigtuerisch entgegen, schwellten den Hals und gurrten: gur, gur, gur... Auf ein Pärchen hatte ich bereits ein Auge geworfen, und am nächsten Chanukkafest, möge es in Frieden einziehen, wenn meine Taschen mit Chanukkageld gefüllt wären, würde ich, so Gott will und ohne es zu geloben, jenes Pärchen zum vollen Preis erwerben...

Gelangte ich an die Thorastellen über den Opferdienst, wo von Kopf und Fett die Rede ist, von Eingeweiden und Beinen, die es in Wasser zu waschen gilt, um sie danach «über das Holz auf dem Altarfeuer» zu legen, vom Abtrennen des Kopfes und dem Einreißen an den Flügeln, so es sich um eine Taube handelt, dem Entfernen von ihrem «Kropf mit den Federn», dem Auspressen ihres Bluts, der Opfergabe in Topf, Pfanne und so weiter und so fort..., kam mir sofort die Küche meiner Mutter am Vorabend eines Feiertags in den Sinn. Mutter und die

Magd – Schürzen um die Hüften gebunden und die Ärmel bis zu den Ellbogen aufgekrempelt – stehen mit Nudelhölzern bewehrt da und rollen Teig auf dem Holzbrett aus, verrühren Eier in einer Schüssel, träufeln glänzendes Öl in die Mulden der Mehlhäufchen... und die Katze ist auch zur Stelle: streicht um das Brett mit dem eingesalzten Fleisch und linst nach der «Fettmasse über der Leber», nach dem Fett an den Lenden und den Nieren und nach den Geflügelmägen und Hähnchenkeulen, die dort in ihrem Salz liegen und roten Fleischsaft abgeben... Die Magd wirft ihr hin und wieder ein Stück Darm oder eine weiße Drüse aus den Eingeweiden eines Fischs oder einen «Kropf mit den Federn» oder Ähnliches hin, damit sie vorerst beschäftigt ist, um sie von dem Fleisch abzulenken. Mörser und Stößel singen ihr Lied: «Zerreibe es gut und fein, fein und gut!» Mir steigt der liebliche, belebende Duft von Ofengebackenem und einer Opfergabe von feinem Mehl mit Öl und Eidottern vermischt in die Nase, und meine Ohren erfreut das Brodeln und Brutzeln der in Öl schwimmenden Pfannkuchen, der Klang dieses «vermengten» Speiseopfers und der anderen Backwaren, «du sollst sie zerbröckeln und Öl darüber gießen», eine Art Nudeln, die zu Pudding oder Honigkuchen mit Rosinen und Kurkuma und Zimt verarbeitet werden... Das Wort «vermengt» regt meinen Appetit noch mehr an, bis mir die Schläfen schmerzen und die Wangen zucken: öl-ver-mengt...! Heißhunger überkommt mich. Mir läuft der Speichel im Mund zusammen, und mein Daumen gerät ohne mein Wissen zwischen meine Zäh –

«Wo liest du ...?», fragt mich plötzlich mein Rebbe, den Gürtel in der Hand.

Alle Schüler verstummen und schauen auf mich. Mein kleiner Finger irrt zwischen den Zeilen, irrt blind und furchtsam ... Meine Augen spähen unter Tränen abwechselnd auf den Chumasch und auf den Gürtel meines Lehrers. Die Buchstaben tanzen mir verschwommen vor den Augen. Die Hand des Rebben fährt hoch, und meine rechte Schulter krümmt sich vor Furcht. Vor lauter Angst habe ich vergessen, den Daumen aus dem Mund zu nehmen.

«Berele», sagt der Lehrer unvermittelt zu einem flinken kleinen Jungen, «spring schnell rüber zu Schuster Nachum und hol ein bisschen Pech. Jetzt gleich. Sag: Mein Rebbe bittet darum.»

Berele springt auf und rennt los. Die Kinder rings um den Tisch tuscheln miteinander, blicken mich verstohlen an und lachen, linsen erneut und lachen wieder. Was sehen sie an mir? Und warum lachen sie?

Berele bringt ein wenig Pech auf der Spitze eines Holzscheits, den er dem Lehrer auf den Tisch legt.

«Ab!», befiehlt mir mein Rebbe.

Ich stehe von der Bank auf.

«Komm her ...!

Ich tue einen kleinen Schritt.

«Näher ...»

Noch ein Schrittchen.

«Noch näher ...»

Nun stehe ich zwischen den Knien des Rebben eingeklemmt. Herr der Welt, was will er mir antun ...?

Der Lehrer biegt seinen Daumen zurück, bis unten am untersten Glied eine kleine Mulde entsteht. Diese Mulde füllt er mit Schnupftabak, und nachdem er eine Nase voll eingesogen hat, steht er auf und niest mir voll ins Gesicht: «Habschi ...!»

Nach diesem Tun ist er wieder klar im Kopf und geht die Sache selbst an: Er reißt mir den Daumen aus dem Mund, schwenkt ihn vor den Augen aller Jungen und fragt im Lehrmeisterstil nach der bekannten Methode: «Kinder, was ist das?»

«Ein Daumen, ein Daumen ...»

«Und was ist das?», fragt er weiter nach dem Pech.

«Pech, Pech ...»

«Und was ist das hier?»

«Schnupftabak, Schnupftabak ...»

«Und was macht man mit einem Kind, das am Daumen lutscht?»

Hier wissen die Jungen nicht recht weiter und schweigen. Der Lehrer verlangt mit Blicken eine Antwort. Plötzlich springt ein kleiner Stotterer auf, seine Augen strahlen, wie vom heiligen Geist erleuchtet, und sein Mund stammelt in enormem Staunen: «I-i-ich weiß ...»

«Sag es, sag es», spornt der Rebbe ihn an.

«Ha-ha-hack ...»

«Hackt ihm den Daumen ab!», kommt ihm ein Mitschüler zuvor.

Die klügeren Jungen prusten los, und auch der Lehrer lacht kurz auf. Der Stotterer schämt sich. Erneutes Schweigen.

«Na?», fragt der Lehrer zwinkernd.

«Man wickelt einen Lappen drum», wagt einer sich vor.

«Man schlägt ihn», entscheidet ein anderer.

«Nein!», der Lehrer schüttelt den Kopf. «Ihr wisst es nicht. Mit einem Kind, das am Daumen lutscht, geht man so um ...»

Der Rebbe beginnt, den Kindern, ruhig und ohne Hast vom Wort zur Tat fortschreitend, vorzuführen, wie man die Sache anstellt.

«Man nimmt Pech ...»

Der Lehrer nimmt Pech.

«... und schmiert es auf den Daumen.»

Der Lehrer schmiert.

«Dann nimmt man Schnupftabak ...»

Der Lehrer nimmt auch den.

«... und streut ihn auf das Pech.»

Der Lehrer streut.

«Und jetzt», endet der Rebbe im Fanfarenton, «soll er lutschen gehen ...»

An jenem Tag war ich vom Daumen entwöhnt, und wenn mich fortan der Drang überkam – knabberte ich an den Fingernägeln.

Fünftes Kapitel
Eine gute Idee und ihr Lohn

So wahr du lebst, Pessi, er redet mit der Wand ...!»

Das sagte Vater an einem Winterabend, als er unvermittelt die Augen von seinem Kontobuch hob und sah, dass ich vor der Wand stand, sonderbare Grimassen schnitt und mit Kopf, Zunge, Armen und allen zehn Fingern gestikulierte. Und prompt setzte es eine Ohrfeige, wie üblich.

Tatsächlich redete ich nicht mit der Wand, sondern spielte und sprach mit meinem Schatten dort, denn was soll ein kleiner Junge schon anfangen an langen Winterabenden, wenn er sich selbst überlassen zu Hause sitzt? Aber Vater ist streng und kann mich und meine Spiele nicht leiden, und was immer ich tue – es stört ihn, bringt ihn zur Weißglut, gefolgt von Ohrfeigen, Tritten und lautem Schimpfen: «Pessi», schreit er kickend, «hol ihn mir aus der Sicht oder ich bring ihn um!» In solchen Momenten sieht es wirklich danach aus, als ob ich, Schmulik, ihm, meinem Vater, irgendwann ein großes Unrecht angetan hätte, ein unerträglich schweres, das ich niemals würde sühnen können, als hätte ich ihm, Gott behüte, nach dem Leben getrachtet oder seine Seele gefährdet, Gott schütze uns. Herr der Welt, wann hatte ich ihm Übles angetan? Und welches Übel?

So bemühte ich mich denn, meinem Vater aus dem

Weg zu gehen, ihm nicht unter die Augen zu kommen. War er im Esszimmer, war ich in der Kammer, und war er in der Kammer, war ich in der Küche, suchte mir ein Plätzchen in einer Ecke, saß allein dort und tat, was mein Herz begehrte...

Seinerzeit lag mir ein kleines Unternehmen am Herzen. Ich wollte die Wand melken... Von meinen Mitschülern im Cheder hatte ich gehört, dass es Wundertäter gab, die solches unternahmen – und mit Erfolg. Sofort peilte ich eine bestimmte Wand in meinem Vaterhaus an. Sie war in der unteren Hälfte feucht und schimmlig und sonderte eine Art grünen Schweiß ab, wie mir schon lange aufgefallen war. An trüben Tagen saß ich stundenlang davor und studierte die merkwürdigen Figuren, die der Schimmel darauf malte: Berge und Hügel, Felder und Wälder, Schlösser und Paläste... «Diese Wand ist zum Melken wie geschaffen», sagte ich mir und wich fortan in meiner freien Zeit nicht mehr davon. Ich suchte sie Stück für Stück ab, um die passende Stelle zu finden, und wurde schließlich fündig: Unten an der Wand, nahe der einen Ecke, sah eine Stelle etwas geschwellt aus, fast wie eine Brustwarze – da musste es sein. Ich brauchte bloß ein kleines Loch zu bohren und ein Röhrchen hineinzustecken – und schon würde die Milch sprudeln wie ein unerschöpflicher Quell. Um die ganze Fülle aufzufangen, ohne einen einzigen Tropfen zu verlieren, legte ich mir in weiser Voraussicht, vor dem Melken, allerlei Gefäße bereit: einen halslosen Flakon, das Unterteil einer abgebrochenen Flasche, einen gesprungenen Topf, in dem Mörtel angerührt worden war, eine halbe Spendendose von Rabbi Meir dem Wundertäter, eine löchrige und rostige Blechdose, einen zerdrückten und verstopften Trichter, eine dreckige Kippa, eine harte «verwitwete» Sandale ohne Partner und derlei weitere Gefäße und Gefäßteile vom Abfallhaufen, vom Dachboden oder von unterm Bett. Nicht mal einen Korken hatte ich vergessen! Wozu den? Um zwischen dem einen Melken und dem nächsten die Öffnung des Nippels zu verschließen, das heißt, das Loch in der Wand. Umringt von diesen Gefäßen und bewehrt mit einem Nagel und dem Stößel vom Mörser saß ich auf dem Boden und begann zu bohren. Der Stößel machte Bumm, und der Nagel versank. Mir pochte das Herz, noch einen Moment, noch eine Sekunde – und aus dem Loch würde ein lauwarmer weißer Strahl hervorschießen – psch... Doch da, auf dem Höhepunkt, erwischte mich urplötzlich eine Ohrfeige von hinten: «Da bist du also, du Irrer, und hau hier bloß keine Wände kaputt!»

Die Ohrfeige – ist Vaters. Das spüre ich sogar im Dunkeln und mit geschlossenen Augen. Es ist eine harte, erstklassige Ohrfeige, die urplötzlich einschlägt wie der Blitz, scharf und glatt, brennend und schallend. Ihren Ton hört man verzögert, nach dem Schlag... Vater war ein großer Künstler in dieser Disziplin, ein Meisterohrfeiger. Er kannte das Geheimnis der Beschränkung in der Kunst, und man kann sagen, er ohrfeigte gewissermaßen

in «heiligem Geist»... Versteht sich das nicht von selbst?
Seit vierzig Jahren, seit er «Tate» geworden war, ohrfeigte der Mann... Irgendwie war die Sache verdorben, zu meinem Leidwesen, und die Wand ist bis heute nicht gemolken, wie schade! Ich hatte nur das Beste im Sinn gehabt, Gott ist mein Zeuge. Die Armut meines Vaters sah ich und wollte ihr abhelfen, so gut ich es vermochte... Tatsächlich konnte ich seinen Kummer nicht mit ansehen, wenn er abends heimkam, seine Brauen über dem Kontobuch beschattete, am Bart kaute und dabei rechnete und rechnete und rechnete... Nun könnte man denken: Was hat das Kontobuch mit Zorn zu tun? Und doch – man hüte sich vor Vater, wenn er über dem Kontobuch brütet! Dann herrscht Gefahr, und dein Leben hängt am seidenen Faden... Ja, ich hatte es gewiss gut gemeint. Hatte dabei auch gedacht, Vaters Herz anzurühren, ihn für mich zu gewinnen, damit er mich nicht mehr ohrfeigte. Aber was kann man machen – der Satan griff ein, und Vater beraubte sich eigenhändig einer Einkommensquelle.

Sechstes Kapitel
Ich und der Ofenschlund

Daher ließ ich das Melken der Wand sein und widmete mich dem Ofenschlund.

Öde und trübe erschien mir mein Vaterhaus an Wintertagen. Wenn ich in der Dämmerstunde aus dem Cheder heimkam, wirkte es doppelt öd und trüb. Feuchtigkeit, Schmutz, Schimmel. Wände und Boden dünsteten eine moderige Kälte aus, die einem in die Knochen kroch. Die Luft roch nach Teer, billigen Zigaretten und noch etwas Unangenehmem – dem Dunst von Bauern am Tag (mein Vater hatte mit ihnen zu tun und ließ sie in unser Haus ein). Die einfachen Einrichtungsgegenstände, die sich in ihrer Schlichtheit und Einsamkeit in dem großen Zimmer immer verloren, verschwammen jetzt im Dämmerlicht bis zur Unkenntlichkeit. Dadurch leerte und trübte sich der Raum umso mehr. Meine Mutter seufzte leise in einer Ecke, und die Katze kam mir aus dem Dunkel entgegen, schaute mich an und miaute herzzerreißend. Eine leidende Kreatur ...!

In einer Ecke des Alkovens, an der Wand, knapp über dem Fußboden, gab es eine kleine Luke, einen verrußten, quadratischen Ofenschlund, zwei auf zwei Handbreit, der den ganzen Tag über verschlossen war. Doch bei Anbruch der Dunkelheit, zwischen Nachmittags- und Abendgebet, wenn die Fenster blind wurden und das Haus sich mit Grauen füllte, erstrahlte die gewölbte Wand gegenüber rotgolden und begann zu beben und zu tanzen – ein Zeichen, dass der Ofenschlund brannte und lebte... Und schon bin ich dort im Alkoven, sitze mit spitzen Knien auf dem Rest des Holzstapels, schlinge die Arme um die Beine, senke den Kopf und schaue... Die Scheite drinnen sind hart, feucht, kalt, die meisten splitterig, vom Schnee verwittert, steif und mit zittrigem Rindenbast wie mit einem schütteren Bart bedeckt... Die kleine Flamme der trockenen Reiser unter den Scheiten ist noch dünn und schwach, und wann immer sie zittert und flackert, bebt mir das Herz. Ich fürchte, sie könnte erlöschen, Gott behüte, bevor sie die Scheite erfasst. Meine Augen verfolgen jedes Lecken und Schlecken der goldenen Zunge, die ich im Stillen nach Kräften anfeure. «Ran, ran an den Scheit dort», sage ich ihr im Herzen, «seitlich, von der Seite nimm ihn, fass ihn von oben, oben am Rücken. So, so ist's gut, pack ihn am Bart, am Bart...» Und die kleine Flamme hört auf mich, reckt und streckt sich, tänzelt und schwänzelt um die Scheite, sucht und findet einen guten Angriffspunkt... Von oben, aus dem Schornstein, heult und rüttelt der Wind wie mit Ketten, dass es einem durch Mark und Bein geht. Ich bebe vor Kälte, die von unten her in mich dringt, von meinem Sitz auf dem restlichen Holzstapel.

Ein Windstoß, der in den Schornstein gefahren ist, weht mir einen Schwall kühlen Ruß vom Vortag ins Gesicht, aber ich rühre mich nicht vom Fleck. Mein Auge und Herz sind auf die Flamme gerichtet. Ich sitze und schaue, bis die Scheite Feuer fangen. Und sobald es lodert, bin ich mit Leib und Seele dabei! Beim Feuer... Darin sehe und daraus höre ich, was der Mund nicht auszusprechen vermag. Höre eine Melodie, eine verborgene Weise, ganz, ganz leise aus der Tiefe, aus dem Kern der glühenden Kohlen, die von innen her zerfallen, ein

Knistern von Tausenden feinen, unsichtbaren, wunderschön gespannten Saiten... Und einen Tanz sehe ich, einen irren und wirren Reigen kleiner, quicklebendiger goldener Feuerzungen. Eine Menge rötlicher, bläulicher, violetter, orangegelber Flämmchen... Eine Fülle von Lichtern und Glitzern, die wie Fäden über Fäden, Bänder über Bänder aufsteigen und schlängeln, ringeln und kringeln, lecken und schlecken, züngeln und zündeln... Flüstertöne von Kohleballen und lebendiges Augenzwinkern von Rubinen und Granaten. Zzz – zischt das Ende eines Holzscheits aus einem trüben Tropfen, der ihn glühend angeblitzt hat. Krack! – antwortet ihm eine Kohle, die jäh zerplatzt und in Splitter zerstiebt. Und gleich klingt wieder das leise Raunen auf, ein feiner und scharfer Laut – hmm! Und dann plötzlich – prrr! Ein Schwung fast verbrannter Holzscheite fällt in sich zusammen und zerstäubt wie Goldstaub...

Der Ofenschlund füllt sich mit Häufchen über Häufchen glühender Kohlen. Seine Luft – weißglühendes Eisen. Du meinst, gleich würde der Salamander herausspringen, dieses Geschöpf, das nach der Überlieferung einiger meiner Schulkameraden dem Feuer entspringt und so widerlich unrein ist wie ein gebratener Hummer... Und dir scheint, er bäumte sich im Feuer auf die beiden Hinterbeine auf – und spränge dir mit allen acht Beinen in die Augen... Panik ergreift mich. Ich schließe die Augen, spüre die Feuersglut an meinen Knien und höre das Kettenrasseln im Schornstein – drrr... Ich habe

Angst, den Kopf zu drehen. Ein Dämon steht hinter meinem Rücken, wahrlich über meinen Nacken gebeugt. «Mamme, Mamme!», schreit mein Herz im Innern, aber kein Laut entweicht. Er erstickt in meiner Kehle. Todesangst befällt mich. Meine Zähne und Knie klappern, und das Herz erstirbt schier vor diffuser Angst. Das Heulen des Kamins erreicht mich von weit, weit her ...

Und da, in diesem Gefahrenmoment, blitzt in meinem Gehirn das Zaubermittel auf, das mein Rebbe mir gegen den Dämon gegeben hat, der mir stets auf dem Heimweg vom Cheder auflauert. Schnell stecke ich beide Daumen in den Hosenbund und rufe mit enormer Inbrunst «Höre Israel». Das Mittel hilft, meine Angst ist verflogen, und ich sitze wieder da und spähe in den Ofenschlund. Die Holzscheite zerfallen Stück für Stück. Die Kohlen verlöschen. Die glühende Asche häuft sich. Ein Scheit, ganz und gar blanke, schwarze Atlasseide voller kreuz und quer verlaufender Rillen und Ritzen, liegt an der Seite und pafft blauen Dunst aus den Rissen, wie kleine, feine Rauchfahnen. Das Heulen im Kamin erstarkt. Dumpf und abgerissen ist es, aber hartnäckig wiederkehrend, kraft- und rastlos ... Jewdocha, unsere alte Magd, kommt, um den Ofen zu schüren. Mir fallen die Augenlider zu ... Huiii, huiii, drrr, höre ich immer noch ein fernes Heulen und ein nahes Anrollen beim Einschlafen ...

Die ganze Nacht über sehe ich im Traum allerlei schwarze Wesen, verrußte Gesichter, so was wie Schornsteinfeger, die auf der dunklen Erde über eine öde und triste Ebene verstreut stehen, jeder einzeln über einen brennenden Kohlenhaufen gebeugt, und mit ihren Besen stochern und fegen. Die Kohlehaufen beleuchten nur sich selbst und die wütenden Gesichter ihrer Feger, und die Welt ringsum, von oben und unten, vorn und hinten, bleibt so dunkel wie zuvor. Und dort, hoch auf den Haufen, stehen und tanzen aufrecht allerlei vielbeinige Salamander, strecken ekelhafte Schnauzen und Fratzen empor und schlenkern widerlich feuchte, unreine Beine in der Luft der Welt.

Siebtes Kapitel
Loksch

Im Cheder war ich unterdessen in die nächste, die «Chibur-Klasse» aufgestiegen, wo es darum ging, einzelne Wörter zu Sätzen zu verbinden. Fortan mussten wir, meine Klassenkameraden und ich, im gemeinsamen Singsang allerlei auswendig Gelerntes skandieren, das der Rebbe uns am Ende eines jeden Schriftverses aufsagen ließ. Wo er diese Dinge herhatte, von wem sie stammten und was sie mit der Thora im Chumasch zu tun hatten, wusste ich nicht und versuchte ich auch nicht herauszufinden. Denn ehrlich gesagt, fiel mir die Sache nicht schwer. Letzten Endes war alles nur angeordnet, und über Anordnungen debattierte man nicht lange. Ich befolgte sie also, wippte mit aller Kraft vor und zurück, fiel in die anderen Stimmen ein und brüllte ... Hauptsache, nicht aus der Reihe tanzen. Solange ich im Chor mitschrie, war alles halb so schlimm. Im Gegenteil, immer nur feste los! Doch wenn der Chor kurz innehielt und meine Stimme hervorstach, ganz allein weitertönte, war ich so gut wie tot ... Darin glich ich wohl meinen Kameraden, denen es genauso ging. Wem glichen wir damals? Einem Trupp Blinder, die gemeinsam gehen, einander halten und stützen, wacker über schwankende Eisschollen im Fluss voranstapfen. Jeder vertraut mehr oder weniger seinem Nächsten, und alle zusammen wandeln – halb ziehend, halb gezogen – am Rand eines Abgrunds ... So ging es in dieser Chibur-Klasse zu, unwandelbar seit der Erschaffung der Welt. Und am Donnerstag, dem Tag des Gerichts im Cheder, gab es trotz allem Schüler, die die «mündliche jiddische Schriftauslegung» richtig gemeinsam aufsagten – ein wahres Wunder.

Ich, Schmulik, verstand kaum etwas von den seltsamen jiddischen Wörtern darin. Sie verquickten sich mit anderen sonderbaren Lehrerworten, nie zuvor gehörten Ausdrücken, die ich nicht verstand und die der Melamed mir auch nicht erklärte. Sie sind der Kern der Thora, sagte ich mir, diese veralteten jiddischen Wendungen, und das Übrige nicht unbedingt. Diese komischen Wörter blieben mir im Gedächtnis, und wenn ich in freien Stunden im Vorraum hinter der Wassertonne saß, kamen sie zum Vorschein, wie Sommerschmetterlinge aus ihren Puppen, hübsche Fantasiegebilde, die meinen einsamen

Geist erfreuten ... Ich redete mit ihnen, lachte über sie und tröstete mich mit ihnen ... Manche waren Momenterscheinungen: Kamen, funkelten und verschwanden, ehe ich sie richtig wahrgenommen hatte. Auf und davon! Andere waren Stammgäste oder auch häufige Freunde. Ich brauchte nur die Augen zu schließen, und da waren sie. Mit einigen debattierte ich oft, wobei manche Wunderdinge zur Sprache kamen, die ich keinem auf der Welt verraten konnte, absolut niemandem, nicht mal meinen Schulkameraden. Konnte es einfach nicht, so gern ich es auch wollte. Erstens waren diese Bübchen es nicht wert. Sie verlachten und verspotteten mich ohnehin, nannten mich «Daumenlutscher» und sonst noch so einiges. Und zweitens, wer weiß, ob sie mir glauben würden. Sicher nicht. Eher würden sie mir noch einen neuen Spottnamen anhängen.

Bei- und Spottnamen hatte ich, Gott sei Dank, in Hülle und Fülle. Jeder Beiname bezog sich auf ein bestimmtes Ereignis, und jeder Spottname hatte seine eigene Erklärung. Abgesehen von den bereits erwähnten Bezeichnungen «Daumenlutscher» und «Pfeifenmann» hatte ich weitere Namen erworben, wie etwa: Golem oder Dummkopf, Träumer, Pechvogel, Lausebengel, Halbwilder und so weiter und so fort. Und der krönende Abschluss: Loksch! Oder wahlweise Lekschele – als Koseform.

Und warum Loksch? Wegen einer Begebenheit. Eines Freitagmittags saß ich im Cheder und wiederholte vor meinem Lehrer allein aus einem abgegriffenen und zerlesenen Chumasch den Wochenabschnitt. Mein Lehrer saß, wie jeden Freitag um diese Uhrzeit, vor einer großen gesprungenen irdenen Schüssel und bemühte sich, mit einer Holzkelle zerkochte bräunliche Lokschen daraus zu löffeln. (Diese lauwarmen Nudeln gingen dem Rebben noch über die Frauenliebe, für sie war er bereit, zu töten oder getötet zu werden.) Er schluckte und ich las, ich las und er schluckte. Da plötzlich – tfrrr! Ein *wajitmahmah* («Da er noch zögerte») stand vor mir wie ein Satan und versperrte den Weg (der Wochenabschnitt war *Wajera*). Was war dieses Wortungetüm? Nicht nur seine Übersetzung war mir plötzlich entfallen, sondern das Ganze an sich kam mir jetzt neu und fremd vor. Doch es war eben gerade dem Chumasch entsprungen, und ich wusste nicht, was es hier zu suchen hatte. Ein bisschen dazu beigetragen hatte die Kette, die über ihm baumelte. Auch die hatte ich bisher nicht beachtet. So wahr ich Jude bin, war diese Kette, dieses Schalschelet-Zeichen, doch nichts anderes als die Papierschlange, die Mitka, der Sohn unseres Nachbarn Trochim, gestern vom Dach seines Hauses hatte fliegen lassen.

Gleichzeitig blinkte vor meinen Augen etwas Dünnes Weißes aus dem schütteren Bart des Rebben, leuchtete auf und verschwand. Meine Augen waren vorgeblich in den Chumasch vertieft, wanderten jedoch ab, und meine Aufmerksamkeit war geteilt. Unwillkürlich hob ich einen dünnen Finger zum Bart des Lehrers und verkündete mit seltsamem Vergnügen meinen Fund: «Oj, ein

Loksch!» Mein Ehrenwort, dass dieser Satz eigenmächtig, ohne mein Zutun und ohne jede böse Absicht, Gott behüte, meinem Mund entfahren war. Beim Essen war die Nudel vom Löffel gerutscht und im Bart des Lehrers hängen geblieben, eine echte geringelte weiße Loksch, ähnlich dem Schalschelet-Zeichen, und die hatte mich beim Rezitieren angeblinkt, ohne dass ich sie gleich erkannte, und als ich sie nun so im Dickicht hängen sah, leuchteten meine Augen vor ehrlicher Freude... Aber mein Lehrer und seine Schüler sahen das anders. Letztere, die Schüler, lachten mich schallend aus: «Hahaha – Loksch!» Und er, der Lehrer, sprang, wie von der Tarantel gestochen, auf und überfiel mich mit seiner Kelle in der Hand wie ein Straßenräuber. Wie wild prügelte er auf mich ein, schlug zu und sagte: «Da hast du eine Loksch, da hast du eine Loksch!» In dankbarer Erinnerung ist mir die Lehrersfrau: Wäre sie nicht, mit dem Schürhaken in der Hand, vom Herd herbeigesprungen, hätten sie mich im Leintuch aus dem Lehrerhaus hinausgetragen.

Nach dieser Begebenheit war ich zwei Wochen krank und murmelte im Fieber: «Loksch, Schnupftabak, *wajitmahmah*, Salamander ...» Als ich wieder aufstehen konnte und mich nun auch ein bisschen «was Besseres» fühlte, wollte ich unter keinen Umständen in den Cheder von Reb Gerschon (so hieß mein damaliger Melamed) zurückkehren. Aber wohin dann? In Reb Meirs Cheder, in dem kleinen Tal, außerhalb des Vororts. Warum gerade dorthin? Ich weiß es nicht. Einmal war ich durch dieses Tal gekommen, und es hatte mein Herz angesprochen. Sand hatte ich dort gesehen, einen glitzernden Wasserlauf und ganz viele Pflanzen – ein wahres Pflanzenmeer. Aus dem Grün lugte eine alte Ruine hervor, mit allerlei Sträuchern und Gräsern bewachsen. Meine Freunde redeten viel über dieses Tal und erzählten Wunderdinge von ihm und der Ruine in seiner Mitte. Nachts, sagten sie, sei es brandgefährlich, ins Tal hinabzugehen, wegen der Toten und der bösen Geister. Es hieß, Jechiel, der Lumpensammler, habe mit seinem Rucksack einmal auf der Suche nach Lumpen die Ruine betreten und dort Reb Kehat, der seine Frau umgebracht hatte und vor einem Jahr gestorben war, in einer Ecke auf einem umgestürzten Fass sitzen und seinen kleinen Tallit entlausen gesehen... Dieses Gefährliche zog mich sehr in jenes Tal, und als sich mir nun die Gelegenheit bot, beschloss ich, sie nicht ungenutzt verstreichen zu lassen: Egal was! Nur in Reb Meirs Cheder würde ich gehen!

Meine Mutter stimmte zu, und Vater – auch er versteifte sich diesmal nicht. Mir gegenüber rechtfertigte er zwar Reb Gerschons Urteil und Schläge. «Das hatte er verdient», pflegte er zu sagen, das heißt, ich, Schmulik, hatte es verdient, totgeschlagen zu werden... Aber in meiner Abwesenheit räumte er teilweise ein: «Reb Gerschon hat das Fass etwas zum Überlaufen gebracht – soll der Dibbuk in seinen Großvater fahren...!» So hörte ich es eindeutig hinter der Tür. Kurzum, die Verdienste meiner Vorväter standen mir zur Seite, und ich wurde ein Schüler von Reb Meir.

Das Zugeständnis, das mein Vater mir diesmal gemacht hatte, nahm ich als gutes Omen dafür, dass mir das Glück künftig hold sein würde. In dem Vorort, in dem wir wohnten, dem Viertel der Teerkocher, war Reb Meirs Cheder wohlgemerkt die höchste Lehranstalt. Darüber gab es nichts mehr an Thora! Und Reb Meir selbst glich auch nicht den anderen Lehrern. Alle übrigen Melameds – «soll der Dibbuk in ihre Großväter fahren ...!», wie mein Vater sagte, aber Reb Meir – Reb Meir war anders! Ein ansehnlicher, gepflegter Mann mit schönem Bart und hoher Stirn, von ruhiger Rede und würdigem Gang. Sogar sein schwarzer Kaftan besagte: Ehrbarkeit. Die Frauen benutzten seinen Namen zum Segen, und die kleinen Jungen rannten gern in seinen Cheder. Er hatte nur wenige Schüler, und die betrachteten sich als außerordentlich privilegiert. Es gab darunter auch eine Klasse der «Großen», die neben dem Chumasch mit Raschi-Kommentar auch Tanach und ein wenig Talmud lernten. Und dann wäre ich ja auch schon groß ...

Am Spätnachmittag jenes glücklichen Tages, als ich vor überbordender Freude nicht mehr an mich halten konnte, rannte ich hinaus, um meine Größe auszuposaunen. Ich fand einen Trupp Jungen, meine früheren Schulkameraden, gebeugt im Sand sitzen, mit Kieseln spielen und Staub aufwirbeln: «Regen» ließen sie fallen. Ich blieb hinter ihnen stehen, in einigem Abstand, die Hände hinter dem Rücken verschränkt wie ein Großer, streckte ihnen die Zunge heraus und sagte: «Ätsch, aber ich geh in Reb Meirs Cheder, ich lerne ...»

«Loksch!», riefen sie mir entgegen, der ganze Trupp, und eine Staubwolke wehte zwischen uns auf, «Loksch, Lekschele ...!»

Achtes Kapitel
Im Tal

Am ersten Schultag dort befeuchtete meine Mutter meine Schläfenlocken mit Spucke an den Fingern, putzte mir die Nase, stopfte meinen Hemdzipfel in die Hose, gab mir «Proviant» in die Hand – und ich ging zu Reb Meirs Cheder ...

Mein Herz hatte mich nicht getäuscht. Ein neuer Cheder – eine neue Welt. Tag für Tag, nach dem morgendlichen Naseputzen, nehme ich nun meine Siebensachen und mache mich auf zu Reb Meirs Cheder – ohne es je müde zu werden. Außerhalb des Vororts, gleich vor dem Abstieg ins Tal, steht Reb Meirs kleine, leicht windschiefe Behausung allein für sich am Hang. Im Rücken eine Holzhütte, an der Seite ein Baum und vorn ein Gemüsegarten. Der Großteil des Hauses liegt unter der Baumkrone verborgen, aber der Dachfirst und der Schornstein, der weiß aus dem Grün des Baums hervorlugt, signalisieren den Hinabsteigenden seine Existenz. Es sieht aus, als wäre der Schornstein einst aufs Dach geklettert, um von dort durch das Laubgeflecht zu sehen, was dahinter, oben am Kreuzweg, vor sich geht... Das Haus selbst wirkt von außen hell und freundlich: ganz und gar schneeweiß, nur unterhalb der Fenster mit einem blauen Streifen gegürtet. Die Fensterrahmen sind mit ebenfalls blauen Ranken und Blumen bemalt, die ein bisschen an Schwalben im Flug erinnern... Der ringsum hervorstehende Sockel des Hauses ist ganz grün und sieht wie neu aus. An der linken Hauswand lehnt eine Leiter, auf der man durch ein ziemlich furchterregendes schwarzes Loch auf den Dachboden klettern kann. Und über dem Loch, hoch droben unterm Dachfirst, dreht sich pausenlos ein kleines Rad, ähnlich einer Windmühle, rotiert summend und vertreibt ein wenig das Grauen des Lochs...

Reb Meir selbst hat das Windrad geschaffen und dort angebracht. Ein großer Künstler ist er, der alles mit eigenen Händen herstellt. Aus Knochensplittern fertigt er Ohrenreiniger, Zahnstocher und weitere kleine Gebrauchs- und Ziergegenstände. Zwei Schnupftabakdosen hat er, eine aus Baumrinde für werktags und eine aus Hirschhorn für Schabbat – beide selbstgemacht. Der Misrach an der Ostwand des Innenraums und das Bild von Mordechai und Haman dort sind ebenfalls sein Werk. Wenn er den Dienst in der Stiftshütte durchnimmt, zeigt er seinen Schülern ein kleines Modell der Hütte und ihrer Gegenstände: die Priestergewänder, die Menora und den Tisch, Schüsseln und Schalen und alle übrigen Dinge. Reb Meir hat sie während mehrerer Schuljahre selbst geschnitzt und verwahrt sie von Jahr zu Jahr in einem dreieckigen Eckschrank. Es heißt, er sei auch ein «Graveur», ein *Kritzler* auf Jiddisch, aber ich weiß nicht, was ein «Kritzler» macht, auch meine Mitschüler wissen es nicht, und Reb Meir selbst zu fragen, scheue ich mich, weil es zu persönlich ist.

Reb Meirs Hütte hinter dem Haus ist die beste und schönste Hütte der Welt. Sie steht Jahr für Jahr unverändert da, und Reb Meir zieht vielfältigen Nutzen daraus. Sie dient ihm, je nach Jahreszeit, abwechselnd für dies und das: als Holzschuppen, als Stall für seine Ziege, als Geflügelhaus zum Gänsemästen, als Lagerraum für Kartoffeln und Rüben, und an heißen Tagen – sogar als Cheder für seine Schüler. Stets herrschen dort eine laue Kühle und eine milde Dämmerung, das Licht rinnt in goldenen Tropfen durchs Strohdach auf die Chumaschim. Ist Reb Meir gutgelaunt und will uns eine Freude machen, holt er gegen Abend Tisch und Stuhl und die beiden langen Bänke aus der Hütte ins Freie, und wir nehmen Platz und lernen Thora unter der Baumkrone, zwischen Haus und Garten. Glaubt mir, ich kenne keine schönere Stunde als diese. Von oben überwölbt uns der Baum mit seinem grünen Dach, voll Vogelgezwitscher und verborgenem Flügelschlag. Zur Rechten senkt sich das Tal mit seinem Pflanzenmeer. Drunten auf seinem Grund mäandert der silbrige Bach, sprudelt und rauscht in schnellem Lauf, bis er im Gras verschwindet. Gegenüber – ein hoher gelber Berg aus Sand mit einem grünen Gehölz obendrauf. Eine große rote Sonne hängt in den Bäumen und lässt sie wie Feuer erglühen. «Ein brennender Busch», fährt es mir durch den Kopf. Stiebende Funken und Goldflitter fliegen von dort aus dem Laubgeflecht, entzünden Feuer in unseren Augen und beleuchten Reb Meirs blasse Stirn und schwarzen Bart. Jedes Haar glitzert für sich. Dann ist er für mich einer der alten Tannaiten, Schimon ben Jochai zum Beispiel, der seinen Schülern unter einem Johannisbrotbaum in der Wüste vorsitzt, während Exegeten aus aller Welt sich mit den «Geheimnissen der Thora» beschäftigen.

Es ist eine Gnadenstunde, voll Sehnen und Heiligkeit. Die Sonne neigt sich zum Untergang. Die Luft ist dufterfüllt. Und wir lesen und singen unserem Lehrer liebliche Psalmen: «Wohl dem Mann, der nicht dem Rat der Frevler folgt..., sondern Freude hat an der Lehre des Ewigen und über seine Lehre nachsinnt bei Tag und bei Nacht. Er ist wie ein Baum, der an Wasserbächen gepflanzt ist...» Oder: «Der Ewige ist mein Hirte, nichts wird mir fehlen. Er lässt mich lagern auf grünen Auen und führt mich zum Ruheplatz am Wasser. Er stillt mein Verlangen; er leitet mich auf rechten Pfaden, treu seinem Namen. Muss ich auch wandern in finsterer Schlucht, ich fürchte kein Unheil...» Die Übersetzung der Worte erübrigt sich, würde eher schaden. Die Worte entströmen nur so dem Herzen und erklären sich von selbst. Das Tor der Erkenntnis hat sich aufgetan: «Wie ein Baum, der gepflanzt ist» – das ist schlicht und einfach der Baum, in dessen Schatten wir sitzen. «An Wasserbächen» – wortwörtlich: Das ist der Bach drunten im Tal. «In finsterer Schlucht» – das ist die Ruine, in der böse Geister hausen und die zu betreten der Rebbe uns verboten hat. «Du deckst mir den Tisch» – das ist kein anderer als der Tisch, an dem wir jetzt bei ihm sitzen und uns mit «Gottes Lehre» beschäftigen. «Vor den Augen meiner Feinde» – wer sind diese Feinde denn andere als die vermaledeiten Hirtenjungen, die gelegentlich mit ihren Stäben und Rucksäcken auf den Berghöhen über uns auftauchen, von weither mit den «Schweinsohren» an ihren Gewändern wedeln und uns mit ihrem «gir, gir, gir» verspotten ... Das sind doch genau die Frevler aus «wohl dem Mann», die, so Gott will, sein werden «wie Spreu, die der Wind verweht», einmal puff und weg ...

Manchmal ruht oben über dem kleinen Tal eine Schar leichter Wölkchen, reinweiße Engel. Der Schwarm hält kurz inne – und fliegt dann so plötzlich weiter, wie er gekommen ist. Nur eine von ihnen, die reinste und schönste Wolke von allen, legt sich zuweilen auf den Gipfel des Berges gegenüber und verweilt dort allein. Blickt aus der Höhe auf uns, unseren kleinen Trupp, nieder, der hier im Tal sitzt und sich mit der Thora befasst. «Wer darf hinaufziehen zum Berg des Ewigen, und wer darf stehen an seiner heiligen Stätte ...»

Wenn ich bei Sonnenuntergang aus dem Tal aufsteige,

verharre ich noch am oberen Rand, mit klopfendem Herzen, die Augen ans Ende der Welt gerichtet. Berg, Gehölz, Horizont, Fackeln, ein Strom von Feuer, Gehenna ...

Neuntes Kapitel
Reb Meirs Cheder

Reb Meirs Cheder erleuchtet mir tatsächlich die Augen – und macht damit seinem Namen Meir («Erleuchtender») alle Ehre. Von hier aus blicke ich von einem Ende der Erde zum anderen, und meine Augen können sich nicht sattsehen. Ich kleiner Schmulik, ein Eintagsküken, ein Null-und-Nichts, sitzt da krumm und schmal auf einer harten Bank im engen, niedrigen Zimmer eines vollgestellten, wackligen kleinen Lehmhauses in einem Tal am Ende dieser Welt, und mein Geist wandert und schaut über Jahrtausende und über Abertausende von Parasangen hinweg zum Ende anderer, ferner Welten. Aus den verschwommenen Buchstaben der zerlesenen Bücher – Chumasch, Raschi, Tanach –, die ich ab und zu, ungeordnet und mit vielen Auslassungen, lese, entsteigen – vermengt und verkürzt – Generationen und Zeiten, Völker und Länder, Taten und Begebenheiten, die längst aus dem Buch des Lebens und dem Gedächtnis getilgt sind. Und ich komme nun mit diesen Altvorderen ins Gespräch, nehme an ihrem Leben und Wirken teil. Dazu brauche ich gar keine vollständigen Kapitel. Ich erbaue mir ihre vergangene Welt auch aus halben Versen und vereinzelten Wortfetzen: Ein seltsamer Name, ein abweichend geschriebenes Wort, ein kleiner, hängender oder umgekehrter Buchstabe, Kantillationszeichen für die Thoravorlesung wie «Kuhhörner» und «Kette» sowie Häkchen und Pünktchen sind ebenfalls gutes Baumaterial. Notfalls kommt Raschi zu Hilfe und steuert einen brillanten Gesichtspunkt bei – und schon ist alles klar und froh, schlichtweg wunderbar. Ich lerne Verborgenes aus dem Offenbaren, und was nicht geschrieben steht, ergänzt die Fantasie.

Die Dinge, die sich mir in Reb Meirs Cheder offenbaren, sind wirklich großartig. Überzeugt euch selbst: Von Indien bis Äthiopien allein schon gibt es hundertsiebenundzwanzig Staaten, genauso viele wie Saras Lebensjahre, weder mehr noch weniger. Und Ninive ist eine große Stadt des Ewigen, die man haargenau drei Tage nacheinander durchmessen kann. Und als die Gibeoniter gegen Josua zu Felde zogen, benutzten sie mit *hiztajaru* und *hiztajadu* zwei seltsame, verdächtig fremdländisch anmutende Wörter für ihre List und Ausrüstung und kamen angeblich aus einem weit entfernten Land, mit verschlissenen Gewändern und geflickten Schuhen, krümeligem Brot in ihren Taschen und brüchigen Weinschläuchen auf den Schultern. Und die Kundschafter wiederum, die gelangten in große, bis in den Himmel befestigte Städte, und als sie dort auf der Straße die Söhne des Anak sahen – Angehörige eines großen und starken

Volkes, darunter die drei Brüder Achiman, Scheschai und Talmai, berüchtigte Grobiane (drei Männer, so stattlich wie Zedern, mit üppigem Haar und schiefer Kappe, der mittlere eine Harmonika spielend, gehen anscheinend immer zusammen und lehren ihre ganze Umgebung das Fürchten) –, fühlten sie sich selbst gleich so klein wie Heuschrecken – wie die, die auf den Grundstücken des Vororts hüpfen und zirpen – und flohen schnell um ihr Leben, jeder in sein Schlupfloch: Nachbi, der Sohn Wofsis, hinters Tor, Gadi, der Sohn Susis, in eine Hütte im Gurkenfeld, Gamliel, der Sohn Pedazurs, zwischen die Rebstöcke oder die Kohlköpfe ... Dort lagen sie dann alle verborgen, spähten angstvoll nach draußen ... Und in Ham, das heißt der berühmten Stadt Ham, saßen bekanntlich die Susiter – was, ihr wisst nicht, wer die sind? Das sind doch die, die von den Ammonitern «Samsummiter» genannt wurden. Anders die Emiter: Diese wiederum, müsst ihr wissen, wohnten in der Ebene von Kirjatajim. Und im Staate Elam regierte ein bedrohlicher Mann, dem sein großer und furchtbarer Name vorausging: Kedor-Laomer! Ein Wüstling: Hatte gesucht und gesucht und doch keinen besseren Namen für sich gefunden als eben Kedor-Laomer! Anders als alle anderen sind wiederum «die Kaftoriter, die aus Kaftor ausgewandert waren», mit den Patrositern und den Naftuhitern und den Kasluhitern an ihrer Seite. Zwar weiß ich die nicht recht einzuordnen, aber mein Herz sagt mir, dass sie nur kleine Völkchen mit winzigen, rundlichen Wesen sind, so was wie Zwerge, die immer in einem Pulk zusammenleben wie Ameisen in ihren Löchern und alles gemeinsam unternehmen. Woher ich das habe? Vielleicht weil ihre Namen stets in der Mehrzahlform auftauchen.

Neben all diesen habe ich auch einige Bekannte unter den «Häuptlingen Edoms», kleine Könige, so ähnlich wie unsere Gutsherren: Häuptling Kenas, Häuptling Gatam, Häuptling Schobal, Häuptling Jëusch. In deren Familie gibt es einen wahren Prachtkerl, einen höchst erfolgreichen Mann! Ana heißt er. Das ist der Ana, der die Jemim in der Wüste gefunden hat. Ein Glückspilz! Ich streife manchmal stundenlang durch die Ränder des Vororts, suche mit Augen und Händen alle möglichen Büsche, Ritzen und Müllhaufen ab, finde mal eine Tonscherbe oder das abgebrochene Horn einer verendeten Kuh, doch er, der Glückliche, zog aus, um für seinen Vater Zibon die Esel zu weiden – und schon fand er die Jemim. Was für Kreaturen sind diese Jemim? Ehrlich, ich weiß es nicht! Mein Lehrer erklärte es mir: «Maultiere», das heißt ein eigenartiges Geschöpf, das weder Pferd noch Esel ist, sondern eine Mischung aus beiden. Und dem entnehme ich, dass der Jem aus zwei Teilen zusammengesetzt war: Vom Kopf bis zum Nabel – Pferd, und vom Nabel bis zum Schwanz – Esel. Denkbar wäre jedoch auch eine andere Kombination: Die rechte Seite in ganzer Länge – Pferd, und die linke – Esel. Beides ist möglich, schwer zu entscheiden. Jedenfalls ist der Jem eng verwandt mit der Familie der Ahaschteriter, den Söhnen der Ramachiter, die bekanntlich acht Beine hatten, von denen immer vier rannten und vier ruhten... Jedenfalls hat er einen ordentlichen Fund getan, dieser Ana, denn die Heilige Schrift erwähnt ihn, und das passiert nicht jedem.

Og, der König des Baschan, war einer der letzten Abkommen der Refaïter. Zur Zeit der Sintflut hatte Noah, der Gerechte, sich seiner erbarmt und ihm einen Platz außerhalb der Arche auf einem Podest gewährt, wohin er ihm durch das Bullauge seine tägliche Verpflegung reichte. Og saß also auf diesem Podest, seine Stirn streifte alle Augenblicke die Wolken, und die Beine baumelten mehrere Meilen ins Wasser hinab, saß da und warf sich ganze Brotlaibe in den Rachen, und aus einem großen, verrußten Kessel verputzte er den ganzen Rest Graupen, der vom Tisch Noahs und seiner Söhne übriggeblieben war. Und womit hat dieser Bösewicht es Israel vergolten? Letzten Endes, als die Kinder Israels aus Ägypten auszogen, riss er einen Berg aus und wollte ihn auf sie schleudern. Um ein Haar hätte er sie bei ihrem Weggang plattgemacht, wenn Mosche nicht dazwischengegangen wäre, indem er mit seiner Streitaxt über zehn Ellen hochsprang und ihn mit einem Hieb auf seinen Fußknöchel tötete. Mögen sie alle so verrecken. Nun blieb nur noch seine Bettstatt übrig, ein Eisenbett, neun Ellen lang und vier Ellen breit, «nach den Ellen eines Mannes» – wunderbare Genauigkeit, die keinen Raum für Zweifel lässt.

Für einen Menschen, der in der Höhe an den Sonnenball stieß und dessen Fersen über dreißig Ellen hinabreichten, ist diese Bettstelle zwar etwas klein bemessen und dazu geeignet, die bedrohliche Gestalt dieses Riesen in meinen Augen erheblich zu schmälern, aber der heilige Raschi, sein Andenken sei gesegnet, fügte rasch einen kleinen Kommentar hinzu, und Ogs Ehre war gerettet, um keinen Deut vermindert. «Nach den Ellen eines Mannes» – will heißen, nach den Ellen von Og selbst, und eine Elle Ogs war bekanntlich mehrere Meilen lang. Die Bettstelle vertrug sich demnach mit Ogs Ehre, und fortan besteht keinerlei Grund zum Bedauern mehr. Das Bett samt Kissen und Decken steht bis auf den heutigen Tag in der Stadt Amman, und wer nicht zu faul ist, kann hingehen, um es zu sehen. Ein ganzes Regiment Soldaten kann bequem darauf schlafen ...

Zehntes Kapitel
Mein Heimweg und meine Reisen zu Lande und zur See

Ganz erfüllt von solch klaren und genauen Informationen, ging ich jeden Tag vor Sonnenuntergang nach Hause. Meine Mitschüler schwärmten laut und fröhlich zu ihren Häusern oder Spielen aus, und ich blieb allein unterwegs. Mein Elternhaus stand etwas abseits des Vororts, nahe einem Gehölz, und bis dorthin musste ich allein einen beschwerlichen Sandweg zwischen Baumreihen über unbebautes, menschenleeres Gelände meistern und unterwegs noch eine Gefahrenstelle überwinden: einen kurzen Steg über einen Bach, von dem es hieß, darunter habe sich ein kleiner Kobold angesiedelt, einer von denen, die gern Schabernack treiben. Der Wicht sei, dem Vernehmen nach, zwar nett zu Kindern und tue ihnen nichts zuleide, aber trotzdem wurde mir etwas bang ums Herz, wenn ich den roten Sonnenball über den Baumkronen sinken und das Licht schwinden sah. Von der anderen Seite des Bachs, aus dem Gehölz, erreichte mich ein verstecktes «Kuckuck», das mich ein wenig ängstigte, und einsam und verlassen tappte ich langsam weiter zwischen den Baumreihen am Wegesrand, rötliche Lichtflecken flimmerten mir entgegen, meine Füße versanken im Sand, und mein Trübsinn trug mich in weite Fernen ...

Nun bin ich nicht auf dem Heimweg, sondern ein Reisender, ein Wanderer, der mit Stock und Rucksack Meere und Kontinente überquert. Vor unzähligen Tagen – wann, weiß ich nicht mehr – bin ich aufgebrochen, die Erde zu befahren und zu durchstreifen, und habe bisher, weh mir, keine Ruhe gefunden. Bin auf und ab über Berg und Tal, von Stadt zu Stadt und von Dorf zu Dorf gezogen, und kein Mensch weiß, wer ich bin, woher ich komme und wohin ich gehe.

Unterwegs folge ich einer Kolonne von Ismaeliten oder einer Karawane der Dedaniter und weiche nicht von ihrer Seite. Wo immer sie hingehen, gehe ich mit, wo immer sie lagern, lagere auch ich ...

Bei Tag überqueren wir Wüsten, trockenes, dürstendes Land, Wohnort von Schlangen und Skorpionen. Die jungen Männer gehen neben ihren Kamelen, hoch beladen mit Ballen über Ballen von Seide, Satin, Brokat, Purpur und Karmesin und Bündeln über Bündeln von Tragant, Mastix, Balsam und Gewürzen. Die weißbärtigen Älteren mit ihren Turbanen reiten an der Spitze, ehrwürdig gekleidet, auf weißen Eselinnen, ihre in Pantoffeln oder Sandalen steckenden Füße schleifen fast am Boden, zeichnen Rillen in den Sand.

Abends machen wir Halt in Wäldern, entzünden Lagerfeuer und schlafen darum herum auf dem Boden, umgeben von einem Wall aus Steinen «in Form einer Rinne» gegen wilde Tiere, wie es, Raschi zufolge, einst unser Erzvater Jakob tat...

An einer Stelle begleiten uns auch Gibeoniter, diese listigen Bauern in ihren verschlissenen Kleidern und geflickten Schuhen, mit ihren brüchigen Wasserschläuchen. Den ganzen Weg ziehen sie nebenher, eine eigene Gruppe, mit traurigen Gesichtern und ängstlichen Augen, als bedrücke sie etwas. Keiner in der Karawane weiß, wer sie sind und was sie auf dem Herzen haben, außer mir, Schmulik, weil man mir schon all ihre Heimtücke aus dem Buch Josua offenbart hat...

Hätte Gott mich den entsprechenden Weg geführt, hätte ich auch eine Nacht im Lehrhaus von Sem und Eber verbracht, wo unser Erzvater Jakob auf der Flucht vor seinem Bruder Esau vierzehn Jahre lang untergetaucht war. Sicherlich hätte ich noch heute das Pult, an dem Jakob einst studierte, und die Bank, auf der er schlief, dort hinterm Ofen gefunden...

So vergingen Tage, Wochen, Monate... Wir meisterten die Wüste Zin, durchmaßen die Wüste Paran – und kein Ende in Sicht. Die Füße schwollen an, Kleider und Schuhe verschlissen, Brot und Proviant wurden trocken und schimmlig, und die Wasserschläuche allesamt brüchig, da sie keinen Tropfen Flüssigkeit mehr enthielten. Beinahe wäre es uns schlimm ergangen – doch plötzlich – hach! Unsere Augen erblickten den Ort Hazezon-Tamar! Die Männer der Karawane lebten auf! Esel und Kamele machten sich auf die Beine wie die Rösser des Königs Ahasveros, und ehe die Sonne sank und der Schabbat begann, erreichten wir alle den Rastplatz. In Hazezon-Tamar fand die Karawane zwölf kühle Süßwasserquellen und siebzig Dattelpalmen und verbrachte den Schabbat dort am Wasser.

Von Hazezon-Tamar an ist der Weg leicht und bequem, eine Vergnügungstour: von Rimmon-Perez nach Mitka, von Mitka nach Hor-Gidgad, von Hor-Gidgad nach Jotbata. Städte und Dörfer ziehen truppweise vorbei. Meine ganze Reise – vierzig Jahre Wüstenwanderung in kürzester Zeit.

Dann plötzlich – bin ich an Bord eines Schiffs. Es fährt nach Ofir. Die See – das Meer von Tarschisch. Himmel und Wasser. Am Heck des Schiffs ist ein alter Mann auf seinem Bündel eingeschlafen. Ist das nicht der Prophet

Jona ...? Sollten wir unser Wunschziel wohlbehalten erreichen, wird es uns an Beute nicht mangeln! Gold gibt's dort wie Steine! Jede Ritze des Schiffs füllen wir mit Gold. Wenn wir nicht träge sind, steuern wir unterwegs auch das Land Hawila an, das vom Pischon umflossen wird. Das Gold des Landes ist das allerbeste, vom höchsten Reinheitsgrad, 96 Prozent. Außerdem gibt es dort Bedolachharz und Onyx. Und der Fluss Sambation dürfte auch nicht mehr weit weg sein.

Als ich aus meinen Tagträumen erwache, ist die Sonne bereits hinter dem Gehölz am anderen Ufer gesunken. Zwischen den Zweigen der Bäume spielen noch zerrissene Goldfäden vom Sonnenuntergang, gleiten und fallen haltlos von einem Blatt zum anderen ... Ein Moment noch – und die Sonne verschwindet in ihre Scheide. Aus dem Unterholz des fernen Gehölzes erhebt sich wieder, wie tagtäglich um diese Uhrzeit, in voller Höhe und über alle Bäume hinweg, eine hoch aufgerichtete Gestalt mit Kopf und Schultern und überblickt wütend die ganze Gegend. Wer ist das? Ein Baum? Ein Riese? Ein bewaffneter Räuber? «Der Frevler belauert den Gerechten und sucht ihn zu töten ...»

Da ist auch schon der kleine Steg mit dem Bach darunter. Das Wasser hat seinen Glanz verloren, plätschert und wimmert heimlich in der Melancholie und Sehnsucht der Dämmerstunde ... Der blinde Ochrim, der hier den ganzen Tag mit seinem Sack und seiner Lyra auf einem Stein sitzt und mit heiserer, brüchiger Stimme um Almosen bettelt, ist auch schon verschwunden. Öde und Trübsinn, der Kobold ...

Ich schließe die Augen in einem Anfall von Panik und Ersticken und renne, renne nach Hause.

Elftes Kapitel
Der Vorort der Teerkocher und seine Umgebung

In Ham, der Großstadt Ham, wohnten die Susiter. Ninive war eine große Stadt vor Gott mit vielen Menschen und Tieren. In Betar, das von seinen Feinden zerstört wurde, gab es vierhundert Märkte und auf jedem Markt – vierhundert Bereiche. Auf der einen Seite der Stadt gab es Schlachten und Metzeln und auf der gegenüber Feiern und Tanzen, ohne dass die einen von den anderen wussten. Jenseits des Sambation wohnen riesengroße rote Juden. Wenn einer von uns dorthin gerät, stecken sie ihn wegen seiner Winzigkeit in die Manteltasche, wie eine Nuss oder ein Taschentuch zum Beispiel, und spüren ihn gar nicht mehr.

Im Viertel der Teerkocher gibt es nichts von solch großen Dingen, weder von diesen noch von jenen. Das Teerkocherviertel ist klein, dürftig und sehr ruhig. Ein Mann niest an einem Ende – und sein Freund am anderen Ende wünscht ihm «Gesundheit». Ein Hahn kräht am Mittag auf einem Hof in der Mitte, und sein Ruf schallt über den Bach hinweg ... Ich brauche mich nur auf das Dach unserer Holzhütte hinterm Haus zu stellen oder auf den hohlen Rhus-Baum vor unserer Haustür zu klettern – und der ganze Vorort und seine Umgebung liegen wie ein Gewand vor mir ausgebreitet. Ich sehe an die dreißig Lehmhäuser und niedrige Hütten, die meisten mit schiefen Wänden, kleinen Fenstern und schadhaften Dächern. Die tiefergelegenen ducken sich drunten im Tal, lugen bescheiden aus der grasbewachsenen Erde und schützen sich im Schatten einzelner Kastanien- und Nussbäume, die man neben ihnen gepflanzt hat. Die oberen stehen frei beiderseits der Straße und sehen aus, als seien sie aus dem Tal dorthin geflüchtet, um ihre Schräge ein wenig abzulegen und ihre eingerosteten Knochen zu strecken. Zwei oder drei Häuser, darunter das meines Lehrers, sind den Aufstieg zu träge angegangen und unschlüssig in der Mitte des Hangs stehen geblieben: Wieder runter wollten sie nicht und weiter rauf trauten sie sich nicht. Im Sommer füllt sich das Tal mit hohen Dornen und Disteln und im Winter – mit einer tiefen Schneedecke, die die Höhe der Häuser um die Hälfte verringert. Zuweilen sieht man nur noch den Schornstein ...

Das ganze Jahr über sieht der Vorort verschlafen aus. Von allen Seiten steigt ihm Mattigkeit in die Glieder: von der breiten, sandigen Straße, die vom Wald ausgeht und den Stadtteil in der Mitte durchschneidet; von dem vereinzelten Ochsenkarren, der gelegentlich die Straße entlangzuckelt, bis zur Radnabe im Sand versunken; von dem Bauern, der in weiter Stoffhose, mit Gummistiefeln an den Füßen und Hut auf dem Kopf nebenhergeht, die Pfeife zwischen den Zähnen, und von seinem lässigen ukrainischen *Zaw-Zawa,* das von selbst seinem Mund entfährt, um die gemächlich trottenden gehörnten Ochsen anzutreiben; von den stummen Wäldern und Feldern; von den hohen goldenen Ähren, die nahebei im leisen Wind des Tages wogen, und von dem unaufhörlichen Zirpen und Summen zwischen den Halmen, das alle Sinne einlullt und die Lider von allein sinken lässt; von den niedrigen, verwitterten Holzkreuzen, die schief auf den Hügeln des Friedhofs «der anderen» stehen und in stiller Trauer über den windschiefen Zaun spähen; von der Sandfläche, die sich wie eine endlose Wüste hinter diesem Friedhof erstreckt...

Auch die Bewohner des Vororts gehören nicht gerade zu denen, die summen und brummen. Sie sind einfache Leute, ärmliche und stille Menschen, demütig in Geist und Tat. Großes streben sie nicht an, und dem, was zu wunderbar für sie ist, forschen sie nicht nach. Sie rechnen in kleiner Münze, handeln mit Trödel und Resten. Im Sommer haben sie eine große Einkommensquelle – Pech und Teer. Flüssig und lautlos rinnen beide von einem Gefäß ins andere und beschweren sich nicht. Man stellt eine Wanne und einen Kübel auf den Vorplatz der Haustür oder des kleinen Ladens und verkauft Maß für Maß Pech und Teer an Bauern, die mit ihren Karren vorbeifahren. Zwischen dem einen Kunden und dem nächsten steht die Sonne müßig am Himmel, das Pech ruht unterdessen stundenlang reglos in Wannen und Kübeln, glänzt ruhig in seiner fetten Schwärze und dient als runder schwarzer Gratisspiegel für die Sonne, den Himmel, die leichten Wolken, ein vorbeikommendes Mädchen oder einen fliegenden Vogel.

Der Fluss, der den Vorort der Teerkocher umschließt, heißt Teteriw und nicht Pischon, ja er «umschließt» es auch nicht direkt, sondern fließt die meiste Zeit des Jahres friedlich geradeaus, ohne unnötige Kurven und Schleifen. Insgeheim und wie nebenher empfängt er allerlei offene und anonyme Spenden als Nebeneinnahme: Abwasser, Regenwasser und Grundwasser, tagtäglich zugeführt durch Rinnsale und Bäche, Quellen und Kloaken, und sein Angesicht ist stets arglos nach oben gerichtet, als wollte er sagen: Verfahre nach deinem Willen mit mir, Vater im Himmel, da bin ich, in deinen Händen. In der heißen Jahreszeit schwindet er demütig und bescheiden mehr und mehr, bis er fast austrocknet. Dann zeigen sich Sandbänke und Dünen in seinem Bett, richtige kleine Inseln, bewachsen mit Binsen und Schilf, und an heißen Tagen kommen Kinder Israels aus dem Vorort und lagern dort familienweise, splitternackt wie am Tag ihrer Geburt auf dem Sand, verborgen durch Schilf und Gebüsch, essen gemeinsam Linsen oder knacken Nüsse, zünden zuweilen auch ein Feuer an und stellen einen Kessel auf. Dann erinnern sie mich an die Karawane von Rabba bar bar Channa, deren Teilnehmer leichtfertig auf dem Rücken eines großen Fischs landeten, dort kochten und brieten und beinah abgerutscht und von den Tiefen verschlungen worden wären.

Es gibt auch beherzte und mutige Prachtkerle, die sich aufs andere Flussufer trauen, wo sie sich im Sand wälzen und ohne Furcht und Scham nackt zwischen den Büschen und Bäumen des Waldes tanzen wie wilde Ziegenböcke, ihn mit Lärm und Trubel erfüllen. Ich frage mich, ob sie heil von dort zurückkehren werden. Kaum eine Schrittlänge trennt sie von einer Bärin, die ihrer Jungen beraubt wurde, oder von einem Steppenwolf, der sie jäh anspringen und einen von ihnen in seinen Bau verschleppen könnte ...

Nur einmal im Jahr, zur Zeit der Schneeschmelze, tritt zuweilen auch der Teteriw über die Ufer und tobt sich ein bisschen aus. Dann trägt er auf dem Rücken seiner Wellen und Eisschollen von fernher Holzstücke, ein umgekipptes Ruderboot, Fässer, einen Balken, eine ausgerissene Tür, ein Wächterhäuschen, und manchmal treiben sogar lebende Gänse und Hühner in ihren Verschlägen auf einer Eisscholle und gackern bitterlich, oder Heuballen mit einem verdattert bellenden Hund obendrauf. Doch selbst als Wildfang bleibt der Fluss freundlich und gutgelaunt. Seine Wellen klatschen in die Hände, lachen und zwinkern, als wollten sie allen zurufen: Fischt raus und nehmt! Wer zuerst kommt, mahlt zuerst! Und die Kinder Israels fassen plötzlich Mut, lassen alle Bedenken fahren und eilen mit ihren Rechen zum Fluss, um Beute zu machen und Raub einzusacken. Väter und

Söhne raffen die Rockzipfel hoch, krempeln die Hosenbeine auf und waten bis zu den Hüften im Wasser, um mit ihren Rechen zu fassen, was sie können. Es heißt, Mordechai-Aaron habe auf diese Weise einmal eine perfekte einjährige Färse samt ihrer Futterkrippe erwischt. Er brachte sie in den Stall, wo sie prächtig gedieh, und jetzt ernähre sie ihn und seine Familie reichlich und in Ehren.

Zwölftes Kapitel
Das Gehölz jenseits des Teteriw

Im Gehölz zu beiden Seiten des Flusses wachsen keine hohen Zedern des Libanon und keine mächtigen Eichen des Baschan. Was aber dann? Bescheidene Büsche, niedriges Schilfrohr, Bachweidenzweige für das Hoschana Rabba, dichte Tannenäste für das Dach der Laubhütten und dünnes, biegsames Reisig für die Rutenbündel im Badehaus. Die Alten im Vorort deuten noch mit dem Finger auf verwitterte Baumstümpfe von erstaunlicher Dicke, die bis heute aus der Erde lugen und stumm von einer Generation starker Riesen zeugen, die aus der Welt geschafft wurden, um einer minderwertigen und verkrümmten Generation Platz zu machen. Unter den Baumstümpfen gibt es solche, die sich noch für lange Zeiten ihre Feuchtigkeit und Frische bewahrt haben und deren durchtrennte Adern Jahr für Jahr im Frühling einen rötlichen Saft absondern, wie Tränen vermischt mit Blut. Sie weinen und trauern mit ihrer Lebenskraft um ihre Schönheit und Stärke, die vorzeitig aus der Welt getilgt wurden, und lassen sich nicht trösten. Ihr Blut schreit aus der Erde: Warum wurde Hand an uns gelegt! Nach Ansicht der Gelehrten sind die Säfte dieser Stümpfe für den Genuss verboten, da sie den Tränen von Toten gleichen. Aus der Generation der Patriarchen sind nur vereinzelte Bäume geblieben, erbärmliche Krüppel, von Gott geschlagen und von Krankheit geplagt, bucklig, mit krummen Rücken, aufgeschlitzten Bäuchen und gespaltenen Schädeln, dreigeteilten Stämmen und verdorrten Gliedern, entstellte und deformierte Gebilde, die eher seltsamen Kreaturen aus dem Tierreich gleichen, etwa einem Affen, einem Kamel, einem Geparden, einer Meerjungfrau, oder aber Dämonen, Nachtgeistern und Zentauren aus dem Kreis der Schelmen, dazu verdammt, in Bäume zu fahren und so für alle Zeiten wie Nägel an Ort und Stelle zu bleiben, Mensch und Tier in Staunen zu versetzen und nächtlichen Wanderern im Wald Angst und Schrecken einzujagen.

Diese Elenden, an denen der Todesengel vorbeigegangen ist, sie zu einem Leben in Schmach und Schande, über ihre Zeit hinaus, verurteilt hat, sind meinen Freunden und mir besonders lieb. Vielen haben wir aufgrund ihrer sonderbaren Gestalt Spitznamen verpasst, und an Schabbat- und Feiertagen dienen sie uns als Treffpunkt für Spaß und Spiel.

Ein mir bekannter Baum, eine krumme, alte Weide mit geteiltem Stamm und je einem Loch in beiden Enden – Mulden einstiger Äste, die vor lauter Alter und Trockenheit ausgefallen sind wie schlechte Zähne –, ähnelt einem großen, trockenen Fisch, am Rücken aufgeschlitzt und beide Augen ausgestochen, der aufrecht auf seiner Schwanzflosse steht, der Bauch wie ein offenes Grab und das Maul aufgerissen, bereit, jeden Näherkommenden bei lebendigem Leib zu verschlingen ... Eine hartnäckige, knorrige Kiefer hingegen erinnert an einen Seraph, eine fliegende Schlange, mit einem Reiter auf dem Rücken, der ihm die Peitsche gibt. Wieder ein anderer sieht genauso aus wie ein fünfarmiger Leuchter, und so nennen ihn auch alle: der Leuchter.

Eine bucklige Fichte hat sich im Alter zum Narren gemacht, nämlich einen Kopfstand hingelegt und die Beine schmachvoll gen Himmel gereckt. Und eine uralte, stämmige Silberpappel hat sich im Bogen zur Erde gesenkt, und aus ihrem Rücken ist, wie ein Säugling, eine zarte, junge Pappel gesprossen, so weiß wie reinstes Silber. Kerzengerade und in zartem Grün steht sie auf dem Rücken des väterlichen Baums und strebt himmelwärts ...

Vermutlich sind viele dieser bizarren Bäume in Wirklichkeit nichts anderes als Reste des Götzendienstes an Kultpfählen und Rauchopferaltären, den Gräueln der antiken Völker, die der Ewige-gelobt-sei-er verunstaltet und zur Mahnung für spätere Generationen stehen gelassen hat ...

Aus dem Gebüsch ragen hier und da nackte, verdorrte Stämme empor, recken ihre Äste wie Arme in die Luft. Das sind die Gerippe toter Bäume, wahre Mumien, die nie beerdigt wurden, sondern, an ihren Wurzelballen haftend, in «der Welt des Chaos» stehen, ihr Körper eingeschrumpft und verhärtet, ihre Knochen verwittert und geschwärzt von Winter und Regen, und sie allesamt außen löchrig und innen hohl.

Die gojischen Lausbuben, die im Gehölz die Schweine und Kälber ihres Vaters Iwan hüten, oder die Cheder-Jungen, die an Lag baOmer kommen, um mit Pfeil und Bogen zu schießen, finden – selbst wenn sie mit Kerzen suchen würden – dort garantiert weder die Jemim noch das rätselhafte biblische Tier «Tachasch», mit dessen Fell die Bundeslade bedeckt werden sollte, und auch keinen Büffel oder Damhirsch. Was finden sie aber doch? Bovisten und Blätterpilze, den Kieferknochen eines toten Pferdes, Schweinehufe und – durch ein Wunder – sogar «Wolkenfall», der aussieht wie das fade Eiweiß bei Hiob oder wie das Aspik aus Fischfond bei der «dritten Mahlzeit» am Schabbat-Ausgang, geliert und wackelnd ... Die Frauen nennen diesen Glibber «Tränen unserer Erzmutter Rachel», und er soll sehr gut vor einer schweren Geburt schützen. Jeder Junge, der einmal alle Jubeljahre so einen Fund macht, rennt sofort freudig zu seiner Mutter, die das kostbare Nass tropfenweise an schwangere Nachbarinnen verteilt, damit sie es sich in einem Säckchen als Amulett um den Hals hängen.

Ich habe sagen hören, in dem Gehölz wüchsen auch Haselnüsse sowie Birnen, die schon zu Jom Kippur reif seien. Manche behaupten sogar, auch Erez-Israel-Äpfel gefunden zu haben. Mag es glauben, wer will. Ich habe sie bisher nicht zu sehen bekommen. Zur rechten Zeit sollte man sich in den Wald begeben und in sein Innerstes vordringen. Es lohnt sich, ihn zu erforschen. Wer weiß, was mich dort erwartet? Tief im Herzen mache ich mir viele Gedanken über den Wald.

Dreizehntes Kapitel
Der Vorort der Teerkocher und die Legenden der Väter

So klein, ruhig und ärmlich der Vorort der Teerkocher auch sein mag – in meinen Augen ist er der Nabel der Welt. Ein Großteil der Schöpfungsgeschichte handelt davon. Hier über den Dächern setzte der Ewige an den sechs Tagen der Schöpfung Lichter ans Himmelsgewölbe; hier in den Gärten und Fluren und im Gehölz ließ die Erde junges Grün wachsen und brachte alle Arten von Bäumen hervor; und hier im Teteriw und in den Weihern des Vororts wimmelte das Wasser von lebendigen Wesen, von Fischen und Krokodilen und Fröschen und Krebsen und Blutegeln und allen Arten von gefiederten Vögeln.

Der Heilige-gelobt-sei-er erfüllt gewiss die ganze Erde mit seiner Heiligkeit, aber seinen festen Wohnsitz im

Himmel erkor er sich genau über dem Vorort, und seine mächtige göttliche Gegenwart verengte er auf den Thoraschrein unseres Bethauses, zwischen den Flügeln der Cherubim über dem Vorhang.

Für all die großen Ereignisse, von denen der Chumasch und Raschi und die übrigen heiligen Schriften berichten, die ich in Reb Meirs Cheder studierte, lassen sich Beweise und Anhaltspunkte im Vorort und seiner Umgebung finden. Bei vielen von ihnen kann ich schwer entscheiden, woher sie sich mir zuerst offenbarten und in mein Herz eindrangen, ob aus dem Buch oder von außerhalb.

Ich kann mit dem Finger die Stelle auf dem Feld zeigen, wo Josef verkauft wurde. Die Grube, in die man Josef warf, ist genauso vorhanden wie zu alten Zeiten, bis auf den heutigen Tag. Es ist die Zisterne aus dem Chumasch mit all ihren Merkmalen, ohne Abstriche. War die Grube im Chumasch leer, ohne Wasser darin, so trifft das auch für meine zu. Mehr noch, nach meinem Dafürhalten gibt es in meiner auch Schlangen und Skorpione, genau wie in Josefs.

Wollte ich es wagen, allein jenes Feld zu überqueren, würde ich dort gewiss auf die Karawane der Ismaeliten stoßen. Die Kühe, die der Pharao im Traum erblickte – oder ihre fernen Abkömmlinge –, grasen immer noch am Ufer des Teteriw, und dieses armselige Bächlein fließt nun leise und gemächlich, wie gewohnt, an unserem Vorort vorbei und macht sich keinen Begriff, wer oder was diese Kühe sind, die friedlich Gras an seinen Ufern rupfen.

Mir blieb auch nicht der Pfad verborgen, den Bitja, die Tochter des Pharaos, mit ihren Dienerinnen einst hinabging, um im Fluss zu baden. Den ganzen Sommer über verlief er wie eine nach Wasser ausgestreckte Zunge vom Vorort zum Fluss. Der Tag ist glutheiß. Der Pfad – mal schlängelt er sich weiß über kleine grüne Wiesenhügel und Senken, mal verschwindet er zwischen Gebüsch und Getreide. Die Königstochter trippelt voran, gefolgt von ihren Dienerinnen. Sie trägt eine blauseidene, silbergesäumte Kopfbedeckung, ein dünnes reinweißes Kleid am Leib und an den Füßen Schuhe aus dünnem Tachasch-Leder, goldbestickt, und ihre Mädchen gehen barfuß, die Fußsohlen angenehm geröstet vom glühenden Sand des Pfads. Im Gehen strecken sie ihre Hand nach Ähren und Büschen aus, um reife Körner und Preiselbeeren zu pflücken, und ihre Kleider streifen die Halme und Grannen, lassen ein feines, melodisches Rascheln vernehmen. Filigrane Schmetterlinge gaukeln vor ihnen in der Luft umher, goldene Hummeln und blaue Fliegen summen vor ihren Ohren. Und im Schilf und Ried am Ufer des Teteriw, im zarten, süßen Schattengeflecht, liegt das Baby Moses in seinem Binsenkörbchen und schreit und weint: ahu, ahu! Dabei weiß der Kleine nicht, dass seine Schwester Mirjam, nämlich Slata, Tochter der Witwe Debora, ein wenig abseits steht, verborgen hinter einem Frühbirnenbaum, in ihr Tuch gehüllt, die Augen mit der

Hand beschattet, und in Furcht und Sorge auf den Fluss blickt, klopfenden Herzens...

Unsere Urahnen, wie Terach, der Vater Abrahams und Nahors, weilten seit jeher auf der anderen Seite des Flusses, jenseits des Teteriw, wohnten dort im Gehölz und fällten Bäume, aus denen sie Götzenbilder schnitzten. An Markttagen, wenn der alte Terach seine Werke zum Verkauf stellen musste, packte er die Götzenbilder in Säcke und Körbe, überquerte den Fluss mit einem Boot und brachte sie auf den Markt, wo er unter den übrigen Händlern einen Stand errichtete, nahe dem Friedhof der «anderen», unter dem Baal Peor, dem großen Götzen, der dort an ein hohes Holzkreuz genagelt ist, inmitten des großen Platzes, der als Marktplatz für die Bauern und ihre Wagen aus den umliegenden Dörfern dient. Die Kinder Israels, die aus Ägypten hergewandert waren, hatten sich, wie ich vermute, je nach ihren Stämmen auf der großen Sandsteppe hinter dem Friedhof niedergelassen, weit, weit vom Vorort entfernt. Dort in jener großen und schrecklichen Wüste hatten sie «ihre Zelte so schön wie Bachläufe» errichtet, und jeder wohnte in seinem Lager unter seiner Fahne, mit seinem Heer und seiner Standarte, genau wie die Feldlager unserer Armee, die jeden Sommer ihre Zelte in dieser Steppe errichtet.

Auch die Geschichte von Bileam hat sich ganz sicher auf dem breiten Weg zugetragen, der an unserem Haus vorbei hinaus in Feld und Flur führt und sich schließlich im Wald verliert. Hier ist Bileam auf seiner Eselin vorbeigeritten, begleitet von zwei jungen Männern, um Israel zu verfluchen, und da mitten auf der Straße, bei Trochims Gerstenfeld, ist ihm wie ein Satan der Engel des Ewigen entgegengetreten, sein gezücktes Schwert in der Sonne glitzernd. Das Ganze geschah plötzlich, als sei der Engel aus dem Boden aufgetaucht oder aus einer Lücke zwischen den Gerstenhalmen gesprungen. Bileam bemerkte ihn natürlich nicht, ritt einfach weiter, aber die Eselin wich unvermutet vom Weg ab und stapfte zwischen den Gerstenhalmen voran. Später wich sie erneut ab und geriet in einen Engpass, in die enge Gasse zwischen Jankas Garten und dem Gurkenfeld des tauben Matthew: ein Zaun aus Schilfrohr und spitzen Latten zur einen Seite, ein Zaun aus Binsengeflecht zur anderen. Nichts zu machen, Reb Bileam. Du steckst fest. Steig bitteschön ab von deiner Eselin, packe sie am Schwanz und zerre sie zurück. Du kannst weder nach rechts noch nach links ausweichen ...

Das Ende der Geschichte ist allseits bekannt. Nachdem diesem Bösewicht sein übles Werk trotz aller Anstrengung nicht gelungen war, hielt er an und rief eine Messe aus! Eine große Messe wie die, die letztes Jahr an einem der fremden Feiertage auf dem Platz vor dem Friedhof der «anderen», rund um das Götzenbild stattgefunden hat. All die Midianiter und die Russen aus den nahen und fernen Dörfern und Vorstädten strömten zu dieser Messe, brachten in ihren Fuhrwerken auch die Töchter Midians mit: dralle, pausbäckige Schickses, ausstaffiert mit Fransentüchern und bestickten bunten Kleidern, schwer behängt mit Korallen- und Glasperlenketten am Hals, Kupferarmreifen mit Glaskringeln und Ohrgehängen. Dergestalt reich geschmückt, ein wahrer Augenschmaus, spazierten die Töchter Midians auf dem Markt umher, vorbei an den Ständen und Buden der jüdischen Händler und Kaufleute der Wüstengeneration, tranken Kwass, knackten Sonnenblumenkerne und traten zumeist reichlich kokett auf. Zunächst schenkten die Kinder Israels ihnen kaum Beachtung. Was scherte es sie? Sollten die Töchter der Unbeschnittenen ruhig schäkern! Sie waren unrein, aber ihre Münzen waren koscher. Doch gegen Abend, als die Russenburschen aus der nahen Siedlung sich jeder seine Schickse schnappte und das Tanzen zu Flöten- und Leierkastenmusik und zum Klang von Trommel und Zimbel um das Standbild losging, da, ja o weh, o weh, gelang des Satans Teufelswerk, und die Söhne Israels – o welche Schande – hurten nach den Töchtern Midians und liefen zum Baal Peor... Dieses Götzenbild steht bis zum heutigen Tag mitten auf dem Platz, und jeder von uns, der dort vorbeikommt, spuckt dreimal aus und murmelt einen gewissen Vers.

Viele hohe Berge gibt es auf Erden: den Ararat, den Berg Sinai, den Hor, den Nebo; aber der höchste von allen ist kein anderer als der Berg, der sich jenseits des Tals erhebt und seine zerklüftete Spitze in den Himmel reckt. Das ist «der Gipfel des Pisga, der auf das Ödland herabschaut». Leichte Wolken stoßen im Flug daran und hinterlassen Fetzen an seinen Felsen und Klüften, und wenn ein Mensch ihn bestiege und leben bliebe, würde er die verlassenen Wolkenfetzen dort am ganzen Massiv finden, frei zum Einsammeln, was jedoch keiner tut. An seiner kahlen Flanke, wo durch Erdrutsche und Abbau einige Partien abgebrochen sind und die entblößte Stelle in ihrer Röte wie das rohe Fleisch des Berges aussieht, sind einige Nischen und Höhlen entstanden, in denen sich gewiss die Moabiter versteckten, als sie den Israeliten an der Wasserscheide der Bäche des Arnon auflauerten. Die Moabiter – die haben allerdings ihr Fett abbekommen! Als sie in ihren Höhlen saßen und darauf warteten, dass die Israeliten im Tal durchzogen, um sie dann von hinten anzufallen, drückten sich die beiden Berge von hüben und drüben des Tals plötzlich aneinander, und die Vorsprünge auf der einen Seite schlüpften – wie Brüste in ihre Körbchen – in die Nischen auf der anderen, und alle Moabiter wurden zerquetscht wie Wanzen! Der Heilige-gelobt-sei-er ruhte nicht, bis er Mirjams Brunnen – einen freundlichen Quell! – hatte entspringen lassen, der hier unten am Talgrund plätschert, und der spülte die zerschmetterten Schädel und Glieder aus den Nischen und trug sie vor den Augen von ganz Israel in den Teteriw, das heißt, den Arnon ...

Der Vorort ist entschieden ein wunderbarer Ort, Vieles im Kleinen, ein ewiger Schatz. Alle Schöpfungsakte und die Chroniken aller Generationen sind darin enthalten wie das legendäre gefaltete Gewand in einer Nussschale.

Es gibt rein gar nichts in der Thora, das nicht sein explizites Gegenstück oder eine deutliche Parallele im Vorort hätte. Wer hat da von wem übernommen? – Unentschieden. Kann sein, dass der Heilige-gelobt-sei-er im Chumasch und bei Raschi nachgelesen und danach den Vorort erschaffen hat, und auch das Gegenteil ist möglich: Er hat den Vorort und seine Umgebung betrachtet und danach den Chumasch und Raschi geschrieben. Oder vielleicht sind die beiden seit ewigen Zeiten miteinander verbunden und keiner dem anderen vorausgegangen.

Vierzehntes Kapitel
Naturkunde und Künste

Neben all dem bot uns Reb Meirs Tal reichlich Material zum Studium der Naturkunde, zu Tier- und Pflanzenarten, und auch einiges über allerlei Künste.

An Sommertagen, während Reb Meirs Mittagsschlaf, gehen meine Mitschüler und ich an den Hang hinterm Haus hinaus, ein prima Platz zum Tollen und Plaudern. Hier sind wir freie Menschen, können tun und lassen, was wir wollen, jeder so, wie Gottes gute Hand es ihm erlaubt.

Die Flinken, Micha und Gadi, rennen als Erste in die Sträucher und Büsche dort weiter oben, klettern beharrlich von einem Strauch zum anderen, auf der Suche nach Preiselbeeren. Nach der Legende, die die Schüler einander weitergeben, müssten diese Büsche alljährlich Beeren hervorbringen, aber nie kehrt einer dieser Jungen mit welchen zurück. Anscheinend gibt es noch Flinkere, die ihnen zuvorkommen. Oder die Ziegen seien schuld, heißt es.

Wölfele, der Tunichtgut, klettert flugs auf einen Baum, sitzt verborgen im Geäst und zielt mit Steinen auf jeden Bauern, der mit seinem Wagen aus dem Tal herauffährt, wohl im Gedenken an David und Goliath.

Nachum und Todi, zwei eifrige Jäger, Experten für Fliegen, Heuschrecken, Grillen, Wespen, Mücken und Schmetterlinge, zücken ihre Ausrüstung, allerlei Nadeln und Röhrchen und Zwecken und Stecher und Häkchen und was der allerfeinsten Mordwerkzeuge mehr sind, und beginnen sofort, ihre «Experimente» an den bedauernswerten kleinen Geschöpfen durchzuführen, die ihnen in die Hände fallen. Wenige Minuten später schon fährt eine winzige, aus Papier gefaltete Prunkkarosse, gezogen von einem Gespann schillernder Grillen, des Weges, und ein Trupp Fliegen, Wespen und Falter verschiedener Färbung und Gestalt – golden, blau, rot, getigert – sitzen paarweise drinnen oder umschwirren sie grüppchenweise. Diese wie jene sind mit feinen Zwecken und Nadeln an ihren Sitz oder aneinander befestigt, an Eingeweiden und Rücken durchstochen, und alle zittern mit Gliedern und Beinchen, winden sich in Krämpfen, schweben zwischen Leben und Tod, und ihr Summen zerreißt den Himmel. Aber unsere beiden Naturforscher,

Nachum und Todi, gehen völlig unbesorgt, mit philosophischer Gelassenheit und flinkem Eifer ihrem Tun nach.

Heschele, ein junger Schmerbauch, so rund wie ein Fass, sitzt im hohen Gras und schlägt seelenruhig einen Schmetterling namens Totenkopfschwärmer auf eine kleine Kupfermünze, in der Hoffnung und dem Glauben, am nächsten Morgen zwei Münzen darunter zu finden ... Diesen Geheimtipp hat ihm Netka der Dieb zugeflüstert, zum Preis von zwei Knöpfen und einem Apfelschnitz, worauf er gleich nach Erhalt seines Lohns die Beine in die Hand nahm und hinter der Ruine verschwand, um dort seltene Fliegen zu jagen.

Ein Trupp Jungen sammelt emsig «Perlen» im Gras und fädelt sie auf – flache, runde Körnchen, wie winzige Trockenfeigen. Eine andere Gruppe widmet sich dem Pflanzen und Jäten oder baut Brücken und lässt Schiffe auf Mirjams Brunnen fahren, das heißt auf dem Bach drunten im Tal.

Zuerst zieht es mich auch zu einer dieser Gruppen und ihren Aktivitäten, aber fixgeschwind, ehe ich noch weiß, wie mir geschieht, bin ich außen vor ... Ohne mein Zutun, als schwaches Glied in der Kette, stolpere und falle ich aus der Spielgruppe, und kein Mensch spürt mein Fehlen. Wie ein verlorener und vergessener Gegenstand liege ich auf der Wiese, verborgen zwischen Halmen und Blättern, ohne dass jemand es sieht oder weiß. Und so ist es mir recht. Ich brauche weder sie noch ihren Tumult. Sehend, ohne gesehen zu werden, lagere ich allein abseits, verborgen im Schoß der Erde, mir selbst und meinen Träumen überlassen, schaue, lausche und schweige.

Da krabbelt eine Ameise, erklimmt einen Grashalm, stürzt ab und klettert erneut hinauf. Diese schmale, kleine Kreatur irrt durch einen schattigen Wald ohne Ausweg. Und da ist ein «Pferd unseres Meisters Moses» alias Marienkäfer, klebt an meinem Handrücken wie eine halbe Linse: rund und rot mit schwarzen Punkten, hart, glatt und glänzend, als stecke er in einem polierten Panzer. Dem Anschein nach könnte man ihn glatt als Edelstein in einen Siegelring einsetzen. Doch plötzlich teilt sich der Panzer in der Mitte, dünne Flügel blitzen auf, und der Kleine ist weg! Auf und davon geflogen, der rote Knirps! Möge sein Gott mit ihm sein zu sicherem Flug. Ich werde ihm nichts tun. Ein Geschöpf ist er, von den Händen des Heiligen-gelobt-sei-er erschaffen wie ich. Und wer weiß, vielleicht ist er gerade im Auftrag des Ewigen unterwegs. Alle setzt der Heilige-gelobt-sei-er für seine Pläne ein, sogar Frosch und Mücke, ausgenommen die Spinne, die Himmel und Erdenbewohnern zuwider ist, weil sie einst Feuer in den Tempel getragen hat.

Sogar die Gräser haben Halm für Halm einen Beauftragten im Himmel, der sie anstößt und ihnen sagt: Wachse! Und so geschieht es, dass sie manchmal in großer Hast aus ihrem Schlummer erwachen und, von Angst und Zittern ergriffen, einander flüsternd anspornen: «Wachse, wachse, der Engel schlägt und sagt: ‹Wachse.›»

Es wäre gut zu wissen, womit er schlägt: mit dem Mittelfinger oder mit einem kleinen Gürtel.

Still! An meinem Ohr – oder vielleicht darinnen – erklingt eine zarte Weise, singt und schwingt in sanftem, leisem Säuseln, dünner als dünn, wie ein Haar nur ... eine Mücke geigt! Die nahen Jubelrufe meiner Mitschüler werden mir auf einmal fern und ferner, erreichen mich wie von jenseits einer geschlossenen Mauer oder durch Kissen und Betten, verschlungen und ausgelöscht vom Tosen des Sonnenrads, das das Himmelsgewölbe durchzieht und die Welt mit seiner Macht regiert. Und die zarte Weise singt und klingt mir immer noch im Ohr, tief in der Seele drinnen. Was spielst du mir, und was willst du mir sagen. Spanne die Saiten, liebe Mücke, spanne sie gut, fiedele stärker. So tut es mir gut, so ist es schön und süß ... Jetzt entschwebe ich mit jener kleinen weißen Wolke am Strahlenhimmel. Friede mit euch, meine Freunde! Friede mit euch, Mutter und Schwester! Friede, Friede nah und fern ...! Ich verlasse euch jetzt auf einem langen, langen Weg ... Ich geh zu Fejgele ...

Fünfzehntes Kapitel
Und ich bin in meinem Geburtsdorf

Die Weise erklingt, meine Augen fallen von alleine zu – und ich bin in meinem Geburtsdorf.

... Ein heller Morgen. Sonne und strahlender Himmel.

Lehmhäuser mit Strohdächern schimmern zwischen grünen Wiesen und taufeuchten Bäumen. Jedes Haus hat seinen Garten, seinen Hof und seinen Freiplatz. Töpfe und Tonkrüge sitzen wie Hüte über Pflöcke, Zaunpfähle und Baumäste gestülpt. Kirschbäume und Sonnenblumen lugen über Zäune und Hecken. Zaun für Zaun, Hecke für Hecke, je mit ihrem kühlen Schatten daneben. Brunnenhebel gehen quietschend auf und ab, und die Eimer verspritzen lebendige, klare Wassertropfen wie Silber und Kristall. Die Stimmen einer Hausfrau und einer Magd erklingen. Pferdewiehern, Schweinegrunzen, Rindermuhen, Schafsblöken, Ziegenmeckern – der liebliche Klang morgendlicher Geschäftigkeit. Es riecht nach Mist und warmer Milch. Die Dächer beweihräuchern den Himmel mit Rauchsäulen aus ihren Schornsteinen. Fern, auf der Anhöhe, breitet eine Windmühle ihre Flügel aus. Und dort, hinter der Mühle, am Ende der Welt, welliges Land, Wege und Pfade, Wälder, reinweiße Dunstschleier ...

Am Ende des Dorfs, am äußersten Rand, erhebt sich ein kleiner grüner Hügel. Auf seiner Kuppe stehen Haus und Hof und an seinem Fuß ebenfalls Haus und Hof – Tor gegenüber Tor. Ein gelblicher Pfad durchquert die Wiese und führt von Pforte zu Pforte. Die Haushühner und ihre zarten Küken strömen in Familienverbänden hinaus zum morgendlichen Picken. Schwalben flitzen wie Pfeile durch die Luft. Es ist ein Pfeifen, Krähen, Gurren, Zwitschern – der liebliche Vielklang des Morgens.

Plötzlich taucht am offenen Fenster des unteren Hauses ein schmaler, blasser Junge auf, etwa fünf Jahre alt und in ein weißes Hemd gekleidet. Das bin ich. Ich stehe nur mit dem Hemd am Leib am Fensterbrett, die Augen verengt wegen des hellen Lichts, mit Morgenfreude in Gesicht und Knochen. Mein Kopf ist erhoben, zur Hügelkuppe, und meine Augen hängen sehnlich am offenen Fenster dort oben. Meine Augen suchen *sie*, meine einzige Freundin und meine «Braut», Fejgele.

Eine Minute später erscheint sie am oberen Fenster, Fejgele. Warm und süß und lichtüberströmt steht sie da in ihrem reinweißen Hemd und mit goldenen Locken, ein strahlendes Lachen auf dem Gesicht und ganz und gar morgendliche Frische, ganz und gar Glanz und Anmut.

«Fejgele!», rufe ich ihr zu, stehe mit ausgebreiteten Armen da, wie zum Fliegen bereit, und eine schier überwältigend süße Welle durchströmt mein Herz.

«Schmulik!», flötet sie von oben zurück und streckt mir ihre Ärmchen entgegen ...

Das Bild verweht. Die Weise spielt weiter. Und ich sehe eine neue Szene:

... Das Dorf nach dem Regen. Die Wolken haben sich verzogen, und die Sonne scheint. Ein großer Segen ist auf die Welt herabgekommen, und ein blitzsauberes neues Licht leuchtet darin. Die Welt ist rein, so rein. Alles sieht neu aus – vom Blau des Himmels bis zum Grün von Feld und Flur. Die starke Eiche mit der ausladenden Krone und den dicken Ästen steht unverwandt in der Dorfmitte, frischer und herrlicher denn je. Die Erde, die sich vollgesogen und noch Wasser übriggelassen hat, verkündet ihre überbordende Freude in nah und fern mit dem Jauchzen ihrer üppigen Wasserläufe und dem Beben glitzernder Tümpel. Dächer und Bäume lassen goldene Tropfen rieseln, Blüten und Blumen reihen Perlen auf und weinen vor Glück. Auf dem Hügelpfad, im feuchten Sand, liegt eine Glasscherbe, glänzt und glitzert, als sei sie nun zu Großem berufen. Lieber Gott! Wie viele Sonnen! Wie viele Himmel! Jeder Tümpel und seine Sonne darin, jede Wasserlache und ein Himmel auf ihrem Grund. Weltensplitter stehen Kopf, neue Himmelsfetzen unter Wasser in endloser Zahl – dreihundertzehn Welten wie im Talmud versprochen! Vögel in den Bäumen und zarte Küken im Gras sind schier verrückt vor Freude, recken die Hälse, spreizen die Flügel, sperren die Schnäbel auf – und krakeelen aus vollem Hals ... Lob und Gesang von oben, Jubeln und Trillern von unten.

Dann plötzlich kommen zwei kleine Kinder, Fejgele und ich, barfuß und mit wehenden Hemden Arm in Arm hinter dem Haus hervor. Aufrecht marschieren sie gemeinsam, im Gleichschritt, die Hälse gereckt, die Köpfe hoch, die Münder offen – und auch sie krakeelen aus vollem Hals ... Weder Text noch Melodie – nur Jubelruf und Freudenklang, wie der Ruf des Kranichs vom Baumwipfel im Wald, aus vollem Mund und Hals: La-la und la-la-la und erneut la-la und la-la-la! Eine einzige große

Freude, die Freude Gottes, hat alle ergriffen. Bäche und Vögel, Bäume und Gras, die Glasscherbe und die beiden Kinder hat sie mit ihren mächtigen Wellen erfasst. Eine einzige Freude in aller Welt, über ihren Köpfen, und ein Jubel in aller Munde – ein Lobgesang auf den Ewigen...

...Und während die Weise noch nachklingt, träume ich erneut und sehe:

...Gegen Abend. Sie und ich allein auf dem Dorfanger. Die Sonne steht in Begriff, hinter einem der Hügel zu versinken, und die ganze Wiese mit ihren Blüten und Blumen ist in rötlichen Glanz getaucht, das Gold des Sonnenuntergangs. Die Blätter und Grashalme – durchscheinend und lichtdurchflutet, und die weißen Gänse, die dort picken, haben einen leichten Goldschimmer angenommen – vergoldetes Silber! Die Äste der einzeln stehenden Bäume triefen Blut, und ihre Schatten werden lang und länger, große Stille liegt ringsum. Süßer Grusel und wundersames Sehnen. Die Schmetterlinge sind flügellahm geworden, flattern nun langsam über die Büsche. Man hört die mahlenden Mäuler der Kälber und Fohlen, die auf dem Anger stehen und still weiden, in Gedanken verloren... Fejgele in ihrem weißen Kleid schwebt wie ein Vogel von Strauch zu Strauch, um Blumen zu pflücken, und ich stromere ihr nach. Wie viel sie heute gefunden hat: Einen ganzen Strauß hält sie in der Hand!

Plötzlich schreckt sie zurück: Sie hat den Kadaver einer Hausschlange auf der Wiese entdeckt. «Hab keine Angst!», beruhige ich sie wie ein Experte, «sie ist tot. Schau her!», und ich hebe die Schlange auf. Schlangen machen mir nichts aus. Sie leben in unserem Garten, und ich fürchte mich nicht vor ihnen. «Lass sie los, lass sie fallen!», ruft sie erschrocken und weicht zurück, «wirf sie weg!» Der Prahlhans in mir bricht sich Bahn, und ich wedele vor ihr mit der Schlange, wie mit einer Peitsche. Sie flüchtet mit Angstschreien, und ich Grobian setze ihr nach. Im Laufen fallen ihr die Blumen eine nach der anderen aus der Hand und verstreuen sich hinter ihr – blaue, gelbe, weiße. Der starke Glanz des Sonnenuntergangs leuchtet durch ihr dünnes weißes Kleid und ihre Ohrläppchen, und ich – springe ihr mit der Schlange in Händen nach. Dann plötzlich – ohne dass ich weiß, wie mir geschieht – kann ich Fejgele nicht mehr sehen. Auf und davon. Doch der Heldenmut in mir lässt immer noch nicht locker, und ich renne einfach weiter, nicht mehr hinter Fejgele her, sondern zur untergehenden Sonne hin. Da ist sie ganz nahe. Dort hinter dem Hügel. Ich bin ihr auf der Spur, werde sie erreichen. Werde hingehen und schauen. Eine Hand erfasst mich und schiebt mich vorwärts – und schon bin ich auf der Kuppe des Hügels. Ich hebe die Augen – und erstarre zu Stein: Feuer, Feuer! Alle Enden der Erde und des Himmels werden vom Feuer verzehrt. Feuerströme und Feuergebirge. Feuerpaläste und Feuerwälder. Feuer entzündet sich an Feuer, und Feuer frisst Feuer. Rotes Feuer, weißes Feuer, grünes Feuer. Ein Feuerwagen und feurige Pferde fliegen vorüber, brennende Junglöwen setzen ihnen nach. Und siehe, Gottes mächtige Pracht fährt im Feuer herab ...

Mein Herz erstirbt vor Gottesfurcht, und ich verberge mein Gesicht und fliehe ...

... Die Weise erklingt wundersam, und ich träume und sehe erneut:

... Mittagszeit, Sommerglut. Unerträglich stark ist das Licht, und der Tag kann seinen Glanz kaum fassen. Ganz allein sitze ich an der Straße, im glühenden Sand eingesunken und die Augen auf den Wald gerichtet. Nur einen Ausläufer sehe ich, einen Zipfel, der sich zum Dorf hinzieht, aber nicht das Ganze. Ich sitze ihm gegenüber und sinne ihm nach. Wie seit jeher gibt der Wald mir von Weitem sein dunkles Rätsel auf, ich bin klein und unwissend und verstehe ihn nicht. Ringsum kein Mensch. Hitze und Stille. Ein Geruch nach trockenem Staub hängt in der Luft. Die Steine auf dem Feld sind glutheiß, die Zäune glühen wie im Ofen. Bäume und Sträucher sind zu schlapp, um ihr Schattengespinst unter sich zu weben. Versiegt ist alle Kraft, ermattet der Geist. Verdorrte Felder und Gärten lechzen mit letzter Feuchtigkeit, scheinen zu rauchen und zu beben. Herrenlose Hunde streunen mit irrenden Augen und schlaffem Schwanz wie Schemen umher, mit geschwollenem Bauch und hängender Zunge. Schatten, Schatten! Woher ein bisschen Schatten nehmen. Sie kommen an einen Pfad, bleiben kurz stehen, heben den trüben Blick zu den Bergen, zum Wald – und machen enttäuscht kehrt. Hitze und Stille.

Dann plötzlich ein Beben am Ende des Waldes mir gegenüber, ein Beben und Regen. Aus der dunklen Tiefe des Waldes springen jäh drei gute junge Rinder: eine wunderhübsche Färse, ganz und gar rot, und zwei rabenschwarze Jungbullen. Dem einen glänzt ein weißer Stern auf der Stirn. Die Färse kommt aus dem Wald und bleibt stehen, und die beiden Bullen beginnen sie ungebremst zu umkreisen. Leicht und schön laufen sie. Zuerst sieht man nichts von ihnen als einen Flecken schwarzglänzendes Fell, flinke Beine rhythmisch trappelnd, kaum den Boden berührend, den anmutig gebogenen Nacken gesenkt wie zur Verbeugung. Leichte Staubwirbel unter ihren Hufen schimmern kurz golden auf und verwehen. Die Färse steht unterdessen ruhig da, als prüfe sie: Welcher ist besser? Doch von Moment zu Moment schwindet die Geduld der Rivalen und wächst ihr Elan. Ihre Muskeln schwellen, ihre Nüstern weiten sich bebend, und ihr Atem wird schneller. Gier packt sie. Irrsinn blitzt aus den blutunterlaufenen Augen. Der Staub unter den Hufen wirbelt heftiger, die Nacken senken sich tiefer zur Erde. «Ein Unglück wird geschehen», fürchtet mein Herz.

Genau da dreht sich der mit dem Stern abrupt um, bietet Stirn und Hörner nun seinem Gefährten, der unverwandt weiterläuft, stürmt ihm in mörderischem Zorn entgegen – und stößt zu! Ein wilder Ächzer, ein ungeheures, bitterliches Brüllen erklingt aus einer Staubwolke, und das Land ringsum ist erfüllt von Gottesfurcht. Mir stockt das Herz, mir wird schwarz vor Augen. Sobald sich der Staub gelegt hat, sehe ich einen Bullen über die Ebene rennen, sein Blut rinnt glitzernd zu Boden, und sein Brüllen zerreißt den Himmel. Der andere hingegen, der mit dem Stern, und die Färse verschwinden wieder in hübschem, leichtem Lauf im tiefen Wald. Die Vorstellung ist zu Ende. Hat nichts hinterlassen als irre Hufspuren im Sand der «Manege» am Waldrand und enorme Verwunderung im Herzen eines kleinen Jungen, der einsam dasitzt und staunt ...

Und die Weise klingt leise, leise aus ... Und ich träume und sehe erneut:

... Eine tiefblaue Sommernacht mit Vollmond und Sternen. Das ganze Dorf schläft, in geheimnisvolles Licht getaucht, und draußen ist kein Mensch außer mir. Allein stehe ich vor dem Hof am Tor und finde nichts dabei, dass ich, der kleine Junge, hier als Einziger um diese Uhrzeit draußen bin. Mein Augenmerk gilt dem Hügel, Fejgeles Hügel, der vor mir aufragt. Der Mond steht hoch über ihrem Hausdach, und der sanfte Hang ist ganz und gar mit hellem Silberglanz und Tautropfen übersät. Das einzelne Haus auf der Kuppe, Fejgeles Haus, sieht jetzt in seinem Weiß auch wie in Silber gegossen aus. Die übrigen Häuser des Dorfs sinnen und träumen drunten jedes für sich im Schatten der Bäume, funkeln dann und wann, wenn der Mond eine Fensterscheibe oder das Blatt einer Sense erwischt, die draußen an der Wand oder am Zaun aufgehängt ist. Am Dorfrand, zu meiner Rechten, erhebt sich dunkel in voller Höhe und Breite die mächtige Wand des bewaldeten Hangs, schwarz von außen, silbergesprenkelt im Innern. Ringsum kein Laut. Kein Hahn kräht, kein Hund bellt, kein Frosch quakt, die Welt schweigt und träumt, und ich bin in ihr als Traum im Traum.

Plötzlich sehe ich – ich weiß nicht, ob mit leiblichen oder seelischen Augen – zwei kurze Reihen winzig kleiner Zwerge von Fingerlänge, wie zwei schwarze Perlenketten, Hand in Hand vor mir den Hang hinabgehen. Alle schwarz gekleidet und mit schwarzen Zipfelmützen, schreiten sie ruhig und feierlich wie auf einem Festzug, schütteln im Gehen glitzernde Tautropfen von der Wiese und singen ganz, ganz leise. Nicht mit dem Mund singen sie, sondern von innen her, aus tiefster Seele, und tonlos, wie der Gesang der Sterne. Auch ich höre ihr Lied nicht mit eigenen Ohren, sondern mit meinem Herzen und meinem Leib und all meinen Knochen. Und doch erreicht mich der Sang in ganzer Reinheit, klar und deutlich, kein Ton fällt zu Boden. Das Herz geht mir über vor Süße, und mein Geist erbebt in geheimer Furcht. «Mamme!», will ich laut rufen, doch das Wort bleibt mir im Halse stecken, und mir versagt die Stimme. Den Rest der Vision habe ich nicht in Erinnerung. Doch noch Tage danach verharrte ich in Schweigen und hing dem Erlebnis nach. Die wundersame Weise, verwoben mit Mondschein und schier unfassbarer Süße, hallte tief in meinem Innern nach, und kein Mensch wusste davon …

... Nun erklingt die Weise fern und ferner, erstirbt mehr und mehr, wird immer leiser, bis sie nicht mehr zu hören ist, süß wie der Gnadentod durch einen Kuss ... Aus! Die Weise ist verklungen und der Ton verhallt. Meine leiblichen Augen sehen wieder, und ich liege immer noch allein auf der Wiese hinter Reb Meirs Haus – offenen Auges ausgestreckt. Vom Talgrund erreichen mich erneut die Stimmen meiner spielenden Freunde ...

Langsam schaue ich nach rechts und links, angstvoll wie ein Dieb, und als ich sehe, dass kein Junge in der Nähe ist, hole ich verstohlen meine Wunderdinge aus der Hosentasche, meine bunten Glasspielzeuge, vier Stück an der Zahl: grün, gelb, blau und rot, halte sie eines nach dem anderen vors Auge und betrachte die Welt dadurch. Diese Glasscherben besitzen die Wunderkraft, dem gesamten Blickfeld ihr Licht zu verleihen und mich nach meinem Belieben in vier Wunderwelten zu führen, die außer mir kein Mensch je gesehen, kein Auge geschaut hat. Jede Welt mit ihrem besonderen Licht, einem eigenartigen, seltsamen Zauberschein, gespeist von einer verborgenen Quelle und alles durchdringend. Wie groß ist deine Güte, Ewiger, die du bereithältst für alle, die dich fürchten und ehren ... nur lass, Gott behüte, niemanden von diesem Zauber erfahren! Diese Welten gehören nur mir, mir allein.

Ein weiteres Kapitel

Dieses Kapitel, das sich im Nachlass des Autors fand, gehört zu «Wildwuchs», ist jedoch lange vor den veröffentlichten Kapiteln entstanden. Da der Verfasser sich entschied, seine Erzählung mit seinen frühesten Kindertagen zu beginnen, legte er diesen Text beiseite, bis er im weiteren Verlauf der Geschichte dazu kommen würde.

Im Zorn nennt Vater mich «*der* Bursche» mit Betonung auf «der», und wenn er von mir spricht, wallt und wabert ein Meer von Abscheu in seinen Eingeweiden. Ich sehe und spüre, dass er mich zu Tode hasst. Warum? Ich weiß es nicht. Gewiss haben mein Gesicht, mein Verhalten und mein ganzes Wesen etwas an sich, das ihn abstößt, in Rage versetzt. Ein fehlerhaftes Ding bin ich in seinen Augen, von Grund auf defekt: von der kleinen Haartolle unter meinem Hut über den Rückenschlitz meines Gehrocks und den feinen Pickeln in meinem Gesicht bis zu der dünnen Zigarette zwischen meinen Zähnen. Sogar meine innersten Gedanken, die sein Auge nicht erblickt, gelten ihm als verdorben. Sie sind ihm suspekt wie ein Bordell, dessen Fenster zur Welt stets geschlossen sind.

Wenn Vater hinter mir vorbeigeht, schrickt mein Rücken zusammen ... Ich spüre seinen Blick sogar von hinten auf mir. Ein leichter Schauder läuft mir dann die Wirbelsäule hinunter, verbreitet sich über meine ganze Haut wie dünne, eisige Nadeln. Das Blut stockt mir in den Adern, mein Körper erstarrt, und ich kann mich weder umwenden noch vom Fleck rühren.

Wenn Vater und ich uns einmal über den Weg laufen, zücken wir augenblicklich die Waffen: die Augen. Und dieser Augenkontakt ist gefährlich!

Momentan schweigt Vater – und das ist ein schlechtes Zeichen. Vaters Schweigen ist ganz und gar Grausamkeit und Schlangengift: Es ist eine zusätzliche achte Abteilung der Hölle, speziell für mich eingerichtet. Hundert Tode sind besser als Vaters Schweigen. Er begann es geflissentlich anzuwenden, als ich *der* Bursche wurde. Vorher, als ich einfach nur ein Bursche war, bedachte er mich mit indirekter Rede. Traf er im Haus auf mich, blieb er mit halb abgewandter Schulter vor mir stehen, wandte sich meiner Mutter zu und sagte mit abfällig verzogenem Mund und in merkwürdigem Singsang: «Pessi (so hieß meine Mutter), würdest du vielleicht fragen, bis wann ein Bursche zum Beispiel müßiggehen kann?»

Darauf wandte auch ich meiner Mutter die halbe Schulter zu, schürzte die Lippen und sagte im selben Singsang: Wäre Vater vielleicht ein Berater, was sollte dann zum Beispiel ein Bursche tun?

Hi-hi-hi kicherte Vater seltsam und blickte mich mit flackernden Augen an: Er könnte zum Beispiel ein Melamedel werden...

Er gebrauchte ausdrücklich die Verkleinerungsform:

«Melamedel». Packte in dieses Wort alles Gift seiner Lippen und alle Häme und Schadenfreude seiner Augen, stach es mir wie eine Nadel mitten ins Herz.

Gelegentlich gab Vater seinen Worten ein scharfes Gewürz im Stil einer imaginären Ohrfeige bei, was wiederum eine andere, dritte Form von Strafe war, ein Rest dessen, was er anwandte, als ich noch ein Cheder-Junge war. Jetzt verurteilt und schlägt Vater mich mit Schweigen – und das ist, wie gesagt, ein sehr schlechtes Zeichen.

Ich bin ja mittlerweile siebzehn Jahre alt, habe einen Bartansatz, und trotzdem lasst mich euch flüsternd verraten: Manchmal, wenn ich vor Sünden berste wie der Granatapfel vor Kernen und die Reue mir wie Maden am Fleisch nagt, sehne ich mich nach einer Ohrfeige, und nun gerade nach einer harten, starken, die blitzartig kommt und von einer runden, scharfen und glatten Hand ausgeht, brennend und schallend. Eine solche Ohrfeige zur rechten Zeit ist wie ein heißes Bad für den schmutzigen Leib. Vater war ein Experte in diesem Fach, ein Meisterohrfeiger! Er kannte «das Geheimnis der Beschränkung» in der Kunst. Man kann sogar sagen, dass er von heiligem Geist beseelt ohrfeigte. So hatte er in meiner Kindheit gehandelt: Wenn er mir ansah, dass ich eine Ohrfeige verdiente und ersehnte (es gibt auch solche Momente im Leben eines Kindes), verfiel er augenblicklich in Schweigen... Ich versuchte, mich seiner Hand auszuliefern, solange er zürnte, war mir meiner Sünde bewusst, und meine ganze Miene sagte: «Hau mich!» –

doch er verharrte in seinem Schweigen. «Weil du üble Ratte sie willst, gebe ich sie dir nicht... Wann dann doch? So nebenbei, und gerade dann, wenn du dich selbst für den reinsten Gerechten hältst...» Und wenn er sie schließlich verabreichte, beglich er weder die offene Rechnung, noch nannte er die Sünde, sondern gab und ließ etwas stehen, gab einfach so, auf Anzahlung, fand einen beliebigen Grund, einen Vorwand, und du bliebst im Zweifel, weder schuldlos noch schuldig, damit du niemals zur Ruhe kamst...

Jetzt hat er seine Gewohnheit geändert und bekämpft mich mit anderen Waffen – den Augen. Wenn unsere Augen sich mal begegnen, scheint es, als schlügen wir unsere Zähne ins Herz des anderen, und jeder würde gleichzeitig beißen und gebissen. Das Beißen erfolgt stumm, aber gierig, anhaltend, ätzend, in einem Anfall erbitterter Feindschaft und unterschwelligen Grolls, wie die eines Vampirs, der so lange beißt, bis er alles Blut ausgesaugt hat... Ich spüre seinen Blick sogar von hinten auf mir... Ein leichter Schauder läuft mir dann die Wirbelsäule hinunter und verbreitet sich über den ganzen Rücken wie feine, kalte Nadeln. Mir stockt das Blut. Ich habe Angst, den Kopf zu wenden und mich vom Fleck zu rühren... Und so erstarre ich, bis Vater verschwindet.

Die Hauptsache habe ich vergessen: Die Heiratsvermittler lassen mir keine Ruhe.

Vater ist offenbar schon an mir verzweifelt oder spielt den Verzweifelten. Seit einigen Tagen beachtet er mich gar nicht mehr. Er tut, als wäre ich nicht da, und fertig. Als er sein Morgengebet beendet hatte, fing meine Mutter auf einmal von mir an. Er winkte gleichgültig ab und sagte: «Der Bursche? Pa!» Das heißt, soll er futtern, bis er verrottet, wie es in der Mischna heißt, und schon spuckte er beim abschließenden Alenu-Gebet flüchtig, aber entschieden aus, wickelte rasch die Gebetsriemen ab, zog den Ärmel hinunter und floh in den Laden – war einfach weg. Meine Mutter schnäuzte sich die Nase in die Schürze, was von Weinen zeugte, und ich saß, wie üblich um diese Uhrzeit, auf dem abgewetzten Sofa und starrte höchst interessiert an die Decke, als sähe ich dort einen Engel oder betrachtete den kosmischen Ozean ... Danach richtete ich meine Augen auf meine eine Schuhspitze, wippte dabei mit dem Fuß, stieß ein langes Ssss aus und wälzte in etwa folgende Überlegungen: «Was denken die sich denn? Dass ich Lehrer werde? Verblüffend! Oder würden sie sagen, ich solle ihnen im Laden dienen und dort vor der leeren Lade knien – erstaunlich ...!»

Wieder schwebt mir in brüchigen Buchstaben das Wort *Lebenssinn* vor Augen. Zwei Jahre schon entfliehe ich diesem grausamen Wort und komme doch tagtäglich darauf zurück. Hartnäckig störend tritt es mir vor Augen, lässt mein Blut gefrieren und nimmt mir das Lebenslicht... Vater stößt es im Zorn aus – und daraus ersteht ein böser Engel, um mich zu plagen. Einmal saßen Vater und ich zu einem hastigen Mittagessen zu Tisch. Wir beide aßen wie gewohnt in wütendem Schweigen. Ich kaute und las unterdessen ein weltliches Buch, Vater kaute ebenso. Er sah mich scharf an und schnitt mir ohne Messer in die Eingeweide ... Dann holte er plötzlich mit dem Arm aus – und das Buch flog in den Ofen gegenüber.

«Vater», schrie ich wie von der Tarantel gestochen, «was willst du?»

«Ich will, dass du an dieser Scheibe Brot erstickst, die du mir stiehlst, du abtrünniger Bastard, dass du ein Jude wirst, will ich. Ein Mensch wie alle anderen. Einen *Lebenssinn* such dir, einen *Sinn im Leben*!»

Das Wort *Lebenssinn* sprach er bebend und zähneknirschend aus: Le-bens-sinn!!! Dabei erschien es mir wie ein bewaffneter Räuber mit einem geschliffenen Messer in der Hand, die Spitze geradewegs auf mein Herz gerichtet ... Ich verstand zwar, dass er recht hatte, wusste aber absolut nicht, wie diese Sache mit dem «Lebenssinn» funktionierte und wo man damit anfing. Jeden Tag gelobte ich mir im Herzen: «Morgen bei Sonnenaufgang, so Gott will, werde ich die Sache anpacken ... ganz sicher ... der Mensch muss stark sein wie ein Löwe ... und hart wie eine Zeder ...» Doch wenn ich am nächsten Tag aus dem Schlaf erwachte und die Augen aufmachte, zeigte die Wanduhr mir gegenüber mit dem Zeiger: Viertel vor zehn – und mein Gelöbnis war gebrochen ...

Ich wickele mich gut, gut in die Laken und überlasse meinen Leib bereitwillig den morgendlichen Wachträumen. Einer nach dem anderen kommen sie, still und leicht, klar und weich, und meine Seele schwimmt und schwankt darauf wie ein Fischerboot, das von selbst auf warmen, kleinen Wellen fährt, ohne Steuermann ... Die Katze liegt aufgerollt zu meinen Füßen und wärmt sich, die Sonne bescheint mein Gesicht. Morgendliche Geräusche klingen von der Straße herauf, und im Nebenzimmer singt unsere junge Magd beim Bettenklopfen ... Der Körper wird lasch und matt, der Sinn klar und das Herz sehnlich ... Ich zünde mir eine dünne Zigarette an, meine Augen überfliegen beim Rauchen die Zeilen eines Romans ... Und so wahr ich lebe, ich kenne keine schönere Stunde als diese. Alles verschwimmt im Sonnenglanz, verfängt sich in den dünnen bläulichen Rauchkringeln, fügt sich zu einer federleichten, kleinen Welt zusammen, einer Welt, die ganz und gar Ruhe und Vergessen, Glanz und flüchtiger Traum ist ... und das Tor zu einer Welt, in der es keinen «Lebenssinn» gibt ..., sondern alle Lebewesen wie Blumen auf dem Felde wachsen und wie Morgenwolken verfliegen, ohne Beginn und ohne «Lebenssinn» ...

Doch in solchen Momenten genügt Vaters Eintreten, um meine ganze schöne Welt zu zerstören ... Eines Morgens lag ich auf dem Sofa, döste still vor mich hin, ganz in die Laken versunken, und lauschte mit geschlossenen Augen dem Gesang unserer jungen Magd. Dabei klang mir ihr Lied höchst traurig und süß, süß bis zum Dahinschmelzen. Jäh verstummte ihre Stimme: «Er» hatte das Haus betreten. Ich spähte durch ein Löchlein im Laken, und da strebte er geradewegs auf mich zu, die Hand nach dem Spiegel ausgestreckt, der über meinem Lager hing. Mein Herz erstarb. Ich lag wie ein Stein unter seinem Arm, der eine Art Bogen über mir bildete, und spürte auf dem Rücken, über meinen Hüften, den Gürtel seines Schattens... So wie der Hals die Spitze des Schwertes fühlt, wenn dieses kurz vor dem Schächten noch in der Luft hängt... Nur ein Wunsch überkam mich – zu verduften... In mich selbst verschwinden wollte ich, wie eine Echse in ihre Höhle, damit er mich ja nicht spürte... Und «er» zog das Kontobuch des Ladens hinter dem Spiegel hervor, schlug die Tür zu und verschwand... Gelobt sei der, der mich befreite. Unsere junge Magd setzte ihr Lied fort und ich meine Gedanken: Eine Geschichte über eine Magd und so weiter.

Warum fürchte ich meinen Vater so sehr? Ich weiß es nicht. Es ist ein Gefühl, das mir aus der Kindheit verblieben ist. Aber es ist keine körperliche Furcht, sondern etwas anderes, das ich nicht zu benennen weiß. Ich würde sagen: Scham oder Vorsicht vor seinem scharfen Blick. Offenbar hat meine Seele einen kleinen verborgenen Punkt, und wenn Vater mir einen Blick zuwirft, erschrickt dieser Punkt und verschwindet...

Wie dem auch sei, Vater und ich tun sich schwer, die Luft ein und desselben Hauses zu atmen, erstickend schwer... Und wann immer er aus dem Haus verschwindet, spüre ich ringsum und im Innern große Erleichterung, wie einer, der aus einer engen Gasse auf einen weiten Platz hinaustritt...

In der Stadt des Tötens

Auf, geh nun in die Stadt des Tötens, komm in ihre Straßen,
Sollst es mit eignen Augen schauen, mit Händen betasten:
Spuren geronnenen Bluts, getrocknetes Mark der Erschlagenen
An den Zäunen, an Balken und Steinen, am Kalk der Mauern.
In Ruinen irrst du und bahnst deinen Weg zwischen Trümmern.
Rings verkohlte Ziegel und Scheite verbogener Türen,
Gehst vorbei an durchbohrten Wänden, zerschmetterten Herden.
Wo Brecheisen und Hammer gehaust im grausigen Tanze,
Blickst du durch schwarze Löcher in schaurige Böden und Räume –
Alles da gleicht dem Schlund offener, eitriger Wunden.
Deine Füße versinken in Federn, in menschlicher Habe,
Stoßen an Scherben, bei tausend Brüchen entstanden,
Treten auf Fetzen heiliger Bücher und modernder Schriften,
Wühlen aus Schutt und Unrat empor Symbole des Glaubens.
Doch du bleibst nicht am Ort der Verheerung, sondern gehst weiter,
Wo die Akazien blühen und ihren würzigen Duft verbreiten,
Atmest entsetzt frisches Blut zugleich mit dem Frohsinn des
    Frühlings.
Tausend goldene Pfeile der Sonne durchbohren dein Inneres
Und schadenfroh glitzern die Strahlen aus tausend Splittern.
Denn der Ewige erlaubte in einem das Knospen und Morden,
Und das im Sonnenglanz, unter Blütenbäumen.

Du fliehst in einen Hof, dort in der Mitte ein Haufen,
Wo ein Jude und sein Hund zugleich der Axt erlagen,
Beide Leiber auf dem Mist verwesen in einem,
Und in dem Blutgemisch nun suhlen und wälzen sich Schweine.
Morgen schwemmt alles der Regen hinweg in trübe Kanäle,
Und das Blut schreit nicht mehr auf aus Gosse und Kehricht,
Sondern wird alsbald, im Abgrund gereinigt, einen Dornstrauch
    berieseln,
Und alles ist wie zuvor, als sei nichts gewesen.

Auf die Dachböden steigst du nun und stehst im Dunkeln.
Noch hängt Todesentsetzen im Raum und lastendes Schweigen,
Doch aus düsteren Löchern und verschatteten Winkeln,
Sieh, wie stumme, fragende Augen auf dich blicken,
Geister «Heiliger» sind es, der Märtyrer Seelen,
Haben sich unter dem Dachfirst versammelt und – schweigen.
Hier fand sie die Axt, dort, wo sie letztmals
Nutzlosen Todes Qual zugleich mit dem Fluch ihres Lebens sahe
Flatternden Auges blicken sie lange aus ihren Verstecken
Auf zu dir und stellen stumm die furchtbare Frage:
Warum? Und wer nur als Gott mag solches Schweigen ertragen?

Du schaust hin und siehst – auch die Ziegel schweigen,
Ebenso das verkohlte Dach. Frage nur die webenden Spinnen,
Sie sind Zeugen, haben alles mitangesehen und lassen dich wiss
Wie man Frauenleiber aufriss und mit Federn füllte,
Wütete mit Hammer und Rad, Gesichter beschlug mit Nägeln,
Wie man Menschen schlachtete, an Balken aufknüpfte,

Den Säugling schlafend fand an der kalten Brust der erstochenen
	Mutter,
Und zerrissen das Kind, das im Sterben noch «Mutter» gestammelt.
Manches Weitere erzählt dir die Spinne, durchdringt deine Sinne,
Droht, dir Geist und Seele für ewig zu töten.
Du aber beherrschst dich, erstickst in der Kehle den Aufschrei,
Stürzt hinaus – und draußen geht alles seinen Gang wie früher,
Die Sonne vergießt wie immer ihr Licht auf die Erde.

Du aber steigst hinab in die finsteren Keller,
Wo man die reinen Töchter deines Volkes geschändet,
Vor den Augen der Mutter die Tochter, vor der Tochter die Mutter.
Du betastest selbst das Lager der Schändung durch scheußliche
	Tiere,
Heilige Leiber beschmutzend, mit blutiger Axt in den Händen.
Sieh nur, sieh: In jenem finsteren Winkel dort hinterm Fass lagen
Gatte, Bräutigam, Bruder, im Kampf niedergerungen,
Mussten mit ansehen die Gräuel an bebenden Körpern,
Stachen sich nicht die Augen aus, verfielen nicht dem Wahnsinn.
Mancher aber fühlte nichts mehr und flehte im Herzen:
«Gib, Herr der Welt, dass mich das Übel nicht treffe!»
Und gar manche Opfer erwachten und lebten noch weiter,
All ihr Leben entweiht, besudelt an Körper und Seele.
Ja, einige Gatten liefen noch ins Bethaus, für das Wunder ihrer
	Rettung
Gott zu danken – so wendete selbst dies sich in Brauch und
	Ordnung.

Jetzt aber geh weiter, ich zeige dir alle Stätten,
Dass du mit eigenen Augen siehst, wo deine Brüder sich verbargen
Sie, Söhne der Makkabäer, Enkel der Märtyrerlöwen,
Steckten zu zwanzig oft in ekligen Mäuseverstecken,
Wo vor Schmutz der Sohn kaum erkannte die Leiche des Vaters ..
Und du, Menschensohn, du weinst, vergräbst dein Gesicht in den
    Händen?
Dass du im Zorn doch knirschtest und zähneknirschend vergingen

Steigst du nun durch die Stadt hinab und betrittst einen grünen
    Garten,
Findest du einen großen Stall – dies ist die Stätte des Tötens.
Wie ein Lager von Eulen und grausigen Fledermäusen
Liegen dort matt und trunken vor Blut auf dem Boden
Räder mit Nägeln, gleich zum Mord gespreizten Fingern,
Besudelt noch mit Spuren von Blut und menschlichen Hirnen.
Kommt dann der Abend und die Sonne sinkt gen Westen,
In blutige Wolken gehüllt, umgürtet von lodernden Flammen,
Öffnest du sacht und leise das Tor und betrittst die Stätte.
Dunkle Angst verschlingt dich, ein Abgrund stummen Entsetzens
Schrecken über Schrecken schwebt rings in den Mauern,
Kriecht die Wände entlang und durchdringt das Schweigen.
Unter den Trümmern der Räder, in den Ritzen und Spalten
Spürst du immer noch ein Zucken zerschmetterter Glieder,
Und ein letztes Stöhnen, schwaches, klagendes Raunen
Wabert über dir, wie erstarrt in den Lüften.
Ein einsamer Schmerz, Weltschmerz selbst, hat sich diesen Ort
    erkoren,

Sich hier in ewigen Kerker gesperrt und sucht keinen Ausweg.
Matt vor Schmerz und Machtlosigkeit schwebt jetzt die schwarze
    Schechina,
Sinniert in allen Winkeln und wird Ruhe nicht finden.
Weinen will sie und kann doch nicht, möchte toben, muss aber
    schweigen.
An stummer Trauer würgend, spreizt sie die dunklen Schwingen
Über der Märtyrer Schatten, das Haupt unter den Flügeln
    vergraben,
Birgt im Dunkel die Tränen und weint und weint ohne Sprache …

Und du, Menschensohn, schließe auch du jede Pforte,
Verzieh dich ins Dunkel und senke den Blick zu Boden,
Bleib tief beschämt stehen, ganz in Schmerz versunken,
Fülle mit ihm dein Herz für alle Zeit deines Lebens.
Und wenn die Seele dann bricht, ihre Kräfte schwinden,
Sei der Schmerz dir Zuflucht und giftige Quelle –
Laste in dir wie der Fluch, als böser Alp dich entsetzend,
Und du trägst ihn im Schoß in alle vier Winde –
Nur nach dem erlösenden Wort der Lippen suchst du vergebens.

Nun wandre hinaus zum Acker des ewigen Friedens.
Niemand möge dich sehen, wenn du einsam die Gräber
    abschreitest.
Besuchst von Groß bis Klein der Heiligen schweigsame Stätten,
Stehst vor elendem Staub, und über dir waltet das Schweigen.
Doch wenn dein Herz zerfließt vor der Stärke der Scham und des
    Schmerzes,

Will ich dein Auge verschließen, dass keine Träne ihm entrinne,
Und wäre es auch Zeit zu brüllen, wie ein Tier, an die
 Schlachtbank gebunden,
Ich erhärte dein Herz, dass ihm kein Seufzer entfliehe.
Alle, die da ruhen, sind gleich Opfertieren gefallen,
Und gibt es Entgelt für ihren Tod? Dann sprich, wovon ihn
 begleichen?
So vergebt denn mir, eurem Gott, der ärmer ist als ihr.
Kommt ihr morgen um euren Lohn und pocht an meine Pforte,
Dann öffne ich euch, und seht: Ich bin selbst beraubt meiner
 Schätze!
Leid tut es mir für euch, meine Kinder, mit euch bin ich von
 Herzen.
Sinnlos ist solcher Tod, so sinnlos wie euer Leben.
Und was sagt die Schechina? Sie hüllt ihr Haupt in eine Wolke,
Zieht sich zurück in Scham und Schmerz und verbirgt ihre
 Schändung...
Auch ich gehe bei Nacht zu den Gräbern,
Blicke auf die Opfer und schäme mich im Geheimen.
Wahrlich, groß ist der Schmerz und größer noch die Schmähung
Was aber, Menschensohn, ist größer als beide? So sag doch!
Oder, besser noch, schweige! Und sei mein stummer Zeuge,
Dass du mich selbst im Elend, in meiner Pein gesehen.
Kehrst du aber zum Volk zurück, nicht leer sollst du zu ihm
 kommen.
Nimm meines Vorwurfs Geißel, damit ihre Schädel zu treffen,
Und nimm etwas von meinem Schmerz, um es in ihren Schoß
 zu senken!

Wendest du dich und verlässt die Gräber der Toten – verweile,
Wirf noch einen Blick auf die Grasdecke der Erde:
Zart und saftig ist das Gras, wie es grünt zu Beginn des Frühlings.
Sollst eine volle Hand davon pflücken und hinter dich werfen,
Und sagen: Gerupftes Gras ist das Volk – hat Entwurzeltes noch
	Hoffnung?
Danach schließe sogleich die Augen, und ich führe dich weiter
Vom Gräberfeld zu den überlebenden Brüdern.
In die Gebetshäuser trittst du am Tag ihres Fastens,
Hörst das Gestöhne ihrer Zerstörung, selbst mitgerissen in Tränen.
Voll ist das Haus von Jammern und wildem Ächzen,
Dass deine Haare sich sträuben, Angst und Beben dich ergreifen –
Also jammert und heult nur ein Volk, das verloren, verloren ...
Blick ihnen ins Herz, du siehst eine einzige Wüste,
Und keimt darin Rachegelüst, es kann keinen Samen tragen.
Sind ihre Wunden nicht echt? Und warum trügt selbst ihr Beten?
Warum lügen sie vor mir noch heute, am Tag ihres Unheils?
Klopfen sich an die Brust, verkünden geständig die Sünden,
Schreien hinaus ihre Schuld, und das Herz kann dem Mund nicht
	glauben.
Wozu flehen sie «Verzeihung»? Wie sündigt ein Wurm, ein
	Schatten?
Aller Geschlechter Schuld zu fordern, befiehl ihnen Rache,
Dass sie die Himmel zerschmettern, die Fäuste gegen Gottes Thron
	recken.

Aber du, Menschensohn, scheide noch nicht aus ihrer Gemeinde,
Glaube den Wunden der Herzen und nicht ihren Gebeten.

Erhebt der Kantor dann die Stimme zur Märtyrerklage,
Dass die Säulen des Hauses bersten vor Jammerschreien,
Dann werde ich hart mit dir: Du sollst nicht einstimmen ins Weinen
Mögen jene das Unheil entweihen, doch du nicht mit ihnen.
Erhalten bleibe der Schmerz den Geschlechtern, der Schmerz ohne
    Klage.
Baue darauf eine eiserne Burg mit festem Wall im Herzen.
Sende erst an fernem Tage das Otternhaupt in die Freiheit,
Zu entbieten, was grause in Zorn und in Liebe dem Volke.

Jetzt wende dich ab, und kehre in der Dämmerung wieder,
Dann wirst du das Ende der Volkstrauer erblicken: All die
    Menschen,
Die am Morgen zitternd erwachten, in Schlaffheit versanken,
Stehen nun verweint und niedergedrückt im Dunkeln.
Lippen stammeln und beten – noch tobt die innerste Seele,
Doch, ohne Hoffnungsfunken im Herzen und Licht in den Blicken
Tappt ihre Hand im Finstern und sucht nach Halt doch vergebens
Ließe ihnen die Not nur eine einzige Trostlegende,
Die ihre Seelen labte, ihr Alter erhellte!
So raucht noch ein ärmlicher Docht, dessen Öl schon versiegte,
So zieht noch ein alter Gaul, dessen Kraft längst erlahmte.

Da geht der Fasttag zu Ende. Man liest die letzten Gebete.
Doch warum zögert die Gemeinde? Folgen noch die «Klagelieder
Nein! Nun besteigt ein Prediger die Kanzel,
Öffnet den Mund und stammelt blumige Phrasen,
Übertüncht die Verheerung und hat für die Wunden – Bibelverse.

Aber kein einziger göttlicher Ton entrinnt seinem Munde,
Kein Gottesfunke springt über in ihre Herzen.
Und die Gemeinde des Herrn steht da mit ihren Alten und Jungen,
Die einen lauschen und gähnen, die anderen wiegen die Köpfe,
Leer ihr Geist, entflohen ihre Kraft, da Gott sie verlassen.

Klage auch du nicht um sie, rühre nicht umsonst an ihre Wunden.
Wund ist, was du anfasst. Vergrößere nicht noch endlos den
    Jammer.
Schmerzt sie ihr Fleisch – sie sind mit dem Schmerz gealtert,
Versöhnt mit dem Leben in Schmach – was nützt sie dein Trösten,
Sie sind zu elend für Zorn, zu verloren selbst für Erbarmen.
Lass sie ihres Weges ziehen – siehe, da sind schon die Sterne.
Trauernde schleichen gesenkten Hauptes, gleich Dieben,
Jeder mit seines eigenen Schicksals Qualen, nach Hause,
Der Rücken gebeugter als sonst und die Seele noch leerer.
Jeder besteigt sein Lager mit seinen eigenen Schmerzen,
Trägt dazu noch Gicht in den Knochen und Fäulnis im Herzen.

Kommst du jedoch zur Wegscheide am nächsten Morgen,
Siehst du in Massen gebrochene Menschen stöhnend und ächzend
Vor der Reichen Fenstern lauern, die Türen belagern,
Prahlend die Wunden zeigend, als seien es Krämerwaren,
Und die sklavischen Blicke zu ihren «Gönnern» gerichtet.
Sagt der eine: «Seht! – Mir ist der Schädel zerschlagen.»
Oder: «Mein Vater war ein Märtyrer – mögt ihr's uns entlohnen.»
Und die Gönner, erfüllt von gewohntem, ererbtem Erbarmen,
Reichen ihnen die Gabe, dazu noch Stecken und Bündel,

Sprechend: «Gepriesen sei Gott, dass sie fort sind» – das tröstet
die Bettler.

Und du, Menschensohn, was hält dich noch hier? Auf, flieh in die
Wüste,
Trage den Kelch deiner Trübsal! Und dann zerreiße deine Seele,
Wirf hin dein Herz, ohnmächtigem Zorn zur Nahrung,
Deinen Tränenschwall ergieße über die Felsen,
Und dein bitteres Stöhnen lass frei – dass es im Sturm vergehe.

Nachwort
Von Ayelet Gundar-Goshen

Am Abend des 7. Oktober 2023, dem Tag des überraschenden Überfalls der Hamas, dessen ganzes Ausmaß an Horror sich gerade erst abzuzeichnen begann, sprach der israelische Ministerpräsident erstmals nach dem Angriff. In dieser Rede, zu deren Zeitpunkt die genauen Zahlen der Ermordeten und Verschleppten noch gar nicht bekannt waren, zitierte Netanjahu eine Zeile, die bereits 1903, hundertzwanzig Jahre zuvor, verfasst worden war. «Nicht kann selbst die Hölle so grausig Verbrechen, / nicht Kindesblut rächen», zitierte er Bialik und schlug damit den Bogen zwischen dem Pogrom von Kischinew, das der Dichter 1903 beschrieben hatte, zu dem Grauen, das im Oktober 2023 über die Kibbuzim im Süden Israels hereingebrochen war. So ist Bialik auch neunzig Jahre nach seinem Tod noch ein nationales Symbol von hoher politischer und kultureller Bedeutung.

Viele derer, die der Rede des Ministerpräsidenten an jenem Abend zuhörten, erkannten die Bialik-Zeile gar nicht als solche. Für sie war der Satz, den Netanjahu verwendete, ein geläufiger Spruch unbekannten Ursprungs. Das heißt keineswegs, dass Bialik vergessen wäre. Ganz im Gegenteil: Sein Werk ist untrennbar mit dem israelischen Leben verschmolzen. Es ist, als seien seine Worte schon immer dagewesen, seien Allgemeingut, umhüllten uns wie die Atemluft.

Heute wie einst singen übermüdete Mütter und Väter ihren Kleinen Bialiks Kinderlieder vor. Dabei wissen viele gar nicht, dass der vertraute Text, den sie gerade vortragen, von ihm stammt. Nach der Geburt meiner ältesten Tochter schickte die Stadt Tel Aviv mir ein Geschenk, wie allen frischgebackenen Eltern in ihrem Gebiet: ein Buch mit Kinderliedern von Chaim Nachman Bialik. Die Stadt lässt die Eltern zwar allein entscheiden, welche Windeln und welche Babynahrung sie bevorzugen, aber in Bezug auf die geistige Nahrung hat sie eine klare Einstellung: Tel Aviver Kinder sollen mit Bialiks Gedichten aufwachsen. Seine Zeilen, längst vor der Gründung des Staates Israel verfasst, sind bis heute wichtig für die Erziehung eines jeden israelischen Kleinkinds.

Während der Corona-Zeit kamen junge Menschen, die den Lockdown satthatten, spät abends auf den Bialik-Platz, um bei einer Flasche Wein und einem Joint unter freiem Himmel zusammenzusitzen. Morgens tollten Kinder, mit Masken, dort. Die Kinder wussten nicht, dass ihr Lieblingsort den Namen eines Mannes trägt, dem eigene Kinder versagt geblieben waren. Die jungen Leute ahnten nicht, dass sie auf einem Platz becherten und knutschten, dessen Namensgeber seine Begehren nie voll auszuleben, nur zu beschreiben gewagt hatte. Wäre Bialik persönlich auf dem nach ihm benannten Platz erschienen, einfach so mitten in der Nacht dort vorübergegangen, hätte kein Mensch ihn groß beachtet: ein dicklicher Mann mit Glatze und tiefliegenden Augen. Die Anwesenden hätten ihn wohl kaum angeschaut, er sie aber wahrscheinlich durchaus. Denn Bialik war, wie viele andere Dichter und Schriftsteller, in erster Linie ein Beobachter am Rand. Als Kind linste er von der Seite auf seinen Vater, der die Wirtshausgäste bediente, sah ihn in seiner ganzen Armseligkeit. Als der Vater gestorben war, schickte die Mutter ihren kleinen Sohn weit weg, ins Haus seines Großvaters. Die meisten Kindheitsjahre verbrachte er bei dem strengen, frommen Holzhändler. Bialik beobachtete den Großvater, erkannte genau, welche Zukunft dieser für seinen Enkel vorsah, und beschloss, dieser Planung zu entfliehen und sich eine andere Zukunft aufzubauen, mit der Kraft seiner Worte.

Um den Einfluss einzuschätzen, den Bialiks Kindheit auf seine Laufbahn genommen hat, genügt ein Blick in die Erzählung «Wildwuchs». Er schrieb sie Kapitel für Kapitel in den Jahren 1908 bis 1934, seinem Todesjahr, also im Verlauf seines gesamten Erwachsenenlebens. Lea Goldberg, die große hebräische Dichterin, nannte sie den «Werdegang eines Dichters». Bialik wusste, dass ein schöpferisches Werk Rohstoffe erfordert und dass diese sich in der Kindheit bei ihm angesammelt hatten: «Auf dieser Leinwand, über und über himmelblau und wiesengrün, sind jetzt all die Bilder meiner Welt in jenen frühen Tagen aufgestickt, herrliche Szenen, so sorglos und leicht wie pure Nebelschleier, halb Rätsel, halb Traum – und doch unvergleichlich hell, klar und reell. Diese Bilder prägten sich meiner jungen Seele ein, waren Grundformen.»

Die Grundformen von Bialiks Seele entstanden in seiner jiddischen Muttersprache, aber die Zukunft, die er sich erschrieb, wurde ganz auf Hebräisch verfasst, einer Sprache, die tief in der Vergangenheit begraben gelegen hatte, bis Bialik und andere ihr neues Leben einhauchten. Lange lebte das Hebräische in Osteuropa vor allem als heilige Sprache, in der man betete, Tote bestattete, die Segenssprüche bei Hochzeiten und Feiertagen rezitierte, aber nicht als Idiom für Alltagsliteratur. Während die Gebetssprache rein und erhaben bleiben sollte, muss die Sprache der Literatur im Schweiß der Liebe und des Gefechts baden, nur so lassen sich die Ereignisse wahrheitsgemäß beschreiben. Bialik, der eine orthodoxe Jeschiwa besuchte, traf zunächst auf das Hebräisch der Synagoge und des Thorastudiums, der Gesetze und Gebräuche. Doch er wagte es, diese Sprache zu nehmen und in die Freiheit zu führen, sie zu befruchten. Da er seine ersten Lebensjahre auf dem Dorf verbracht hatte, wusste er sehr wohl, was geschieht, wenn man einem Pferd den Sattel abnimmt und ihm mit aller Kraft auf den Hintern schlägt. Und genau das tat er mit dem Hebräischen: Er befreite die Sprache aus ihren Banden und versetzte ihr einen kräftigen Klaps. Und schon galoppierte sie los.

Mit nur neunzehn Jahren verließ Bialik die Jeschiwa von Waloschyn, auf die sein Großvater ihn geschickt hatte, und zog nach Odessa. Dort schloss er sich einer kleinen Gruppe jüdischer Schriftsteller aus verschiedenen Gegenden Europas an, die Prosa in einer Sprache schreiben wollten, in der sie selbst keine Prosa lasen, die sie nicht einmal auf der Straße benutzten – auf Hebräisch. Der junge Mann, der in der Ukraine geboren war und Hebräisch im Cheder als Sprache des Gebets und des Thorastudiums gelernt hatte, wagte es, diese heilige Sprache für sein eigenes – völlig säkulares – Werk einzuspannen. Das war persönlich und national gesehen ein radikaler Schritt, denn Bialiks Lyrik und Prosa entstand selbst in den privatesten Momenten nicht im luftleeren Raum. Sein Privatleben ist untrennbar mit dem der jüdischen Nation verbunden.

Bialik kam auf dem Höhepunkt der gerade erwachten jüdischen Nationalbewegung nach Odessa. Sie war im ausgehenden 19. Jahrhundert in Osteuropa entstanden und betrachtete die in aller Herren Länder verstreuten Juden als eine Nation, die nicht nur eine gemeinsame Vergangenheit, Religion und «Reste von Kultur» teilte, sondern auch die Hoffnung auf eine gemeinsame Zukunft und einen eigenen Nationalstaat. Als Bialik beschloss, Gedichte auf Hebräisch – statt auf Russisch oder Ukrainisch – zu schreiben, war dies keine private Entscheidung und auch keine romantische Anwandlung eines eigenwilligen Dichters. Bialik schrieb Lyrik auf Hebräisch, weil er diese Sprache als einen wichtigen Baustein beim Aufbau der jüdischen Nation betrachtete. Es war sein Beitrag zur Errichtung dieses Hauses, und manche würden sagen, der Schlussstein.

Will man Menschen dazu bringen, sich um eine gemeinsame Idee zu scharen, braucht man Worte, um diese Idee zu formulieren, braucht einen Gründungstext, der stark, mitreißend, aufrüttelnd genug ist, um andere zu inspirieren. Dieser Text war das Poem «In der Stadt des Tötens», das deutschen Lesern hier in einer Überarbeitung der Erstübersetzung von Ernst Müller vorgelegt wird. Man kann diesen Text gar nicht hoch genug einschätzen, kaum erklären, welchen Einfluss sein Erscheinen auf die Leserschaft ausübte. Um das zu verstehen, müssen wir zu einem der düstersten Momente in der Geschichte des jüdischen Volkes zurückgehen.

Im April 1903 fand man in einer Kleinstadt, fünfundzwanzig Meilen von Kischinew entfernt, den Leichnam eines christlichen Jungen. Um etwa dieselbe Zeit wurde ein christliches Mädchen nach einem Selbstmordversuch in ein jüdisches Krankenhaus eingeliefert, wo man ihren Tod feststellte. Schnell kamen Gerüchte über die Mitwirkung von Juden am Tod der beiden Heranwachsenden auf und fanden weiten Widerhall in der örtlichen Presse. Ähnlich wie heute war auch im Kischinew des vorigen Jahrhunderts das Hörensagen wichtiger als die Fakten. Und genau wie zu unserer Zeit hatte die Übermittlung von Falschmeldungen ihre Auswirkungen: Nach der Behauptung, die Juden hätten das Blut der beiden Kinder zum Backen ihrer Pessachmazzen verwendet, zog der wütende Mob auf Rachefeldzug. Um die fünfzig Juden wurden in ihren Häusern massakriert, über fünfhundertfünfzig verletzt, siebenhundert Häuser dem Erdboden gleichgemacht.

Das Pogrom von Kischinew schaffte es sogar in die *New York Times*. Dort stand kurz nach dem Angriff zu lesen:

Die judenfeindlichen Ausschreitungen in Kischinew, Bessarabien, sind schlimmer, als der Zensor es zu veröffentlichen erlauben wird. Es gab einen wohldurchdachten Plan für ein umfassendes Massaker an den Juden, einen Tag nach dem russischen Osterfest. Der Mob wurde von Priestern angeführt, und der allgemeine Ruf, «Tötet die Juden», war in der ganzen Stadt zu hören. Die Juden wurden völlig unvorbereitet getroffen und wie Schafe abgeschlachtet. Die Zahl der Toten betrug 120, die der Verletzten um 500. Das Grauen, das sich bei diesem Massaker abspielte, ist unbeschreiblich. Säuglinge wurden von dem rasenden und blutdürstigen Mob buchstäblich in Stücke gerissen. Die örtliche Polizei unternahm keinen Versuch, den Terror einzudämmen. Bei Sonnenuntergang waren die Straßen mit Leichen und Verwundeten übersät. Diejenigen, die entkommen konnten, flohen in Angst und Schrecken, und in der Stadt gibt es praktisch keine Juden mehr.

So berichtete die *New York Times* aus Russland. Die Juden von Odessa begnügten sich jedoch nicht mit dieser Schilderung, sondern beschlossen, eigene Leute zu entsenden, um die Geschehnisse zu dokumentieren. Unter anderem beauftragten sie Bialik, der zwei Jahre zuvor, 1901, seinen ersten Gedichtband veröffentlicht hatte und zu einer literarischen Sensation aufgestiegen war. Bialik fuhr nach Kischinew und kam als ein anderer Mensch zurück. Wochenlang befragte er Vergewaltigungsopfer, sammelte Informationen über die Ermordeten, streifte zwischen den zerstörten Häusern umher und lauschte den schlimmen Aussagen der Entkommenen. So ging das tagtäglich mehrere Stunden. Der Begriff «Posttrauma» war seinerzeit noch unbekannt. Sonst hätte Bialik begriffen, dass er zu seinem eigenen Schutz ab und zu hätte innehalten müssen, um sich von den radioaktiven Partikeln des Traumas zu reinigen. Als Psychologin weiß ich, wie wichtig diese Pausen sind. Im

Oktober 2023, gleich nach dem Massaker, das Hamas-Leute aus Gaza an den Bewohnern der grenznahen Kibbuzim begangen hatten, wurde ich entsandt, um die Überlebenden zu treffen und psychologische Ersthilfe zu leisten. Jeden Abend kam das Therapeutenteam zusammen und versuchte, das Erlebte zu verarbeiten. Morgens, vor der nächsten Begegnung mit den Überlebenden, trafen wir uns erneut zur Achtsamkeitsmeditation. Bialik hat keine Achtsamkeitsübungen gemacht, sich nicht jeden Abend hingesetzt, um seine Gefühle zu verarbeiten. Er hat das Gift tropfenweise zu sich genommen. Zwanghaft auf Informationen bedacht, von Trauer und Zorn besessen, dokumentierte er unablässig das Geschehen, ohne zu begreifen, welche Veränderung er selbst dabei durchmachte. Schließlich ballte er Schmerz und Verlust zu einer Faust, die er den Lesern geradewegs in die Magengrube rammte. Manche bezeichnen diese Faust als «Poem».

Selbst heute, in einer Welt gewaltstrotzender Horrorfilme und Computerspiele, muss die Lektüre von «In der Stadt des Tötens» mit einer Trigger-Warnung versehen werden. Nehmen wir zum Beispiel die erste Strophe:

Auf, geh nun in die Stadt des Tötens, komm in ihre Straßen,
Sollst es mit eignen Augen schauen, mit Händen betasten:
Spuren geronnenen Bluts, getrocknetes Mark der Erschlagenen
An den Zäunen, an Balken und Steinen, am Kalk der Mauern.

Bialik hat kein Erbarmen mit seinen Lesern. Nachdem er das Grauen mit eigenen Augen gesehen hat, will er nicht zulassen, dass die jüdischen Bohemiens, die in Odessa im Café sitzen und seinen Text lesen, weiter in ihrer Blindheit verharren. Er muss sie wachrütteln, und das tut er mit einer der drastischsten Beschreibungen, die ich in der Literatur kenne, der Schilderung des verkrusteten Bluts und des vertrockneten Marks der Todesopfer. Aber neben dieser Drastik tut er etwas anderes, Subtileres: Während er die bereits einige Zeit zurückliegenden Gräuel beschreibt, bringt er dem säkulären jüdischen Leser den historisch-nationalen Hintergrund dieses Grauens in Erinnerung: sein Judentum. Bialik tut das mit den Worten *lech-lecha* – geh nun.

Im Buch der Genesis sagt Gott zu Abraham: «Zieh weg aus deinem Land, von deiner Verwandtschaft und aus deinem Vaterhaus in das Land, das ich dir zeigen werde.» Dieser Bibelvers, das Gebot zu Aufbruch und Wanderschaft, ist praktisch die Geburtsstunde des jüdischen Volkes. Abraham verlässt seinen Vater, zieht in ein neues Land, wo aus seinen Nachkommen ein neues Volk wird – das jüdische Volk. Bialik hat die Worte *lech-lecha* nicht zufällig an den Anfang seines Poems gestellt, er wusste, seine Leser würden ihre tiefe Bedeutung verstehen – und ihre besondere Bedeutung für die Gegenwart: Die ernsthafte Auseinandersetzung mit Kischinew sollte die Juden in Europa davon überzeugen, dass sie sich eine neue Heimstätte an einem anderen Ort aufbauen müssten, wo sie sicher wären. Wie Abraham sollten sie aufbrechen, ins Land Israel.

Entfaltet der Anfang von «In der Stadt des Tötens» schon eine dramatische Wirkung, so ist das Weitere nicht weniger aufrüttelnd. Bialik verwendet die schärfsten Worte, die er aufzubieten hat, um dem Leser wenigstens einen kleinen Teil des in Kischinew Gesehenen zu vermitteln. Der Zorn brodelt zwischen den Zeilen. Zunächst scheint Bialik Gott zu zürnen, weil er das Pogrom zugelassen hat, doch schnell wird klar, dass er – mehr noch als auf Gott, ja vielleicht sogar mehr noch als auf die Täter – auf die Juden selbst wütend ist.

Gatte, Bräutigam, Bruder, im Kampf niedergerungen,
Mussten mit ansehen die Gräuel an bebenden Körpern,
Stachen sich nicht die Augen aus, verfielen nicht dem
Wahnsinn.
Mancher aber fühlte nichts mehr und flehte im Herzen:
«Gib, Herr der Welt, dass mich das Übel nicht treffe!»
Und gar manche Opfer erwachten und lebten noch weiter,
All ihr Leben entweiht, besudelt an Körper und Seele.
Ja, einige Gatten liefen noch ins Bethaus, für das Wunder
ihrer Rettung
Gott zu danken – so wendete selbst dies sich in Brauch
und Ordnung.

Irritiert stellt man fest, dass Bialik bei seiner Schilderung der Vergewaltigungen weniger auf die Täter eingeht als auf die Schmach der jüdischen Männer, die sich wie furchtsame Mäuse in ihren Löchern verbergen, während ihre Frauen Opfer einer Massenvergewaltigung werden. Die jüdischen Männer sind nicht «Manns genug», um ihre Frauen zu schützen, vielleicht die größte Sünde aus der Sicht des Patriarchats. Sie verkriechen sich armselig, ohne Selbstachtung:

Steckten zu zwanzig oft in ekligen Mäuseverstecken,
Wo vor Schmutz der Sohn kaum erkannte die Leiche
des Vaters ...

Doch der Jude wird nicht nur als feiger Schwächling dargestellt. Im weiteren Verlauf des Poems schildert Bialik ihn auch als geldgierig, als einen, der mit seinen Wunden hausieren geht, um sie zu blanker Münze zu machen:

Kommst du jedoch zur Wegscheide am nächsten Morgen,
Siehst du in Massen gebrochene Menschen stöhnend und ächzend
Vor der Reichen Fenstern lauern, die Türen belagern,
Prahlend die Wunden zeigend, als seien es Krämerwaren,
Und die sklavischen Blicke zu ihren «Gönnern» gerichtet.
Sagt der eine: «Seht! – Mir ist der Schädel zerschlagen.»
Oder: «Mein Vater war ein Märtyrer – mögt ihr's uns
    entlohnen.»

Man sagt es nicht gern, aber die Wahrheit gebietet es: Bialiks jüdische Männer hören sich an, als seien sie geradewegs einem antisemitischen Artikel in einem deutschen Nazi-Blatt des letzten Jahrhunderts entstiegen. Es sieht so aus, als hätte Bialik bei seinem Besuch in Kischinew den ultimativen Schuldigen am Schicksal der Juden ausgemacht – den Juden selbst.

Wie lässt sich diese Entwicklung erklären? Psychologisch betrachtet, könnte man an eine Identifikation mit dem Angreifer denken – ein psychologischer Vorgang, bei dem das Opfer lieber die Perspektive des Aggressors einnimmt, als seelischen Schutzschild gegen die Erkenntnis seiner gänzlichen Hilflosigkeit, die der Angriff verdeutlicht hat. Der Gedanke, derartige Gräuel seien völlig grundlos an den Juden verübt worden, sind zu verstörend, denn dann könnten solche schrecklichen Dinge morgen früh ja auch mir passieren. Deshalb denke ich lieber, derlei Untaten seien Juden geschehen, «die es verdienten», solche, die es hätten vermeiden können, wenn sie nur anders gehandelt hätten, nur stärker und mutiger gewesen wären. Ich denke an Vergewaltigungsopfer, die sich vor mir selbst beschuldigten: Wenn sie in der Party-Nacht nur anders gekleidet gewesen, anders reagiert hätten, wäre es nicht passiert. Die Identifizierung mit dem Angreifer führt rasch zur Beschuldigung des Opfers. Die Dinge sind nicht zufällig geschehen, sie sind Leuten passiert, die es verdient hatten. Diese verzerrte Denkweise befällt viele von uns, und das nicht von ungefähr: Sie schützt uns vor einem weit beängstigenderen Gedanken – vor der Erkenntnis, dass guten Menschen böse Dinge geschehen, ständig, und dass wir einem übermächtigen Bösen manchmal völlig hilflos gegenüberstehen.

Aber diese psychologische Betrachtungsweise droht die politische Bedeutung von «In der Stadt des Tötens» zu überdecken. Das Poem zeigt nicht nur Bialiks Seelenlage nach der fünf Wochen langen Konfrontation mit Zeugnissen aus dem Inferno, sondern auch die politische Wende, die er durchgemacht hat. Der Aufenthalt in Kischinew hat den intellektuellen Befürworter der nationalen Wiedergeburt in einen Aktivisten für die Förderung dieser Wiedergeburt verwandelt. «In der Stadt des Tötens» ist keine Reportage, sondern ein Aufruf zur Tat. Bialik tadelt und beleidigt die Juden, tut dies jedoch wie der Feldwebel vor seinen Rekruten, der seine Soldaten zugunsten einer größeren Aufgabe demütigt – um sie zu jenen Kämpfern, jenen ganzen Kerlen zu machen, die sie sein müssen, wenn sie jemals eine eigene Heimat haben wollen. Bialiks Rüge sollte seine Leser dazu bewegen vorzupreschen. Tatsächlich schrieb der amerikanisch-jüdische Historiker Max Dimont, Bialik habe Tausende junger Leute dazu animiert, sich dem russischen Untergrund anzuschließen, der damals gegen Zar Nikolai und sein antisemitisches Regime kämpfte.

Einer von Bialiks Lesern, Wladimir Zeev Jabotinsky, war derart hingerissen von dem Poem, dass er es ins Russische übersetzte, damit auch Juden, die kein Hebräisch sprachen – die überwältigende Mehrheit seinerzeit –, es lesen konnten. Jabotinsky war ein begnadeter Übersetzer und Dichter, vor allem aber ein führender Vertreter des politischen Zionismus, dessen ideologischer Einfluss in Israel bis heute nachwirkt. Um jeden Zweifel über die Lehre aus dem Poem auszuschließen, stellte er ihm ein eigenes Gedicht voran:

In fremdem Land
Zwei Worte nur aus des ewigen Volkes Buch
Und diese zwei Wörter enthalten
Die Geschichte aller Pogrome Fluch

Aus Jabotinskys Sicht erbrachte «In der Stadt des Tötens» den schlagenden Beweis für die Notwendigkeit des zionistischen Gedankens: Der einzige Weg zur Vermeidung des nächsten Pogroms sei die Errichtung einer Heimstätte für das jüdische Volk im Land Israel. Verständlich daher, warum dieses Werk bis auf den heutigen Tag zur Pflichtlektüre eines jeden Gymnasiasten in Israel gehört, und das nicht unbedingt wegen seiner literarischen Qualitäten, obwohl auch die sich durchaus in jeder Zeile zeigen. Verständlich außerdem, dass «In der Stadt des Tötens» nach dem 7. Oktober 2023 in den israelischen Medien häufig Erwähnung fand. Das Poem wurde zwar zur Beschreibung einer aktuellen Situation verfasst, aber der Text erreichte die Stufe eines Kunstwerks, das eine neue Wirklichkeit erschafft.

Viele Jahre nach «In der Stadt des Tötens» sollte Bialik eine weit bescheidenere Geschichte schreiben: «Die beschämte Trompete». Hier gibt es weder blutende Leichen noch vergewaltigte Frauen. Die Stimmung ist nachsichtig und von sanfter Ironie erfüllt. Es ist die Geschichte eines jüdischen Holzhändlers, der sich ohne Erlaubnis in einem Dorf niedergelassen hat und von einem Bevollmächtigten des Zaren daraus vertrieben wird, obwohl sein Sohn schon einige Zeit im Heer eben dieses Herrschers dient. Die titelgebende Trompete gehört dem jungen Soldaten, der stolz auf seine Zugehörigkeit zum Heer des Zaren ist. Doch diese Zugehörigkeit ist trügerisch, flirrend und täuschend, genau wie die Fanfaren der Aufklärungsbewegung – Pauken und Trompeten, nach deren Verklingen sich erwies, dass Juden weiterhin diskriminiert wurden. In dieser später entstandenen Erzählung erklärt Bialik, schämen müsse sich die Trompete, nicht der Trompeter. Das ist ein anderer Bialik, grundverschieden von dem zornigen jungen Mann, der «In der Stadt des Tötens» gedichtet hatte.

Aus Kischinew kehrte Bialik zurück zu seiner Ehefrau Mania, geborene Awerbuch, die er auf Betreiben seiner Familie schon 1893 in einer arrangierten Ehe geheiratet hatte. Für die alten Bialiks war das eine perfekte Verbindung: Manias Vater war ein wohlhabender Holzhändler und auch ein Geschäftspartner. Die Eheleute teilten also die Herkunft aus Holzhändlerfamilien, aber nicht viel mehr. Anders als ihr Mann sprach Mania nur Jiddisch und lernte niemals Hebräisch. Bialik, der größte hebräische Schriftsteller seiner Zeit, verbrachte sein Leben neben einer Frau, die keine einzige Zeile seiner Gedichte und Erzählungen lesen konnte. Sie sprachen zwei verschiedene Sprachen.

Doch bei seiner Rückkehr aus Kischinew hatte Bialik ein Geheimnis im Gepäck. Während er die in der Kleinstadt gesehenen Gräuel in allen Einzelheiten schilderte, versteckte er den Eros, dem er dort begegnet war, sorgfältig vor aller Augen, ja verheimlichte ihn dermaßen, dass die Allgemeinheit erst 1972 von seiner Liebesaffäre erfuhr. Bialik hatte in Kischinew die Malerin Ira Jan kennengelernt, die zu seiner geheimen Geliebten avancierte. Die Liebesbriefe der beiden wurden von Bialiks Nachlassverwalter weggesperrt, um das öffentliche Ansehen des Nationaldichters nicht anzukratzen. Erst nach dem Tod des Verwalters und nachdem auch Mania Bialik, die ihren Mann um viele Jahre überlebte, gestorben war, kamen die Briefe ans Licht. Da erst stellte sich heraus, dass Bialik während seines historischen Aufenthalts in Kischinew 1903 Ira Jan begegnet war, auch sie verheiratet und Mutter einer Tochter. Bald trafen sie sich erneut, und er war allein, fern seiner Frau. Ira Jan verliebte sich so sehr in ihn, dass sie 1906 ihren Ehemann verließ und mit der Tochter ins Land Israel übersiedelte, in der Hoffnung, dort mit Bialik vereint zu werden. Doch diese Hoffnung sollte sich nie erfüllen. Ira Jan illustrierte zwar Bialiks Schriften, aber dabei blieb es. Auch Bialik übersiedelte schließlich nach Israel, aber erst, als sie bereits gestorben war.

Muss ein Künstler eine große Liebe erleben, um eine solche in seinem Werk schildern zu können? Oder ist es gerade umgekehrt, und die ersehnte, unerfüllte Liebe liefert den unerschöpflichen Quell für sein Schreiben? Bei der Wahl zwischen Leidenschaft aus Fleisch und Blut und solcher aus Tinte hat Bialik sich für Letztere entschieden. Wie Orpheus, der Eurydike unbewusst im Hades beließ, um seine wundervollen Lieder des Sehnens weiterhin schreiben zu können, hat auch Bialik auf die Erfüllung seiner Liebe verzichtet und das Feuer in seinem Herzen lieber dazu verwendet, das Herz seiner Leser zu befeuern. Das tat er bei der Schilderung verbotenen Verlangens in der Erzählung «Hinter dem Zaun», die nach seiner Begegnung mit Ira Jan entstanden ist und hier erstmals in deutscher Übersetzung vorliegt.

Als Bialik «Hinter dem Zaun» verfasste, hatte er sich bereits entschieden, bei seiner Ehefrau Mania zu bleiben und die Beziehung zu der kessen Malerin Ira Jan nicht zu legalisieren. Was Bialik persönlich nicht zu tun wagte, lebte er in seinem Werk aus. Die Erzählung strotzt von symbolischer Erotik und angedeuteter Fleischeslust. Sie handelt von dem jungen Juden Noah, Sohn einer Holzhändlerfamilie, und seiner christlichen Nachbarin Marinka, einem armen rothaarigen Findelkind, das hinter dem Zaun im Nachbarhaus wohnt. Der Junge überwindet den Zaun und isst von der verbotenen Frucht, und das Mädchen zahlt den Preis dafür. Ich erinnere mich an meine erste Begegnung mit dieser Geschichte, als Gymnasiastin. An sich schildert der Text keinen ausdrücklichen Körperkontakt, nicht mal einen ordentlichen Kuss. Und doch platzt die ganze Erzählung schier vor Libido, ist erfüllt von deftigen, kühnen Naturbeschreibungen, deren Bedeutung kaum zu übersehen ist.

Doch wie bei früheren Stationen in Bialiks Leben wäre es auch hier verfehlt, sein Werk nur als Ausdruck für die Seelenqualen des Künstlers zu lesen, der seine verbotenen Gelüste mit der Gesellschaftsordnung in Einklang zu bringen versucht. Eine rein psychologische Betrachtung könnte den sozial-nationalen Aspekt dieser Erzählung übersehen, die einer der vielschichtigsten Texte über die Beziehung zwischen dem jüdischen Volk und den Völkern ringsum ist.

Zu Beginn ist «Hinter dem Zaun» in vieler Hinsicht eine Idylle, die den realen Beziehungen zwischen Juden und Nichtjuden entschieden widerspricht: Erzählt wird die Liebesgeschichte zwischen einem jungen Juden aus wohlhabendem Haus und einer armen jungen Nichtjüdin. Der jüdische Junge, den Bialik hier schildert, unterscheidet sich völlig von den untätigen Juden aus dem Poem «In der Stadt des Tötens». Er ist wirtschaftlich etabliert, rebellisch, mutig, scheut sich nicht, bei Bedarf auch mal die Fäuste einzusetzen. Im Vergleich zum schwachen Diasporajuden ist der Held von «Hinter dem Zaun» der «neue Jude» – naturnah, kräftig und von rebellischem Geist. Er schüttelt das orthodoxe Judentum ab und wird mit einem Goj verglichen. Ein solcher Jude, sagt Bialik, wird kein Opfer der Gojim sein. Während «In der Stadt des Tötens» von vergewaltigten Jüdinnen berichtet, schildert «Hinter dem Zaun», wie ein Jude mit einer Goja schläft und sie danach im Stich lässt. Das Herz des hebräischen Lesers fühlt nun gerade mit der gedemütigten Marinka, die den Sohn ihres untreuen jüdischen Geliebten allein aufziehen muss. Dieses Kind, das dazu verdammt ist, in Armut und Mangel aufzuwachsen, wird als Erwachsener Noahs wohlhabendere Kinder quälen, genau wie der Sohn von Abrahams Magd Hagar den Sohn von dessen Ehefrau Sara hasste. Bialik knüpft hier natürlich an die alte biblische Geschichte über die Feindschaft zwischen Israel und den Völkern an, und an deren Ursprung – die Geschichte der Halbbrüder Ismael und Isaak. Beide sind Söhne Abrahams, aber nicht Bruderliebe, sondern reinster Hass herrscht zwischen ihnen.

Noah, der Held der Geschichte, beginnt als großer Rebell und endet als kleiner Spießbürger. Ihm fehlt der Mut, sich den Eltern zu widersetzen und seine wahre Liebe, Marinka, zu heiraten. Er ist nichts als ein Angsthase. Der Name Noah ist natürlich eine Anspielung auf Bialiks zweiten Vornamen, Nachman, aber die Allegorie reicht weiter: Lässt sich wirklich ein neuer Jude erschaffen, der imstande ist, die Fesseln der Diaspora, der Religion und Tradition abzuschütteln und seinem Herzen zu folgen, oder ist die Rebellion nur vorgetäuscht? Noah, der gutaussehende Rebell, endet als Kopie seiner Eltern, als gewöhnlicher Diasporajude. Bialik moralisiert nicht, sondern überlässt dem Leser die Entscheidung, ob die Geschichte tragisch endet oder die beste Lösung für alle Seiten bringt. Der konservative Leser wird es eher begrüßen, dass Noah Marinka hat sitzenlassen und den Werten der jüdischen Familie und Tradition treu geblieben ist. Der liberale Leser wird sich über diese Entscheidung aufregen, da das Judentum selbst andere Möglichkeiten bietet, wie beispielsweise in der biblischen Geschichte von Ruth der Moabiterin, einer Nichtjüdin, die im Namen der Liebe zum Judentum konvertierte. Und der Leser, dem es in erster Linie um die Literatur geht, wird mit Freuden feststellen, dass

Bialik auch Geschichten über Lust und Liebe zu schreiben gewagt hat und nicht nur Poeme über Mord und Rache.

Die Ausgangssituation der Erzählung steht in ironischem Gegensatz zu allen gängigen Stereotypen: Anstelle des Diasporajuden in der Opferrolle, der sich aus Angst vor den Gojim ringsum in ein Ghetto verzieht, wird uns hier ein starker, wohlhabender Jude vorgestellt, der in einem guten Wohnviertel lebt, in dem gerade Nichtjuden die elende Minderheit bilden, die kaum ein Auskommen hat. Während die Elterngenerationen beider Seiten einander verachten, überwindet die Liebe zwischen Noah und Marinka die alte Feindseligkeit und lässt die heimliche Anziehung und wechselseitige erotische Neugier zwischen Juden und Nichtjuden erkennen. Die Schilderung der Erfüllung einer solchen Liebe – teils versteckt hinter saftstrotzenden Naturbeschreibungen – macht deutlich, wie viel Vitalität darin stecken kann, wie viel gegenseitige Befruchtung zwischen den beiden Nationen möglich ist, wenn es ihnen nur gelingt, ihre historische Feindschaft aufzugeben. Doch diese Vitalität hält nicht lange an. Nachdem die beiden sich der Lust und Liebe hingegeben haben, muss der Jude Noah seinen Lebensweg wählen. Und Bialik erzählt das so:

Und eines Nachts stand Noah auf und türmte mit Marinka?
Da kennt ihr die Bewohner des Holzhändlerviertels schlecht. Am Schabbat Chanukka heiratete er eine jüdische Jungfrau, Tochter eines Zöllners, in einer arrangierten Ehe unterm Hochzeitsbaldachin nach dem Gesetz von Moses und Israel. Zum Wochenfest kam er mit seiner neuen Frau in sein Elternhaus, und es herrschte große Freude. Als das junge Paar sich nach dem milchigen Festessen allein im Hof auf einen Balken setzte, stand Marinka mit ihrem Söhnchen auf dem Arm hinter dem Zaun und spähte durch einen Spalt.

Wer sich ein erfrischend dramatisches Ende gewünscht hatte, muss der grauen, prosaischen Wirklichkeit ins Auge schauen. Es ist ein antiheroisches Ende, wie das Ende der Liebesgeschichte zwischen Bialik selbst und Ira Jan. Vielleicht wollte Bialik in der Geschichte sein eigenes Alter Ego beschreiben. Vielleicht wollte er sagen, solange die Juden in ihrer Diasporamisere leben und keine wahre staatliche Unabhängigkeit besitzen, sind sie unfähig, ihren Trieben zu folgen und ihr Leben mit voller Kraft zu leben. Wie dem auch sei – Bialiks Werk sprengt zweifellos den Rahmen des Persönlichen, denn über der Liebesgeschichte der beiden Individuen schwebt die Wolke ihrer nationalen Zugehörigkeit, die von Anfang an präsent ist, schon bei der Namenswahl: Marinka hütet Schweine, das für Juden verbotene und abscheulichste Tier, und sie trägt den Namen der Mutter Jesu, könnte also dem traditionellen Judentum kaum fremder sein. Und Noah, der der Urvater aller Völker hätte werden können, wie seinerzeit der Noah der Bibel, entscheidet sich, im elterlichen Hof zu bleiben, mit dem Bewusstsein eines Diasporajuden.

«Und eines Nachts stand Noah auf und türmte mit Marinka?» Das ist keine rein literarische Frage. Bialik war mit ihr konfrontiert, und wie der Held seiner Erzählung entschied er sich, bei seiner Ehefrau zu bleiben und Ira Jan hinter dem Zaun zu belassen. Das Ansehen des Nationaldichters blieb unbefleckt. Bialik mutierte von einem Mann aus Fleisch und Blut zum wandelnden Symbol, genau wie das Land Israel, von dem er schon lange träumte, längst nicht mehr Erde, Bäume und Wasser war, sondern ein Symbol, ein Sehnsuchtsziel. Bialiks erste Begegnung mit dem Heimatland, das er so häufig besungen hatte, folgte 1909, und wie es oft geht, wenn Fantasie und Wirklichkeit aufeinandertreffen, fiel das Ergebnis enttäuschend aus.

Mit sechsunddreißig Jahren, nachdem seine Gedichte unzählige Einwanderer und Einwanderinnen aus Europa beseelt hatten, kam Bialik selbst im Hafen von Jaffa an. Er ging am 29. März von Bord und wurde mit königlichen Ehren empfangen. Man trug ihn buchstäblich auf den Schultern, damit er nicht durch den Sand stapfen musste, zum Haus seines Gastgebers Simcha Ben-Zion. Dort sollte er nach der anstrengenden Schiffspassage seine erste Nacht in dem ersehnten Land verbringen. Aber kein Mensch ließ ihn schlafen: Draußen drängten sich die ortsansässigen Juden und sangen aus vollem Hals. Trotz dringender Bitten zogen sie nicht ab. Ihr gefeierter Dichter war eingetroffen, und sie wollten ihm umgehend ihre Verehrung zeigen.

Am nächsten Tag wurde es noch schlimmer: Menschenmassen strömten herbei, um ihn zu sehen. Alle Würdenträger der Stadt wollten den Gast willkommen heißen, und jeder hatte eine ewig lange Rede in der Tasche. Eingekeilt in seiner Fangemeinde, im ungewohnten Mittelmeerklima, begann Bialik zu verstehen, was der Preis des Ruhms ist. So schrieb er seiner Frau Mania: «Man hat mir einen großen Empfang bereitet, ein paar hundert oder vielleicht tausend Menschen kamen zusammen und redeten und sangen, sangen und redeten, bis mich kalter Schweiß bedeckte.»

Am Vorabend seiner Abreise bat man ihn um eine öffentliche Lesung aus seinen Werken. Das zahlreich erschienene Publikum erwartete Loblieder auf den Zionismus aus dem Mund des Nationaldichters, aber zu ihrer Überraschung erhielten sie etwas ganz anderes, denn unter all seinen Schriften hatte Bialik nun gerade «Hinter dem Zaun» zum Vortrag ausgewählt. Was für eine Ironie: Männer und Frauen, die sich auf Verse über die Auferstehung Zions freuten, mussten sich eine erotische Liebesgeschichte zwischen einem Juden und einer Schickse anhören. Sie wollten, dass er die nationale Wiedergeburt, das Wiederaufleben des Volkes in seinem Land besang – und damit die Anwesenden selbst –, doch Bialik trug ihnen das genaue Gegenteil vor. Vielleicht war das eine Art Rebellion, die einzige, die er sich erlaubte.

Aus Bialiks gesamter Lebensgeschichte stelle ich mir diesen Augenblick am liebsten vor: die andächtige Stimmung, das honorige Publikum, das seine Tagesration an Ideologie in Empfang zu nehmen gedachte. Wie viele Minuten mögen vom Beginn der Lesung vergangen sein, bis erstes unwilliges Getuschel aufkam? Hat Bialik es bemerkt und trotzdem weitergemacht, oder hat er die Leute gar nicht angeschaut, die Schar seiner Verehrer, die ihn in den goldenen Käfig des Konsenses gesperrt hatten? Ich denke zu gern an diesen Augenblick, in dem Bialik sich, wenn auch nur für einen flüchtigen Moment, weigerte, ein wandelndes Symbol zu sein, denn später, als er ganz nach Israel übergesiedelt war, blieb ihm gar nichts anderes mehr übrig.

Als Bialik und Mania 1924 auf Dauer eingewandert waren, belagerten die Massen seine Haustür. Sie betrachteten ihn als einen Propheten, als den König der Juden. Der Name Bialik wurde zum Gefängnis. Zum Schreiben braucht man ja einen gewissen Abstand zu den Mitmenschen. Nicht umsonst hatte Bialik seine Laufbahn als Beobachter am Rand begonnen. Doch damit war es vorbei, unversehens war er selbst zum Ereignis, zur Sensation geworden. Der Moment der Erfüllung, als der Wunsch, ins Land Israel auszuwandern, wahr wird, ist auch der Anfang vom Ende des Dichters Bialik. Er veranstaltet endlose Bankette für Würdenträger und Philanthropen. Menschen pilgern zu ihm. Wer hat da noch Zeit zum Schreiben? Bialiks Jahre in Israel sind die schwächsten für ihn als Künstler. Das ist das eigentliche Paradox: Zion selbst konnte Bialiks Muse nicht so wecken wie die Zionssehnsucht es einst getan hatte. Bialiks schönste Bilder des Landes Israel waren seiner Fantasie, seinem Sehnen entsprungen, nicht dem echten Augenschein.

Und doch hat er mit knapp sechzig Jahren, in Tel Aviv, nach langen Jahren, in denen er keine nennenswerte Lyrik verfasste, das Schreiben wieder aufgenommen. Das Thema überrascht. Bialik schreibt über den Abschied, den er als Kind erleben musste, über den Tag, an dem seine Mutter ihn nach dem Tod seines Vaters zum Haus des Großvaters brachte und trotz aller Bitten bei dem gestrengen Mann ließ. Wie viele Jahre waren seit jenem Tag vergangen? Aus dem vaterlosen Dorfjungen in der Ukraine war ein hochgeschätzter, hochgeehrter Bürger Tel Avivs geworden. Und doch ist der sechzigjährige Bialik, das nationale Symbol, immer noch jener abgeschobene Junge, der von der Seite beobachtet, wie seine Mutter ihn zurücklässt.

Nachbemerkung der Übersetzerin

Von Ruth Achlama

Chaim Nachman Bialik, der israelische Nationaldichter, ist in Israel nach wie vor sehr präsent. Seine Kinderlieder erfreuen schon die Kleinsten im Kindergarten, seine Gedichte und Poeme wurden 2004 in einer kommentierten Gesamtausgabe von Avner Holtzman neu herausgegeben. Einige sind vertont und als solche sehr populär. Seine Erzählungen stehen in manchen Schulzweigen auf dem Lehrplan.

Die Villa, die er sich nach seiner Einwanderung 1924 in der Mitte der damals noch kleinen Stadt Tel Aviv bauen ließ, ist heute offen für Besichtigungen und vielseitige Literaturveranstaltungen, auch für Kinder. Sein Grab auf dem nahe gelegenen alten Friedhof wird häufig besucht, und zu seinem Todestag im Hochsommer gibt es dort jedes Jahr eine Gedenkfeier mit Musik.

Da er kurz vor seinem Tod noch einige Zeit in der Nachbarstadt Ramat Gan gelebt hat, feiert man ihn auch dort – mit einem Denkmal auf dem Hauptplatz der Stadt und einer Steinbank, auf der er angeblich gesessen und die Aussicht genossen hat. In dem ewig quirligen Tel Aviv habe man ihn einfach genervt und nicht in Ruhe dichten lassen, heißt es in Ramat Gan. Die Villa in Tel Aviv sei ihm am Ende schlicht zu teuer geworden, sagen die Tel Aviver. Wie dem auch sei: Es ist ein edler Wettstreit zwischen den beiden Städten.

Selbstverständlich gibt es in jeder älteren israelischen Gemeinde, die etwas auf sich hält, eine Straße, einen Platz oder einen Boulevard, der nach Bialik benannt ist. Tel Aviv hat alle drei: die hübsche kleine Bialik-Straße, an der seine Villa steht, den kleinen runden Bialik-Platz vor dem alten Rathaus, auf den sie mündet, und noch einen Chen-Boulevard, vom Habima-Theater zum Rabin-Platz, wobei «Chen» für Chaim Nachman steht. Meist ist es nur der Name, eventuell mit einer knappen Erklärung über den Namensgeber. Aber gelegentlich wird dabei auch sein Werk gewürdigt. In der Stadt Rehovot stehen auf dem «Chen-Boulevard» lustig-bunte Skulpturen mit Zitaten aus seinen Kinderliedern. Schließlich ist noch die Kleinstadt Kirjat Bialik bei Haifa zu erwähnen, die im Juli 1934 von Einwanderern aus Deutschland gegründet und nach dem damals gerade gestorbenen Dichter benannt wurde.

Die Reaktion meiner Umwelt auf die Nachricht, dass ich derzeit drei Bialik-Erzählungen übersetze, reichten von: «Wer liest denn heute noch Bialik?» bis zu: «Was?! Sind die noch nie ins Deutsche übersetzt worden?» Beides ist positiv zu beantworten. Ja, Bialik wird heute noch gelesen, und ja, die Erzählungen wurden noch nie ins Deutsche übersetzt, im Gegensatz zu einer ansehnlichen Auswahl seiner Gedichte und Poeme, die in den 1920er und 1930er Jahren in verschiedenen deutschen Ausgaben erschienen sind, meist übersetzt von Ernst Müller, einige von Louis Weinberg und anderen.

Nun hat sich das Deutsche, wie jede andere Sprache, in den hundert Jahren seither natürlich weiterentwickelt. Anders als Originalfassungen veralten Übersetzungen. An sich übertrage ich keine Lyrik, aber bei dem hier aufgenommenen Poem «In der Stadt des Tötens» fand ich die deutsche Fassung von Ernst Müller so gelungen, dass die Grundstruktur bleiben konnte, nur das Vokabular eine Auffrischung brauchte. Sogar Ernst Müller selbst hat bei späteren Ausgaben seiner Übersetzungen einzelne Wörter ausgetauscht. Ich habe mich hier auf die wohl letzte Fassung von 1935 gestützt.

Bialik hat das Poem zunächst auf Hebräisch geschrieben. Um es einem weiteren jüdischen Publikum zu erschließen, wurde der berühmte jiddische Schriftsteller Isaak Leib Perez mit der Übertragung ins Jiddische beauftragt. Da Bialik mit dem Ergebnis unzufrieden war, schrieb er eine eigene jiddische Fassung, die keine wortwörtliche Übersetzung ist.

Das beginnt schon mit dem Titel: Die hebräische Fassung ist mit «*Be-Ir ha-Haregah*» – «In der Stadt des Tötens» überschrieben, die jiddische mit «*In Schlichte-Stot*» – «In der Stadt des Schlachtens». Ernst Müller nannte seine deutsche Fassung «In der Stadt des Würgens». Lange rätselte ich, wie der Kollege auf das Wort «Würgen» gekommen sein mochte, doch wie so oft fand sich die Lösung in der Bibel. Der Prophet Jeremia (7,32) sagt (in der Luther-Übersetzung) über das Hinnom-Tal in Jerusalem, in dem einst Kinder geopfert wurden und später eine große Nekropole entstand: «Darum siehe, es kommt die Zeit, spricht der HERR, dass man's nicht mehr nennen wird ‹Tofet› und ‹Tal Ben-Hinnom›, sondern ‹Würgetal›.» Und die in der Mitte des 19. Jahrhunderts entstandene jüdische Bibelübersetzung von Leopold Zunz, die Ernst Müller vermutlich benutzt hat, schreibt an derselben Stelle ausdrücklich «Tal des Würgens», obwohl es im Hebräischen «Tal des Tötens» heißt.

Auch die Überschrift der Erzählung «Wildwuchs» machte einiges Kopfzerbrechen. Der hebräische Titel «*Safiach*» kommt fünfmal in der Bibel vor, zuerst in Leviticus 25,5, und bezieht sich auf das «Brachjahr» (Einheitsübersetzung) oder «Sabbatjahr» (Luther). Im Land Israel soll der Boden jedes siebte Jahr ruhen, also nicht bestellt werden. Nun fragt sich, ob man das auf den Feldern natürlich Nachgewachsene – Safiach – ernten und essen dürfe. Das Wort, das auch nicht allen Israelis in seiner biblischen Bedeutung vertraut sein dürfte, wird von Luther nur umschrieben, während Zunz und die Einheitsübersetzung es mit «Nachwuchs deiner Ernte» übersetzen. Das erschien etwas sperrig und ohne weitere Erklärung auch wenig aussagekräftig. So fiel die Wahl auf «Wildwuchs», zumal das auch für den kleinen Helden Schmulik passt, der weitgehend sich selbst überlassen aufwächst.

Chaim Nachman Bialik zu übersetzen, war eine schwierige, aber auch beglückende Aufgabe. Allein schon einen klassischen Text anzugehen, erfüllt einen mit einer gewissen Ehrfurcht, und dann das Hebräisch von vor hundert Jahren! Die Sprache hat sich noch schneller als europäische Sprachen verändert, denn bis zur jüdischen Aufklärung, der Haskala, im 19. Jahrhundert und den Anfängen des Zionismus bald danach war Hebräisch im Wesentlichen eine Sprache des Gebets und der religiösen Studien, musste erst auf Alltagstauglichkeit in allen Lebensbereichen getrimmt werden, vom Kinderzimmer bis zur Werkstatt, von der Küche bis zum Elektrizitätswerk. Bialik selbst hat neben vielen anderen Gelehrten Vorschläge für neue Wörter eingereicht. Außerdem spielen die Erzählungen in der Ukraine von einst, nicht in Israel, und so kamen einige slawische Wörter hinzu. Die Ortsnamen erscheinen in der vorliegenden Übersetzung in der russischen Form, wie sie im damaligen Russischen Reich üblich waren. Zum Glück hat die hebräische Originalausgabe ein umfangreiches Glossar. Allein schon für die Lektüre des Textes brauchte ich weit mehr Zeit als sonst, und zur Sicherheit habe ich immer wieder die beiden englischen Übersetzungen herangezogen, wobei die ältere nur zwei der drei hier wiedergegebenen Erzählungen umfasst. «Hinter dem Zaun» wurde im Jahr 1939 wohl als zu heikel und kritisch empfunden.

Nun, wo das Werk vollbracht ist, wünsche ich ihm viele Leser und Leserinnen und insgesamt guten Erfolg. Ja, eindeutig: Man kann und sollte sich heute noch das Vergnügen gönnen, Bialik zu lesen.

Chaim Nachman Bialik
Von Lea Gzella

Chaim Nachman Bialik wurde am 9. Januar 1873 in Wolhynien geboren und verbrachte die ersten Jahre seines Lebens in der kleinen Ortschaft Radiwka nahe Schitomir (ukrainisch «Schytomyr»). Die historische Region Wolhynien liegt in der heutigen Nordwestukraine und gehörte im Russischen Zarenreich zum Ansiedlungsrayon, dem Gebiet zwischen der baltischen Ostseeküste und dem Schwarzen Meer, in dem sich Juden im Unterschied zum restlichen Zarenreich dauerhaft niederlassen durften. Deshalb entstanden dort gerade in den Städten, darunter auch in Schitomir, bedeutende jüdische Gemeinden.

Bialiks Vater war wie auch schon seine Brüder und sein Vater als Holzhändler tätig, allerdings weniger erfolgreich als seine Familienangehörigen, sodass er sich einigen Spott gefallen lassen musste. Wegen der prekären wirtschaftlichen Lage ließ sich die Familie fernab größerer jüdischer Gemeinschaften in der Gegend bei Radiwka nieder, wo sie zwar weniger Konkurrenz durch andere Holzhändler, dafür aber nichtjüdischen Landbesitzern und einer unsicheren Rechtslage ausgesetzt war. Trotzdem wurden gerade die ersten Jahre seines Lebens in der Natur um Radiwka für Bialik zum Sehnsuchtsort.

Nach einem größeren wirtschaftlichen Misserfolg zog Bialiks Vater mit der Familie in der Hoffnung auf Arbeit nach Schitomir, wo auch Bialiks Großvater lebte. Die religiöse Bildung und die Wahrung der Religionsgesetze hatten für die Familie einen hohen Stellenwert, sodass Bialik dort den Cheder zu besuchen begann. Allerdings verdüsterte sich seine Kindheit bald: 1879 verstarb der Vater und ließ die Familie mittellos zurück. Die Mutter sah sich nicht in der Lage, für Bialik und seine beiden Geschwister zu sorgen, brachte den gerade Sechsjährigen beim Großvater unter und verließ Schitomir. Bialik wurde fortan streng religiös erzogen. Im Cheder musste er unzählige Züchtigungen über sich ergehen lassen, und da er ein guter Schüler war, zog er den Neid seiner Onkel auf sich, denen er zu Hause ausgesetzt war. Inmitten dieser finsteren Umstände zog er sich in die heimische Bibliothek zurück, wo er Werke auf Jiddisch und Hebräisch las.

Nach seinem dreizehnten Geburtstag und der Bar Mizwa besuchte Bialik den *Beit Midrasch*, das «Lehrhaus», als weiterführende Schule. Dort kam er in Kontakt mit den beiden wichtigsten jüdischen Strömungen der Zeit, der Haskala und dem Chassidismus. Er zeigte sich von der Lektüre Chaim Vitals, eines Mystikers aus dem 16. Jahrhundert, beeindruckt und interessierte sich zugleich für Aharon Bernsteins Einführungen in naturwissenschaftliche Themengebiete. Mit etwa fünfzehn Jahren kehrte sich Bialik allmählich vom religiösen Leben ab und strebte nach einer umfassenderen Bildung. Seinem Großvater rang er deshalb 1890 die Erlaubnis ab, an die Jeschiwa in Waloschyn zu wechseln. Diese Jeschiwa galt als Musterschule für die Ausbildung jüdischer Jungen und Männer. Zu Bialiks Enttäuschung stand aber auch hier das traditionelle religiöse Studium im Vordergrund, doch immerhin gelang es ihm, nebenbei etwas Deutsch und Russisch zu lernen.

In der Jeschiwa erfuhr Bialik von den Bemühungen des Kreises um Elieser ben Jehuda, das Hebräische wiederzubeleben, womit er sich rasch identifizierte. Hier kam er auch in Kontakt mit dem Zionismus. Von seinen Freunden bestärkt, schrieb er einen Essay, der 1891 in der Zeitschrift *Hamelitz* veröffentlicht wurde, in dem er das Vorhaben der *Chowewe Zion*, der «Liebhaber Zions», aufgriff, ein jüdisches Nationalgefühl zu nähren. Die *Chowewe Zion* waren die Anhänger einer in Osteuropa entstandenen zionistischen Gruppierung, die sich in den 1880ern formiert hatte und sich für die Aussiedlung nach Palästina einsetzte. Darüber hinaus versuchte Bialik, religiöses und säkulares Judentum auf einen nationalen Nenner zu bringen. Dabei orientierte er sich allerdings maßgeblich an Achad Ha'ams kulturellem Zionismus, dem es vor allem um die Herausbildung eines jüdischen Nationalbewusstseins mit Palästina als spirituellem Zentrum ging. Zu diesen Bestrebungen gehörte auch die Wiederbelebung des Hebräischen als der Sprache des jüdischen Volkes.

Mit achtzehn Jahren zog Bialik 1891 ohne Wissen seines Großvaters nach Odessa, wo sich Achad Ha'am aufhielt. Nach einer zweiwöchigen Reise und nur mit Grundkenntnissen des Russischen ausgestattet sowie ohne finanziellen Rückhalt fand er am Rande der Stadt Unterschlupf. Von dort aus stellte er über Moses Leib Lilienblum Kontakt zu Achad Ha'am und Jehoschua Chana Rawnitzki her. Es gelang ihm, Achad Ha'am sein Gedicht «An den Vogel» vorzulegen, das dann zu seiner großen Freude und Überraschung in der literarischen Anthologie *Pardes* erschien. Die Veröffentlichung im Mai 1892 ist die erste eines Gedichts von Bialik und markiert den Beginn seines steilen Aufstiegs zum Nationaldichter, als der er bis heute bekannt ist.

Als Bialik die Nachricht erreichte, dass die Schließung der Jeschiwa in Waloschyn bevorstand, musste er 1892 abrupt zurück nach Schitomir zu seinem Großvater aufbrechen, der für ihn eine Ehe mit Mania Awerbuch arrangierte. Bialik verstand sich gut mit seinen Schwiegereltern, doch die Enge der Ehe und die Erwartungen, als Holzhändler Geld zu verdienen und eine Familie zu gründen, lasteten auf ihm, auch wenn er gerne Kin-

der gehabt hätte. Außerhalb der Stadt und getrennt von seiner Frau lebte er zunächst in Korostyschew, um der Arbeit als Holzhändler nachzugehen. Immerhin blieb er in Kontakt mit Rawnitzki, der ihn mit Büchern versorgte.

Nachdem Bialiks erstes Gedicht wohlwollend aufgenommen worden war, wurde er für die zweite Ausgabe von *Pardes* 1894 erneut um einen dichterischen Beitrag gebeten. Die Selbstverständlichkeit, mit der er das Hebräische für profane Dichtung verwendete, die Formulierung eines empfindenden Ichs sowie die Auseinandersetzung mit der nationalen Frage, führten dazu, dass Bialik bereits zu dieser Zeit erstmals als Nationaldichter bezeichnet wurde. Als Achad Ha'am 1896 die Zeitschrift *Haschiloach* gründete, die bald zu einem der prestigeträchtigsten Organe der Wiederbelebung des Hebräischen wurde, lud er Bialik ein, regelmäßig Gedichte beizusteuern. Als diesem kurz darauf der Bankrott als Holzhändler drohte, zog er nach Sosnowiec und fand dort als Hebräischlehrer ein gutes Auskommen.

Um näher am Geschehen der Zeit zu sein, zog Bialik 1900 mit seiner Frau nach Odessa, wo er bis auf wenige Unterbrechungen bis 1921 lebte. Dort unterrichtete er zunächst in einem Cheder, der religiöse und weltliche Bildung zu verbinden suchte. Zugleich war er vielseitig dichterisch tätig, sodass die ersten fünf Jahre seines Aufenthalts in Odessa als schöpferische Hochphase gelten, in denen sein Schreiben zur Reife kam. Neben weiteren Veröffentlichungen in Achad Ha'ams *Haschiloach* publizierte er 1901 seinen ersten Gedichtband. Kritiker lobten seinen Umgang mit dem Hebräischen und seine kundige Verbindung des Zionismus mit der jüdischen Tradition, was seinen Ruf als Nationaldichter weiter festigte. Als 1902 der Cheder geschlossen wurde, gründete er den Verlag Moriah, um Schulbücher zu veröffentlichen und somit die Modernisierung der traditionellen Bildung voranzutreiben, womit er sich noch bis 1921 hauptsächlich beschäftigte.

Nach dem Pogrom in Kischinew im April 1903, bei dem Dutzende Juden brutal ermordet und Hunderte verletzt wurden, reiste Bialik dorthin, um die Geschehnisse zu dokumentieren. Anstelle eines Berichtes verfasste er das Langgedicht «In der Stadt des Tötens». Die schonungslose Darstellung der Brutalität und die Anklage Gottes und der Opfer empfanden manche als Affront. Doch bald wurde das Gedicht ins Jiddische, Russische und Polnische übersetzt, sodass Bialik erstmals eine größere jüdische Leserschaft erreichte, die des Hebräischen nicht kundig war. Durch die russische Übersetzung zog Bialik auch das Interesse russischsprachiger Dichter, etwa Maxim Gorkis, auf sich. In Kischinew machte Bialik außerdem Bekanntschaft mit Ira Jan, einer jüdischen Malerin, mit der er ein Verhältnis begann und viele Jahre auch beruflich in Kontakt blieb.

Ende 1903 zog Bialik für zwei Jahre nach Warschau, die Stadt mit dem höchsten jüdischen Bevölkerungsanteil in Europa, die zum Zentrum des hebräischen und jiddischen Drucks sowie des Literaturbetriebs wurde. Auf Anfrage Josef Klausners arbeitete er dort bei der von Achad Ha'am gegründeten Zeitschrift *Haschiloach* mit. 1905 kehrte er nach Odessa zurück und setzte zunächst die Arbeit an einem weiteren Gedichtband fort, die allerdings von den Umwälzungen im Russischen Zarenreich unterbrochen wurde. Nach der Meuterei auf dem Panzerschiff *Potjomkin* im Hafen von Odessa und nach den Pogromen gegen die Juden Ende 1905 flohen viele Einwohner, darunter auch Bialik, aus der Stadt. Wieder zurück in Odessa konnte Bialik seinen zweiten Gedichtband mit Illustrationen von Ira Jan veröffentlichen. Zugleich begann er die Arbeit an der autobiographischen Erzählung «Wildwuchs», an der er bis 1923 schrieb, sowie an der Erzählung «Hinter dem Zaun», die ebenfalls vom

Aufwachsen handelt, wenn auch aus völlig anderer Perspektive. Gemeinsam mit Rawnitzki veröffentlichte er außerdem einen ersten Teil des *Buchs der Legenden*, mit dem sie einen Kanon jüdischer Literatur, angefangen mit Geschichten aus dem Talmud, etablieren wollten.

Anfang 1909 reiste Bialik erstmals nach Palästina, wo er enthusiastisch empfangen wurde. Nach seiner Rückkehr konzentrierte er sich ganz auf seine verlegerische Tätigkeit bei Moriah, wo er vor allem Publikationen für Kinder und Jugendliche auf Hebräisch plante, deren Sprachkenntnisse für die Wiederbelebung des Hebräischen unabdingbar waren. Zu dieser Zeit hatte er allerdings auch nicht selten mit düsteren Gemütszuständen und Schreibblockaden zu kämpfen.

Der Beginn des Ersten Weltkriegs überraschte Bialik in Österreich-Ungarn, wo er als russischer Staatsbürger Schwierigkeiten bei der Ausreise bekam. Als es ihm dennoch gelang, reiste er zunächst nach Kiew, wo er 1915 die Erzählung «Die beschämte Trompete» schrieb. Nachdem während des Ersten Weltkriegs der Druck hebräischer Werke in Russland verboten worden war, verbanden viele die Oktoberrevolution 1917 mit der Hoffnung, den Status der Juden neu verhandeln zu können. Tatsächlich wurden gegen die Juden gerichtete Verbote zunächst aufgehoben, sodass in Moskau für kurze Zeit ein Zentrum des literarischen und verlegerischen Betriebs entstand. Doch die Bolschewisten, die bald das Sagen hatten, verboten erneut sämtliche hebräischsprachige Aktivitäten. Da mit der Balfour-Deklaration bereits 1917 der rechtliche Rahmen für die Errichtung einer jüdischen Heimstätte in Palästina geschaffen worden war, reifte in Bialik wie bei vielen anderen Juden der Wunsch, Russland zu verlassen. Doch die Ausreise wurde erschwert. Bialik musste nach Petrograd reisen und konnte hier endlich, wahrscheinlich mit Hilfe Maxim Gorkis, eine Ausreisegenehmigung erwirken.

Zunächst ließ sich Bialik in Berlin nieder und widmete sich verlegerischen Aufgaben bei Moriah und seinem neugegründeten Verlag Dvir. Als ihm der Trubel in Berlin über den Kopf wuchs, zog er nach Bad Homburg. Zu seinen Ehren fand in Berlin an seinem fünfzigsten Geburtstag ein Fest in der Philharmonie statt, an dem Bialik selbst aber offenbar gar nicht teilnahm.

Anfang 1924 zog Bialik in das erst 1909 gegründete Tel Aviv, wo er sich ein großes Haus bauen ließ, das heutige Bialik-Haus. Aber auch hier kam er nicht zur Ruhe, sondern unternahm zahlreiche Reisen. Seine Arbeit war nun vor allem von verlegerischen und editorischen Projekten geprägt. So setzte er seine Arbeit am *Buch der Legenden* fort, für das er immer wieder nach Europa reiste, um Handschriften zu konsultieren. Zu seiner Enttäuschung wurden seine Anstrengungen allerdings wissenschaftlich kaum honoriert und vonseiten jüdischer Handschriftensammler nur wenig unterstützt.

1926 reiste Bialik noch für mehrere Monate in die USA zu Chaim Weizmann; Reisen nach Europa hatten da schon vor allem medizinische Gründe, weil sich sein Gesundheitszustand gegen Ende der zwanziger Jahre stark verschlechterte. Im Juni 1934 kam er deshalb nach Wien, um sich einer Operation zu unterziehen. Nach einer weiteren Operation traten Komplikationen auf. Chaim Nachman Bialik verstarb am 4. Juli 1934 im Alter von einundsechzig Jahren an einem Herzinfarkt. Sein Leichnam wurde nach Palästina überführt, wo er am 16. Juli unter großer öffentlicher Anteilnahme bestattet wurde.

Weiterführende Literatur

Avner Holtzman, Hayim Nahman Bialik: Poet of Hebrew, übersetzt von Orr Scharf, New Haven und London: Yale University Press, 2017.

Chaim Nachman Bialik, Random Harvest: The Novellas of Bialik, übersetzt von David Patterson und Ezra Spicehandler, Boulder: Westview Press, 1999.

Chaim Nachman Bialik, In der Stadt des Schlachtens, aus dem Jiddischen übersetzt und mit einem Nachwort von Richard Chaim Schneider, Salzburg und Wien: Residenz Verlag, 1990.

Chaim Nachman Bialik, Aftergrowth and Other Stories, übersetzt von I. M. Lask, Philadelphia: The Jewish Publication Society of America, 1939.

Chaim Nachman Bialik, Ausgewählte Gedichte, übersetzt von Ernst Müller, Wien, Jerusalem und Leipzig: R. Löwit Verlag, 1935.

Chaim Nachman Bialik, Gedichte, übersetzt von Louis Weinberg, Berlin: Welt-Verlag, 1920.

Glossar

Von Lea Gzella

Achtzehngebet: Auch «Achtzehnbittengebet», ein zentrales Gebet im jüdischen Gottesdienst sowie bei den Tagesgebeten, dessen Bezeichnung auf die ursprüngliche Anzahl von Lobpreisungen und Bittgebeten zurückgeht, obwohl nun neunzehn gezählt werden.

Alef: Der erste Buchstabe des hebräischen Alphabets (א).

Alenu-Gebet: Wird am Ende der drei Tagesgebete gesprochen und beginnt mit den Worten «Alenu le-schabe'ach la-Adon ha-kol» («Es obliegt uns, den Herrn von Allem zu preisen»).

Baal Schem Tov: «Meister des guten Namens», eigentlich Rabbi Israel ben Elieser, geb. ca. 1700 und gest. 1760 in Polen-Litauen, jüdischer Mystiker und der Überlieferung nach Begründer des chassidischen Judentums (siehe «Chassidismus»).

Bar Mizwa: Die religiöse Mündigkeit jüdischer Jungen, durch die sie zu vollen Gemeindemitgliedern werden. Während der Bar-Mizwa-Zeremonie am Schabbat nach ihrem dreizehnten Geburtstag werden die Jungen erstmals zum Vorlesen der Thora aufgerufen.

Bundeslade: Auch «Gotteslade», nach jüdischer Überlieferung am Sinai gefertigt, enthält sie die Thora bzw. die Zehn Gebote und ist Symbol der Gegenwart Gottes sowie Zeichen seines Bundes mit dem Volk Israel.

Chanukka: Achttägiges Fest, an dem der Wiedereinweihung des Jerusalemer Tempels im Jahre 164 v. Chr. gedacht wird (siehe «Makkabäer»).

Charosset: Ein Mus aus Früchten und Nüssen und fester Bestandteil des Sedermahls (siehe «Seder»).

Chassidismus: Eine spirituelle Strömung, die sich im 18. Jahrhundert herausbildete und bis heute Bestand hat, mittlerweile aber vor allem mit dem ultraorthodoxen Judentum assoziiert wird. Als Popularisierung jüdischer Mystik betonte der Baal Schem Tov die aus der göttlichen Immanenz folgende Möglichkeit zur Gotteserfahrung im Diesseits, die auch denen zugänglich war, die nicht im Studium der Thora und des Talmuds geschult waren.

Cheder: «Zimmer,» die erste Stufe des traditionellen und religiösen Unterrichts ab dem Vorschulalter.

Chumasch (Pl. Chumaschim): «Fünfbuch» (Pentateuch), die fünf Bücher Mose, die in Buchform, und nicht als Thorarolle, gebunden sind und auch die entsprechenden Prophetenlesungen sowie Kommentare und Übersetzungen enthalten können.

Dalet: Der vierte Buchstabe des hebräischen Alphabets (ד).

Dibbuk: Der böse Geist eines Verstorbenen, von dem Lebende besessen sein können.

Erez-Israel-Äpfel: «Äpfel des Landes Israel», wobei «Erez Israel» entweder allgemein die biblisch verheißene Heimat meint oder im Kontext des Zionismus im 19. Jahrhundert die Region Palästina.

Etrog: Eine Zitrusfrucht, die makellos sein muss und neben dem Dattelpalmzweig, dem Myrtenzweig sowie Bachweidenzweigen zu den sogenannten vier Arten des Laubhüttenfests gehört und zum Bereiten des Lulav notwendig ist.

Fleischiges und milchiges Geschirr: Den Speisegesetzen folgend dürfen Milch- und Fleischprodukte weder zusammen gekocht noch verzehrt werden, weswegen in jüdischen Haushalten auch gesondertes Geschirr verbreitet ist.

Gebetsmantel: Siehe «Tallit».

Gebetsriemen: Siehe «Tefillin».

Gehenna: Auch «Gehinnom», ein Ort der Strafe oder Reinigung nach dem Tod.

Gimel: Der dritte Buchstabe des hebräischen Alphabets (ג).

Goj (fem. Goja, Pl. Gojim, Adj. gojisch): Ein Nichtjude.

Golem: Eine Kreatur, die jüdische Gelehrte einiger mittelalterlichen Legenden zufolge aus Lehm erschufen und mithilfe von Buchstabenmystik zum Leben erweckten. Der bekannteste legendäre Schöpfer des Golems ist Judah Löw, der im 17. Jahrhundert in Prag lebte.

Gut Schabbes: «(Einen) Guten Schabbat!» auf Jiddisch.

Hamantaschen: Ein süßes Gebäck, das an Purim gegessen wird und nach dem Hofbeamten Haman benannt ist, der die Juden im Achämenidenreich vernichten wollte.

Haskala: Auch «jüdische Aufklärung» genannt. Sie entstand im späten 18. Jahrhundert in Deutschland und breitete sich von dort nach Osteuropa aus. Die als Maskilim bezeichneten Vertreter der Haskala forderten eine umfassende Reform des Judentums nach rationalen Prinzipien, die sich auch gegen religiöse Autoritäten wendete. Sie befürworteten außerdem die Teilnahme am gesamtgesellschaftlichen und kulturellen Leben, die mit der Hoffnung auf Emanzipation verbunden war.

hiztajadu: «Sie versahen sich mit Reiseproviant», Josua 9,12.

hiztajaru: Hebräische Bedeutung unklar, Josua 9,4. Möglicherweise ein Schreibfehler und als *hiztajadu* wie in Josua 9,12 zu lesen, da sich die Buchstabenformen von «d» und «r» auf Hebräisch stark ähneln.

«Höre Israel»: Hebräisch *Schma Jisrael*, ist eines der wichtigsten jüdischen Gebete und geht auf die Anfangsworte in Deuteronomium 6,4–9 zurück. Darin wird unter anderem der zentrale Glaubenssatz, die Einzigkeit Gottes, hervorgehoben.

Hoschana Rabba: Der siebte und letzte Tag des Laubhüttenfestes, an dem der Lulav aufgebunden wird.

Jid (Pl. Jidden): «Jude» auf Jiddisch.

Jom Kippur: Als «Versöhnungstag» der höchste jüdische Feiertag, an dem gefastet und um Vergebung gebeten wird.

Jud: Der zehnte Buchstabe des hebräischen Alphabets (').

Kantillationszeichen: Die mehrere Dutzend Symbole umfassenden Zeichen dienen vor allem der Kenntlichmachung der Melodie für die liturgische Rezitation.

Kiddusch: «Heiligung», Segensgebet über dem Wein am Beginn des Schabbats sowie an anderen Feiertagen, um die Heiligkeit des Tages zu hervorzuheben.

Kippa: Runde Kopfbedeckung, die von Jungen und Männern als Zeichen der Demut getragen wird.

Klagelieder: Gemeint sind die Klagelieder Jeremias.

Koscher: Den Speisegesetzen folgend.

Lag baOmer: «Der 33. (Tag) des Omer-Zählens» (d. h. des Zählens der 49 Tage zwischen Pessach und Schawuot), ein jüdisches Fest, das die Trauerzeit im Omer für einen Tag unterbricht.

Lamed: Der zwölfte Buchstabe des hebräischen Alphabets (ל).

Laubhüttenfest: Auf Hebräisch *Sukkot*, findet im Herbst statt und dauert sieben Tage, an denen man der Wüstenwanderung gedenkt. Traditionell baut man Laubhütten (*Sukkot*, Sg. *Sukka*), die an die unsteten Wohnstätten während der Wanderung erinnern sollen.

Lechaim: «Auf das Leben!», der gängige Spruch beim Zutrinken.

Leibchen mit den Schaufäden: Auf Hebräisch auch *Tallit katan*, «kleiner Gebetsmantel», der an den Ecken mit *zizijot* (Sg. *zizit*) «Fäden», oder Quasten, versehen ist und unter der Alltagskleidung getragen werden kann.

Loksch (Pl. Lokschen): «Nudel» auf Jiddisch.

Lulav: Bezeichnet sowohl den Dattelpalmzweig, der mit anderen Pflanzen am Laubhüttenfest zum Feststrauß gebunden wird, als auch den gesamten Feststrauß, der neben Etrog aus Dattelpalmzweig, Myrtenzweig und Bachweidenzweigen besteht (siehe «Etrog», «Laubhüttenfest»).

Makkabäer: Der Namensgeber Judas Makkabäus führte den Makkabäeraufstand gegen die Seleukiden, die die jüdische Religionspraxis unterbunden hatten, siegreich an und nahm Jerusalem ein, wodurch der Tempel im Jahre 164 v. Chr. neu geweiht werden konnte (siehe «Chanukka»).

Mamme: «Mama» auf Jiddisch.

Masal tov: «Gutes Gelingen» oder «Viel Glück».

Mazze: Ungesäuertes Brot, das während Pessach gegessen wird und daran erinnert, dass die Israeliten beim Auszug aus Ägypten in ihrer Eile nicht ausreichend Zeit hatten, den Teig für ihre Brote säuern zu lassen, vgl. Exodus 12,34–39.

Melamed: Ein Lehrer, der im Cheder die Thora und den Talmud lehrt (siehe «Rebbe»).

Melawe-Malka-Mahl: «Das Geleitgeben der Königin (des Schabbats)», wird nach dem Schabbat, in der Regel im Laufe des Samstagabends, eingenommen.

Menora: Siebenarmiger Leuchter, dessen Form Moses offenbart wurde (vgl. Exodus 25,31–40) und der seit der Antike als eines der wichtigsten Symbole des Judentums gilt.

Menschensohn: In der Hebräischen Bibel lautet die gängige Formulierung wörtlich «Sohn Adams» und meint «Mensch» bzw. wörtlicher «Menschenkind».

Minjan: Zehnerzahl religionsmündiger Juden und zugleich die Mindestanzahl eines vollständigen Gemeindegottesdienstes.

Mischna: Verschriftlichung und somit erste Kodifizierung der mündlichen Thora im 2./3. Jahrhundert sowie ihre Systematisierung in verschiedene Kategorien und Themenfelder.

Misrach: «Osten», bezieht sich hier auf ein mit einer Zeichnung oder einem Text versehenes Wandschmuckbild, das an einer Ostwand im Hausinneren angebracht ist und auf Jerusalem verweist.

Mosche: Hebräische Lautung von Mose(s).

Nissan: Hebräische Bezeichnung für den biblisch ersten Monat, der ins Frühjahr fällt.

Oj wawoj: Jiddischer Ausruf der Klage, entspricht etwa «o weh!»

Parasange: Antikes persisches Längenmaß, das umgerechnet wohl etwas mehr als 5,5 Kilometer entspricht.

Pessach: Eines der wichtigsten jüdischen Feste. Es dauert eine Woche und erinnert an den Auszug aus Ägypten.

Purim: Ein Freudenfest darüber, dass die Juden unter persischer Herrschaft (im 5./4. Jahrhundert v. Chr.) nach den Erzählungen im Buch Ester knapp der Vernichtung durch den Hofbeamten Haman entkommen seien.

Raschi: Akronym des vollständigen Namens Rabbi Schlomo ben Jitzchak, geb. um 1040 und gest. 1105 in Troyes. Er gilt als einer der wichtigsten (jüdischen) Gelehrten des Mittelalters und ist für seine bis heute maßgeblichen Kommentare der Thora und des Talmuds berühmt.

Reb: Eine respektvolle Anrede und Bezeichnung für einen frommen Juden.

Rebbe (Pl. Rebbes): Ein Lehrer im Cheder (siehe «Melamed»).

Rosch Haschana: «Kopf, oder Beginn, des Jahres», Jahrestag der Schöpfung und deshalb das jüdische Neujahrsfest, an dem auch der Schofar geblasen wird.

Schabbat: Der siebte Wochentag und der mit dem vierten Gebot verordnete Ruhetag.

Schalschelet: «Kette», ein Kantillationszeichen (ˈ).

Schechina: «Einwohnung», Gottes fortwährendes Verweilen in der Welt und bei seinem Volk, die im Laufe der Zeit auf vielfältige Weise interpretiert wurde.

Schickse (Pl. Schickses): Eine Nichtjüdin.

Schin: Vorletzter Buchstabe des hebräischen Alphabets (ש).

Schkola: «Schule» auf Russisch und Ukrainisch (siehe «Cheder»).

Schluss-Nun: Das Nun ist der vierzehnte Buchstabe des hebräischen Alphabets. Es hat zwei Formen, je nachdem, ob es am Anfang und der Mitte (נ) oder am Schluss eines Wortes steht (ן).

Schluss-Pe: Das Pe ist der siebzehnte Buchstabe des hebräischen Alphabets. Es hat zwei Formen, je nachdem, ob es am Anfang und der Mitte (פ) oder am Schluss eines Wortes steht (ף).

Schofar: Ein antikes Blasinstrument aus Horn, das man zu verschiedenen Gelegenheiten, etwa zum Neujahrsfest und an Jom Kippur, bläst.

Schräge drei Punkte für das U: Ein Vokalzeichen, das unter dem Buchstaben steht (ֻ) und als «u» gelesen wird.

Seder(abend): Der erste Abend des Pessachfestes, an dem das Sedermahl verzehrt wird, für das bestimmte Gerichte vorgesehen sind, die jeweils an Aspekte des Auszugs aus Ägypten erinnern (siehe beispielsweise «Mazze»).

Tallit: Auf Hebräisch auch *Tallit gadol,* «großer Tallit», ein weißer mit blauen oder schwarzen Streifen versehener Gebetsmantel, der zu den täglichen Gebeten über den Schultern getragen wird und an dessen Ecken Fäden oder Quasten angebracht sind.

Talmud: Als eines der wichtigsten Schriften des rabbinischen Judentums besteht er in zwei Versionen, dem Jerusalemer (oder Palästinischen) und dem Babylonischen Talmud, deren Bezeichnungen auf ihren jeweiligen Abfassungsort im 5. bzw. 6./7. Jahrhundert zurückgehen. Nach der Redaktion der Mischna fügten Gelehrte Ausführungen hinzu (die Gemara), die mit der Mischna als Talmud bezeichnet werden. Der Babylonische Talmud ist bis heute für die jüdische Religionspraxis maßgeblich.

Tanach: Akronym für die Gesamtheit der Hebräischen Bibel. Sie umfasst die fünf Bücher Mose (= T[hora]), die Propheten (= N[evi'im]) und Schriften (= K[etuvim]).

Tate: «Papa» auf Jiddisch.

Tefillin: «Gebete», zwei Gebetsriemen aus Leder mit jeweils einer Kapsel, in der handgeschriebene Bibelverse auf Pergament aufbewahrt werden und die man sich zum Gebet um Arm und Kopf bindet.

Thora: Die fünf Bücher Mose (siehe «Chumasch»).

Thorafreudenfest: Der letzte Tag des Laubhüttenfests. Der Jahreszyklus der Wochenabschnitte nimmt hier sowohl sein Ende als auch seinen Anfang, sodass am Thorafreudenfest der letzte Abschnitt der Thora sowie direkt im Anschluss der erste gelesen wird.

Traditionelle vier Fragen: Beziehen sich auf die Gründe für die Besonderheiten des Sederabends (ungesäuertes Brot, Bitterkraut, zweimaliges Eintunken, Sitzposition) und werden traditionell vom jüngsten Mitglied des Sedermahls gestellt.

Trennsegen: *Hawdala*, die Zeremonie mit dem Segen kennzeichnet das Ende des Schabbats.

Urjadnik: Ein Land- oder Kreispolizist niedrigen Ranges im Russischen Zarenreich zwischen 1878 und 1917.

Verkleinertes Alef: Der letzte Buchstabe des ersten Wortes in Leviticus 1,1 *(Wajikra)*, das Alef, ist kleiner geschrieben und zuweilen etwas hochgestellt.

Wa-ani: Bibelvers, umfasst Genesis 48,7.

Wajechi: Wochenabschnitt, umfasst Genesis 47,28–49,6.

Wajera: Wochenabschnitt, umfasst Genesis 18,1–22,24.

wajitmahmah: «Da er (noch) zögerte …», vgl. Genesis 19,16.

Wochenabschnitt: *Parascha*, wöchentlich zu lesende Abschnitte der Thora, die so über das Jahr verteilt sind, dass die Thora innerhalb eines Jahres einmal durchgelesen wird.

Chaim Nachman Bialik, geboren 1873 in Wolhynien, gestorben 1934 in Wien, wurde von seinem Großvater religiös erzogen, setzte sich schon als Jugendlicher für die Erneuerung der jüdischen Kultur ein, floh 1922 aus der Sowjetunion nach Berlin und wanderte 1924 nach Palästina aus. Der jüdische Dichter, Autor und Journalist ist ein Pionier des Hebräischen als weltlicher Literatursprache und wird in Israel als Nationaldichter verehrt.

~

Ayelet Gundar-Goshen wurde 1982 in Tel Aviv geboren und ist als international erfolgreiche Bestsellerautorin eine der bekanntesten Stimmen zeitgenössischer israelischer Literatur. Neben ihrer schriftstellerischen Tätigkeit arbeitet sie als Psychologin in Tel Aviv, wo sie mit ihrer Familie lebt.

~

Ruth Achlama, eine der wichtigsten Übersetzerinnen hebräischer Literatur, hat unter anderem Romane von Amos Oz, Abraham B. Jehoschua, Meir Shalev und Ayelet Gundar-Goshen ins Deutsche übertragen und wurde mehrfach ausgezeichnet, etwa mit dem Paul-Celan-Preis (1995), dem Deutsch-Hebräischen Übersetzerpreis (2015) und dem Bundesverdienstkreuz am Bande (2019). Sie lebt mit ihrer Familie in Tel Aviv.

~

Lea Gzella hat Semitistik in Berlin, Amman, Leiden und Moskau studiert. Ihre Forschungsschwerpunkte sind die judäo-arabische Literatur des Mittelalters und die Geschichte der Juden in Osteuropa.

Der Übersetzung der drei Erzählungen liegt
diese Ausgabe zugrunde:
Chaim Nachman Bialik, «Sipurim», Dvir, 1953

Das Gedicht findet sich in dem Band:
Chaim Nachman Bialik, «Schirim», Dvir, 1997

LITPROM
LITERATUREN
DER WELT
=
Die Übersetzung aus dem Hebräischen wurde gefördert von
Litprom e.V. in Kooperation mit dem Goethe-Institut.

Mit einer Karte von Peter Palm, Berlin

© Verlag C.H.Beck oHG, München 2025
Wilhelmstraße 9, 80801 München, info@beck.de
Alle urheberrechtlichen Nutzungsrechte bleiben vorbehalten.
Der Verlag behält sich auch das Recht vor, Vervielfältigungen
dieses Werks zum Zwecke des Text and Data Mining vorzunehmen.
www.chbeck.de
Umschlaggestaltung: geviert.com/Christian Otto
Umschlagabbildung: Isaak Iljitsch Lewitan, «Der stille Weg», ca. 1890.
Öl auf Leinwand. Original in der Kunsthalle zu Kiel. © akg-images
Satz: Fotosatz Amann, Memmingen
Druck und Bindung: GGP Media GmbH, Pößneck
Printed in Germany
ISBN 978 3 406 82622 1

verantwortungsbewusst produziert
www.chbeck.de/nachhaltig
produktsicherheit.beck.de

Literatur bei C.H.Beck

Zora del Buono
Seinetwegen
Roman
204 Seiten. 2024

Markus Gasser
Lil
Roman
238 Seiten. 2024

Gerrit Kouwenaar
Fall, Bombe, fall
Aus dem Niederländischen von Gregor Seferens
124 Seiten. 2024

Joseph Roth
Reisen in die Ukraine und nach Russland
Herausgegeben von Jan Bürger
136 Seiten. 2023

Markus Thielemann
Von Norden rollt ein Donner
Roman
287 Seiten. 2024